FOREIGN INTELLIGENCE AND INFORMATION IN ELIZABETHAN ENGLAND: TWO ENGLISH TREATISES ON THE STATE OF FRANCE, 1580–1584

To my sister, Christine Harvey

FOREIGN INTELLIGENCE AND INFORMATION IN ELIZABETHAN ENGLAND: TWO ENGLISH TREATISES ON THE STATE OF FRANCE, 1580–1584

edited by
DAVID POTTER

CAMDEN FIFTH SERIES
Volume 25

CAMBRIDGE
UNIVERSITY PRESS

FOR THE ROYAL HISTORICAL SOCIETY
University College London, Gower Street, London WCI 6BT
2004

Published by the Press Syndicate of the University of Cambridge
The Edinburgh Building, Cambridge CB2 2RU, United Kingdom
40 West 20th Street, New York, NY 10011–4211, USA
477 Williamstown Road, Port Melbourne, VIC 3207, Australia
Ruiz de Alarcón 13, 28014 Madrid, Spain
Dock House, The Waterfront, Cape Town 8001, South Africa

First published 2004

A catalogue record for this book is available from the British Library

Library of Congress Cataloging-in-Publication Data applied for

ISBN 0 521 84724 9 hardback

SUBSCRIPTIONS. The serial publications of the Royal Historical Society, *Royal Historical Society Transactions* (ISSN 0080–4401) and Camden Fifth Series (ISSN 0960–1163), volumes may be purchased together on annual subscription. The 2004 subscription price which includes print and electronic access (but not VAT) is £71 (US$114 in the USA, Canada and Mexico) and includes Camden Fifth Series, volumes 24 and 25 (published in July and December) and Transactions Sixth Series, volume 14 (published in December). Japanese prices are available from Kinokuniya Company Ltd, P.O. Box 55, Chitose, Tokyo 156, Japan. EU subscribers (outside the UK) who are not registered for VAT should add VAT at their country's rate. VAT registered subscribers should provide their VAT registration number. Prices include delivery by air.

Subscription orders, which must be accompanied by payment, may be sent to a bookseller, subscription agent or direct to the publisher: Cambridge University Press, The Edinburgh Building, Shaftesbury Road, Cambridge CB2 2RU, UK; or in the USA, Canada and Mexico; Cambridge University Press, Journals Fulfillment Department, 100 Brook Hill Drive, West Nyack, New York, 10994–2133: USA.

SINGLE VOLUMES AND BACK VOLUMES. A list of Royal Historical Society volumes available from Cambridge University Press may be obtained from the Humanities Marketing Department at the address above.

Printed and bound in the United Kingdom at the University Press, Cambridge

CONTENTS

References   vii
Abbreviations   viii
Acknowledgements   ix

INTRODUCTION   1
  Background and context   1
  The texts   3
  The sources   14
  Assumptions of the authors   17
  Presentation of the text   20

TRAITÉ DES PRINCES, CONSEILLERS ET AUTRES
MINISTRES DE L'ESTAT DE FRANCE   23

PART 1   25

PART 2   55
  Isle-de-France   55
  Bourgongne   62
  Guienne   67
  Languedoc   78
  Normandie   83
  Bretaigne   88
  Orléans   92
  Picardie   97
  Brie, Champaigne et pays mexin   102
  Daulphiné et marquisat de Saluces   106
  Lionois   111
  Provences   116

RICHARD COOK'S 'DESCRIPTION DE TOUS LES
PROVINCES DE FRANCE'   121
  Isle-de-France   124
  Normandie   131
  Picardie   150
  Bretaigne   156

APPENDICES   163
    Appendix 1   Documents related to Text (A)   165
    Appendix 2   Documents compiled by Robert Cecil   169
    Appendix 3   Documents compiled by Richard Cook   198

INDEX   245

REFERENCES

The most frequent references are to the standard genealogical compilations and reference works:

Anselme   Père Anselme, *Histoire Généalogique et Chronologique de la Maison Royale de France, des Pairs, des Grands Officiers de la Couronne et de la Maison du Roy et des anciens Barons du Royaume*, 3rd edn, 9 vols (Paris, 1726–1733; repr. Paris, 1967).

DBF   *Dictionnaire de biographie française.*

France prot.   *La France protestante ou vies des Protestants français qui se sont fait un nom dans l'histoire*, 9 vols (Paris, 1846–1859).

France prot.2   *Ibid.*, second edn by H. Bordier, 6 vols (Paris, 1877–1888).

La Chesnaye-Dubois   La Chesnaye-Dubois and F. Badier, *Dictionnaire de la noblesse*, 19 vols (Paris, 1863–1876).

LCM   H. de La Ferrière, J. Baguenault de Puchesse, and A. Lesort (eds), *Lettres de Catherine de Médicis*, 11 vols (Paris, 1880–1943).

ABBREVIATIONS

amb.	ambassador
adml	admiral
appt.	appointed or appointment
b.	born
bro.	brother
capt.	captain
Cath.	Catholic
chev.	chevalier
co.	company
d.	died, or death
d.s.p.	died 'sine prole' i.e. without heir
dau.	daughter
éc.	écuyer
exec.	executed or execution
f.	father
gen.	general
gent.	gentilhomme
gov.	governor
k.	killed
lieut.	lieutenant
m.	marriage, or married
mo.	mother
neph.	nephew
n.s.	new series
prof.	professor
Prot.	Protestant
s.	son or sons
sec.	secretary
sen.	seneschal (Fr. sénéchal)
sis.	sister or sisters
sr	sieur (or seigneur)
succ.	succeeded
test.	testa (i.e. made a will)

ACKNOWLEDGEMENTS

I must thank Dr. Stuart Carroll for his generous help and co-operation with this project. Dr. Peter Roberts helpfully read the Introduction from the point of view of an Elizabethan scholar and Professor Pierre Charbonnier generously contributed his knowledge of the toponymy of the Auvergne for the appendix.

INTRODUCTION

Background and context

The following edited texts form part of the intelligence-gathering function of English diplomacy in France during the early 1580s. They were put together, in the milieu of the English embassy, between 1579 and 1584, in a series of interrelated versions that indicate a collaborative project, as was not unusual for the period. The authorship of the core survey is still in doubt, but an important contribution to it was made to it by Robert Cecil, son of Elizabeth I's Lord Treasurer, who was in Paris during 1584. The texts amount in sum to a substantial attempt, on a par with those of the contemporary Venetian ambassadors' *Relazioni* or the writings of the Savoyard ambassador Lucinge,[1] but in some ways surpassing them, to survey the entire French political class as well as the structure of power in the provinces of France. They take the form, however, of compilations rather than polished literary works and have some of the advantages of presenting their material in quasi-statistical form.

English interest in the affairs of France was lively and often engaged during this period. A few years later the translator, John Eliot, published his topographical *Survay*,[2] while the most polished general account, by Robert Dallington, appeared in 1604.[3] In the 1590s, Edmond Tyllney completed his vast unpublished *Topographical Descriptions*, Book II of which covered France.[4] Edward

---

[1] For the *relazioni* of the Venetian ambassadors, see L. Firpo, *Relazioni di ambasciatori veneti al senato*, V (Francia, 1492–1610, Turin, 1978), pp. 745–892: Giovanni Michiel, 1578; Girolamo Lippomano, 1579; Lorenzo Priuli, 1582. On René de Lucinge, see A. Dufour (ed.), *Le miroir des princes ou grands de France*, in Annuaire-bulletin de la Société de l'Histoire de France, 1954–1955, pp. 95–186, and *idem* (ed.), *Lettres sur les débuts de la Ligue (1585)* (Geneva, 1966).

[2] *The Survay or Topographical Description of France* (London, 1592), which begins with a list of *Parlements* and *bailliages*, and then covers the country by *pays* rather than military governments. In the later sections of the work, remarks on the stereotypical characteristics of the inhabitants of the *pays* are added.

[3] W.P. Barrett (ed.), *The View of Fraunce (1604)* (Oxford, 1936).

[4] See W.R. Streitberger, *Edmond Tyllney, Master of the Revels and Censor of Plays: A Descriptive Index to his Diplomatic Manuel on Europe* (New York, 1986); *idem* (ed.), *Edmond Tyllney's Topographical Descriptions, Regimens, and Policies* (New York, 1991), which publishes the books on the British Isles only. The nearest to a MS draft is in Folger Shakespeare Library, Vb.182.

Hoby's translations of La Popelinière and Edward Grimestone's of Jean de Serres[5] made the standard Protestant contemporary historians available in English at the end of the century.

The influence of French writings on English culture in the sixteenth century is vast and complex subject: there was clearly a great appetite for translations from French from the early sixteenth century,[6] but the 1580s saw a sharp rise in English interest in French affairs, and not only news reports but substantial translations of contemporary French polemical works appeared in profusion, when found to be in tune with government policy.[7] Translations of works as diverse as Bodin, Montaigne, and du Bartas were widely available and read, while from the death of Anjou in 1584 there was plainly a rising appetite for translations of texts concerning the civil wars in France.[8]

English envoys to France needed a degree of fluency in the language throughout the sixteenth century (since knowledge of English in France was virtually nonexistent).[9] The French language was studied with a high degree of technical expertise, as the work of Palsgrave (1530) shows,[10] and was being taught from Claude de Sainliens's *French Littleton* (1576) and the works of Eliot, while Randall Cotgrave's *Dictionarie* was to appear in 1611.[11] What is perhaps more unusual in the texts under discussion is the phenomenon of the English writing on France in

It was compiled from the 1560s onwards but only put together in the 1590s. The University of Illinois, Urbana, MS has a fair copy with authorial corrections.

[5] *The Historie of France: The Foure First Books*, E. Hoby (tr.) (London, 1595); *A General Inventorie of the History of France [. . .] to the Treatie of Vervins in 1598 [. . .] Written by J. de Serres*, E. Grimestone (tr.), second edn (London, 1607).

[6] For the general background to all this see S. Lee, *The French Renaissance in England: An Account of the Literary Relations of England and France in the Sixteenth Century* (Oxford, 1910), esp. pp. 42–61, 80–96. J.H. Salmon, in *The French Wars of Religion in English Political Thought* (Oxford, 1959), pp. 15–20, pointed out that, though reports on French politics were extensively translated, the more speculative and theoretical treatises were usually selected or just available in French. L.F. Parmelee, *Good Newes from Fraunce: French Anti-League Propaganda in Late Elizabethan England* (Rochester, 1996) largely confirms this in discussing 130 translations of French pamphlets in the period 1584–1603.

[7] See in particular Parmelee, *Good Newes*, ch. 2.

[8] Lee, *The French Renaissance in England*, pp. 285–358; Parmelee, *Good Newes*, p. 31, and appendix. For example, A.W. Pollard and G.R. Redgrave, *Short Title Catalogue of Books Printed in England [. . .] 1475–1640*, 2nd edn, 3 vols (London, 1976–1991), nos 5034–5042, 11256–11307, 11309–11312, 13091–13147, 13843–13847, 15207–15216 (15215, La Noue, 1587), 14003 (Michel Hurault's *Discours*, 1588), 15230–15241, 18134–18164, 22241–22248. Among the most important French refugee printers at work in London was Thomas Vautrollier.

[9] G. Ascoli, *La Grande-Bretagne devant l'opinion française depuis la guerre de Cent Ans jusqu'à la fin du XVIe siècle* (Paris, 1927), pp. 176–205.

[10] John Palsgrave's *L'éclaircissement de la langue françoyse* (1530) was the first printed systematic French grammar in any country; K. Lambley, *The Teaching and Cultivation of the French Language in England during Tudor and Stuart Times* (Manchester, 1920).

[11] Claudius Holyband, *The French Littleton*, M. St Clare Byrne (ed.) (Cambridge, 1953).

French, parallel perhaps to the extensive work in Spanish compiled by Sir John Smith in the 1570s.[12]

The texts

These can be listed as follows:

(A) British Library, Cotton MSS, Vespasian FV, fos 1–47 (foliation jumbled);

(B) Public Record Office, SP 78/12 no. 82, fos 222–237 (ment., *Calendar of State Papers, Foreign Series, of the Reign of Elizabeth*, 23 vols (London, 1863–1950) [hereafter *CSPF, Elizabeth*], XIX, p. 83);

(C) Folger Shakespeare Library, MS V.a.146, fos 86–127.

Text (A)

This is the first text in a volume of the Cotton Library which is labelled on its first page 'Thes things of France I had of Mr Harrison of Pouls 1594'.[13] The volume also contains a number of lists of French officials and copies of French official texts on the court and administration, as well as public letters on French political affairs between the 1560s and 1590s. How this volume came to be in a bookseller's hands in 1594 is impossible to say, but it may be conjectured to have previously been linked in some way to the author of (C). It also contains, at fos. 304–305, a document headed: 'The names of those counsailours which have the mannaging of the Kinges chief affaires and their dispositions as it is conceaved', endorsed April 1580. The notes on the individuals concerned correspond very closely in judgment to Part 1 of the main document, *Traité des princes*, etc.

(A) is given as the primary text here; it is written in French in an anonymous English secretary hand, but with corrections in a different hand. It bears the signs of being a copy of another recension, since there are passages in which words have been corrupted and sometimes omitted, and the copyist has interlineated words initially omitted.[14]

---

[12] BL Add. 48026, fos 65–231.

[13] It may be surmised that Cotton had acquired the MS from the antiquarian William Harrison, author of the 'Description of England' published in Raphael Holinshed, *The Third Volume of the Chronicles Continued to the Yeare 1586* (London, 1587).

[14] For example fo. 25v, 'Rossy autrement Nefue', where 'Nefue' is a corruption of 'Mesme', for Henri de Mesme, sr de Malassise. This list of govs in Picardy is seriously

The contemporary corrections have dealt with some, but not all, of these. The French is fairly accurate, but betrays many idiomatic signs that the copyist, at least, was English rather than French. The text contains: Part 1 (i) a survey of the leading ministers in France, in the form of brief thumb-nail sketches, followed by (ii) a summary of the causes of factional conflict and then finally Part 2, the survey of France province by province. Internal evidence indicates that the basis of this text was drawn up early in 1580, but the text as it stands was copied in 1583 and emended towards the end of the year.[15] The text has been bound up so that the foliation is hopelessly confused and needs to be rearranged in the correct order.

Text (B)

This is written in an Italic hand that is almost certainly the autograph of the twenty-one-year-old Robert Cecil, and was signed by him at Paris on 30 September 1584. The text is simply that of the survey of French provinces, i.e. the (A) text, Part 2. The French is sometimes more inaccurate than (A), with mistakes in gender and agreement, though sometimes clearer in meaning. Cecil seems to have made the usual copyist's mistake of omitting passages by error where similar words occur in proximity, but he also attempted to tidy up some of his original's mistakes, and added passages which brought the survey up to date for late 1584.

In addition to this text, we have in the same hand, and dated Paris, 3 October, a number of supplementary documents as follows: (i) no. 84, fos 240–245v, a list of the titled nobility, officers of the crown, governors, distribution of titled nobles by province, and important nobles of neighbouring territories. This gives every impression of

___

corrupted and partly corrected in (C), though both spell the gov. of Corbie as 'Queilly' instead of 'Heilly'.

[15] A number of individuals who d. in 1579 are listed and then noted as recently deceased. Secretary Fizes is noted as 'mort', having d. in 1579 (Part 1, n. 28). The entry on Bellegarde (Part 1, n. 21) suggests that the first draft was made early in 1580, since he had d. in the previous December yet his d. is not noted. The entry on Roissy (Part 1, n. 61) does not note his dismissal in January 1582. The date of composition can be narrowed to between June 1579 (when Chateauvieulx became capt. of the Scots guard) and March 1580 (when Jean d'O succ. Rambouillet as capt. of the guard). The entry on Cossé (n. 15) suggests that the revision was done between his d. in January 1582 and the end of 1583. Further additional notes are made up to 1583 (e.g. including the elevation of Guillaume de Joyeuse to the marshalship in 1583, and of his s., the royal favourite, as gov. of Normandy in the same year; Cheverny's appt as chancellor in November 1583).

being an official and widely-known list;[16] (ii) no. 85, fos 247–252, a text much more closely allied to the rest of the compilation, consisting of paragraphs on a large number of families, restricted to their main members, with marriage alliances, but occasionally noting income. The approach differs from the rest of the texts by not dividing its families by province but rather by family connection. The practical value of these compilations to the English government is obvious and continued to be pursued, as we can see a brief survey of the Breton nobility made in 1593.[17] Additional information contained in these documents which throws light on texts (A)–(B) will be referred to in the notes as (B)(i) and (B)(ii) fos [. . .], and the full texts given in Appendix 2.

The fact that Robert Cecil was in France during this period should occasion no surprise since intelligence was often based on travellers' reports. William Cecil had sent his elder son Thomas there in 1561 to stay with Nicholas Throckmorton and learn civil law as well as French and Italian; he could also observe the political and religious situation on his father's behalf.[18] William Cecil indeed took a close interest in young English noblemen and their activities while on tour, encouraging the Earl of Rutland, who was to travel to France in 1571, to inspect:

[. . .] the countries as you pass [. . .] by whom they ar governed as well by superior officers as by subalternall, what noble men have ther habitation in the same countrys, whyther ther be any superior place of Parlement for justice in the country [. . .] what ar the principal commodities [. . .] as well of nature as the soyles or [. . .] by industry.

He was to pay special attention to the court, the royal family, officers of state and 'the principalls of the noble men and gentlemen that profess the religion reformed and that do challendg the benefit of the Edict, ther allyances and confederacions, ther habitacions'.[19] It was indeed generally assumed that part of the purpose of travel was to gather intelligence, as the vogue for instruction manuals to travellers

---

[16] There are numerous lists of peers and titled nobility, province by province, in French archives and libraries, and this seems to be the material drawn on by Tyllney (see below, n. 42).

[17] 'The seynoryes in Brittany', PRO SP78/31, fo. 240 (I owe this reference to Malcolm Walsby).

[18] Conyers Read, *Mr Secretary Cecil and Queen Elizabeth* (London, 1955), p. 212.

[19] PRO SP12/77 no. 6, fo. 10: this long instruction in Cecil's hand (there is also a copy in SP Domestic) contains detailed suggestions for observations in France and other countries. See also S.H. Bleiweiss, 'The Elizabethan intelligence service 1572–1585' (Rutgers University, NJ, unpublished Ph.D., 1976), pp. 49, 169, 178.

at the start of the age of the Grand Tour testifies. Travelling without detailed preparatory instruction was regarded as fruitless.[20]

There were many advantages in terms of cost in placing a son with the English envoy in the country of destination; Sir Philip Sydney was prepared for public service by a tour of France, Germany, Italy, and the Low Countries in the years 1572–1575, partly subsidized by the Queen. Francis Bacon was attached to the staff of Amyas Paulet's embassy to France from 1576–1579, and became an information gatherer for the 'intelligencer' Thomas Bodley. Indeed, the latter instructed his employee to note the state of religious parties, how they concerned England, the history of the country:

[...] the consanguinities, alliances, and estates of their princes, proportion between the nobility and magistracy; the constitutions of their courts of justice; the state of laws, as well for the making, as the execution thereof; how the sovereignty of the king infuseth itself into all acts and ordinances; how many ways they lay impositions and taxation, and gather revenues to the crown. What be the liberties and servitudes of all degrees; what disciplines and preparations for wars; what invention for increase of traffic at home, for multiplying their commodities [...].

A clearer blueprint for broad intelligence gathering in the context of the time could not be found.[21] Such 'intelligence' was not so much spying as information gathering and analysis. Diplomatic agents were naturally best placed to collect and analyse such information in detail, and this was probably the routine nature of their work rather than cloak-and-dagger operations. While attached to the embassy in France from 1564 onwards, Robert Beale, later an adjutant of Walsingham as well as his brother-in-law, had taken care to assemble copies of documents concerning the finances of France and its court.[22] When back in England in the 1570s, he preserved the extensive writings of

[20] See, for instance, the translation of Jerome Thurler, *The Traveller* (London, 1575). Robert Dallington took care, in the edition he published himself in 1604 after the pirated edition, to provide a preface on the art of travel: *A Method for Travel. Shewed by Taking the View of France. As it Stoode in the Yeare of out Lord 1598* (London, 1604); see also Edward Chaney, *The Evolution of the Grand Tour* (London, 1998).

[21] For a consideration of this controversial document, see L. Jardine and A. Stewart, *Hostage to Fortune: The Troubled Life of Francis Bacon, 1561–1626* (London, 1998), pp. 48–50. See also D.J.B. Trim, 'Sir Thomas Bodley and the international Protestant cause', *Bodleian Library Record*, 16 (1998), pp. 314–340. For a more detailed travel instruction, c.1595, probably drawn up by the former Secretary of State, William Davison, see Streitberger, *Edmond Tyllney, Master of the Revels*, pp. 29–32, first published in *Profitable Instructions: Decribing what Speciall Obseruations are to Be Taken by Travellers in all Nations, States and Countries*, ed. by Benjamin Fisher (London, 1633).

[22] BL Yelverton MSS, Add. MS 48026, fos 10–31.

Sir John Smith on the Spanish monarchy, assembled during his mission to that country in 1577.[23]

The household of the English ambassador to France – under Paulet, Cobham, and Stafford the only permanent English embassy – was bound to be an information factory; indeed one recent study has called it 'the crossroads of the diplomatic world'.[24] In 1580, Bacon's brother Anthony went to Paris and, though not attached to the embassy, began work as an 'intelligencer', travelling around France and staying in Geneva over the next few years (he spent much of 1584 and early 1584 in Bordeaux, for instance). In this role he is thought to have drawn up in 1582 'Notes on the present state of Christendom', once attributed to Francis Bacon, as well as memoranda on the politics of most European countries, which he forwarded to Burghley via Nicholas Faunt, Walsingham's secretary. Then, having steered rather close to the wind, he was in May 1584 taken directly into ambassador Stafford's service in clandestine liaison work with the Navarrist camp, a course that was to lead to his famous legal troubles over accusations of sodomy at Montauban in 1586.[25] Stafford's role remains an ambiguous one, especially in his relations with Walsingham at a time when there was a degree of tension between the latter and Burghley over the control of secret information from abroad. Recent work has shown how determined he was as a seeker of intelligence,[26] and since John Bossy's work on Bruno and the French embassy in London, of course, we know much more about the importance of embassies in the collation of a wide range of intelligence and promotion of secret

[23] *Ibid.*, fos 65–231.

[24] M. Leimon and G. Parker, 'Treason and plot in Elizabethan diplomacy: the "fame of Sir Edward Stafford" reconsidered', *English Historical Review*, 111 (1996), pp. 1134–1158, 1139. See also Jardine and Stewart, *Hostage to Fortune*, pp. 55–59, especially in view of the presence of Thomas Phelippes, the cryptanalyst. See also Bleiweiss, 'The Elizabethan intelligence service', pp. 26–55. For the early newsletters from France in this period (25 for the period 1579–1585), see PRO SP101/9.

[25] Jardine and Stewart, *Hostage to Fortune*, pp. 73–76, 87–88, who suggest that, as with many such writings, the work was collaborative, the outline by Francis and the details by Anthony. For the text, see J. Spedding, *Letters and Life of Francis Bacon*, 7 vols (London, 1861–1872), I, pp. 18–30; BL Harl. 7021, fos 1–11; D. Du Maurier, *Golden Lads: Anthony Bacon, Francis and Their Friends* (London, 1975), pp. 66–67; J. Freedman, 'Anthony Bacon and his world, 1558–1601' (Ph.D. thesis, Temple University, Philadelphia, PA, 1979), pp. 104–107; Alan Haynes, *Invisible Power: The Elizabethan Secret Service, 1570–1603* (Stroud, 1992), pp. 104–105.

[26] For the debate on Walsingham's suspicions of Stafford, see Conyers Read, 'The fame of Sir Edward Stafford', *American Historical Review*, 20 (1915), pp. 292–314, arguing that he was supplying Mendoza with information, refuted by J.E. Neale in 'The fame of Sir Edward Stafford', in *idem*, *Essays in Elizabethan History* (London, 1958), pp. 146–169, with a return to the view that he was actually spying in Leimon and Parker, 'The "fame of Sir Edward Stafford" reconsidered'.

schemes, as well as, for Stafford, the observation of English exiles in France.[27]

Robert Cecil therefore had plenty of examples to draw on for his travels abroad on behalf of his father. He was in France for some period during 1583, staying with the newly appointed ambassador Stafford, and seems to have returned in August 1584, staying this time with one of Stafford's gaming partners, the sieur de Marchaumont, a member of the late duc d'Anjou's household, who had himself been in England the previous year. The effects of the death of Anjou in June 1584 were an obvious reason for Burghley to send over his son to observe affairs in France. It has been suggested that Marchaumont was the source of much of his information[28] but, as we have seen, Cecil confined himself to editing an already existing work. Cecil was also in touch with his friend, the 'plausible scoundrel' William Parry, who had been in Paris as and agent for Lord Burghley in 1580 and 1583, supplying information on English Catholic exiles, but was arrested dramatically for treason early in 1585.[29]

Text (C)

The authorship of this document is not in doubt, as it is claimed by the shadowy figure of Richard Cook of Kent. The text on the provinces of France is simply headed 'France' at the head of the first folio, though it is described as 'Discription de tous les provinces [. . .]' in the index and this title had been retained here. It forms part of

[27] J. Bossy, *Giordano Bruno and the Embassy Affair* (Yale, CT, 1991), pp. 54–56, 64–71; complemented by *idem*, *Under the Molehill: An Elizabethan Spy Story* (Yale, CT, 2001). See Stafford to Walsingham 8 December 1584, Hatfield House MSS, 163, fo. 62, *Calendar of Manuscripts of [. . .] the Marquis of Salisbury Preserved at Hatfield House*, HMC, 22 vols (London, 1883–1971) [hereafter *HMC Hatfield MSS*], III, p. 75, transmitting an answer to a 'secret book of the faction of the Guise against the King of Navarre', and same to same, 29 December 1584, III, p. 77, transmitting 'the French book of the new Order of the King's House'.

[28] P.M. Handover, *The Second Cecil: The Rise to Power 1563–1604 of Sir Robert Cecil Later First Earl of Salisbury* (London, 1959), pp. 38–45. Handover suggests that Cecil was at Orléans in September on a journey with Stafford, though he was plainly back at Paris by then. Burghley was certainly warning Stafford in 1586 of rumours in England (implicitly purveyed by Walsingham) that 'you are in dett by unmeasurable playing; that Marchaumont and Simier do wholly rule you'; W. Murdin, *Collection of State Papers Relating to Affairs in the Reign of Queen Elizabeth from the Year 1571 to 1596* (London, 1759), p. 569. Marchaumont gravitated to the Cath. League after 1584, and the tone of the first part of the Treatise is highly unlikely to stem from him.

[29] Conyers Read, *Lord Burghley and Queen Elizabeth* (London, 1960), pp. 300–301; L. Hicks, 'The strange case of Dr William Parry: the career of an agent provocateur', *Studies* (Dublin), 37 (1948), pp. 343–363.

a larger collection of extracts and studies, including one of the court of France, the English version of which has already been published.[30] The volume from which this document comes is entirely in French and was dedicated to Henry, fourth Earl of Derby, from the Middle Temple on 28 October 1584 (Derby was to leave on a ceremonial embassy to France in February 1585). Cook then went on to dedicate his English translation of the section on the court on 4 February 1585 to Lord Cobham, father of Sir Henry Cobham, who had been replaced as ambassador in France in September 1583 by Sir Edward Stafford.[31]

Most of what we know about Cook in this period stems from his dedicatory letters, and one problem with the records is that his is a fairly common name.[32] It seems that he had been in France with Paulet's successor as English ambassador, Sir Henry Cobham, in the early 1580s. What complications might have ensued from Cobham's hostility to Walsingham are unknown, but they would not have damaged his relations with Cecil. He may have stayed on with Sir Edward Stafford and must have known Cecil well at this time. As he put it himself in his dedicatory letter to Cobham in February 1585:

> After I had spente some yeres in Fraunce under Sir Henry Cobham beinge then Her Majesties embassadoure in those partes and had gotten happilie (by that meanes) some good occasion to be daylie conversaunte in the Frenche Courte, retornynge at the lenthe into Englande, I coulde not chose but thinke upon the orders and fashions of that place where I had bene soe longe and soe manie tymes employed, havinge therefore gathered together a fewe notes onlie for my owne remembrance, I was by some of my friendes so earnestlie importuned to presente then (even such as they were) to me L of Darbie.

This was the volume from which text (C) is drawn. The letter of dedication to Derby in October 1584 survives and tells us something about Cook's literary pretensions: 'On me peut estymer du tout sans jugement ou pour le moins comme un pauvre Phocion traictant de l'art militaire devant le grand et expert Hannibal. Car c'est vous Monseigneur qui en nostre aage est rendu admirable entre les plus grands en matiere des affaires d'estat.' He could, he said, have

---

[30] D. Potter and P. Roberts, 'An Englishman's view of the court of Henri III, 1584–5: Richard Cook's "Description of the Court of France"', *French History*, 2 (1988) pp. 312–344.

[31] *CSPF Eliz.*, 1583–1584, nos 157, 159.

[32] He seems to have spelled his name either 'Cook' or 'Cooke'; neither of the manuscripts seems to be an autograph.

dedicated his work to the Queen, 'mais pour ce que vous delectez en telz et semblables discours, j'ay prins hardiesse de vous presenter ce premier bougeron de mon creu'. The letter to Cobham of 1585 tells us something of the result:

> Althoughe at the firste I was almoste uttelie discouraged, because fruites gathered at this tyme of the yere be not wonte to be welcome to anye; and allsoe I feared that Salamon's bees woulde easilie discover my counterfayte gilleiflower: yet his Lordship's most fawurable likinge of soe smale paynes hath imboldened me to goe forewarde and to make a seconde presente thereof unto your honor [...] which hereafter in some fitter season shall I hope yelde riper and better fruites to your agreament.[33]

Everything, then, points to a man in search of patrons eager to attract attention.

Who, then, was Richard Cook? There are many men of such name in records connected with Kent during the period, all of them unlikely to be this man.[34] A Richard Cooke matriculated at Trinity College Cambridge in 1556, was a scholar in 1560, and admitted to the Inner Temple in 1561.[35] He would surely have been of an earlier generation, since the author of the text is clearly a man setting out on his career. The records of all the Inns of Court are silent.[36] A likelier connection is provided by a family of Kentish landowners at North Cray and Erith, who seem to have emerged from Sussex and the world of London trade in the middle of the sixteenth century and to have retained connections in the city. So, a Richard Cooke was the younger brother of the head of the family, Edmund Cooke, who as JP sat on the bench

---

[33] For the text of these two letters: Folger, V b.41, fo. 117; V a.146, fo. 86.

[34] For example Centre for Kentish Studies, Maidstone [CKS], QM/RLv/53 (26 December 1598); *ibid.* 12 (7 May 1595) victualler's recognizances by a yeoman of Gravesend and a painter of Maidstone. Earlier in the 16th century, there had been a suit in Chancery involving Edward Bolney, alderman of Canterbury, over the administration of the goods of Richard Cooke (PRO C1/193/20). There is no will in the probate records of the PRO which seems appropriate.

[35] This Cooke is also clearly listed as 'of Essex'. See J. Venn, *Alumni Cantabrigienses, Part 1, Earliest Times to 1751*, 4 vols (Cambridge, 1922–1926), I, p. 386; *idem, The Book of Matriculations and Degrees: A Catalogue of Those Who Have Been Matriculated or Been Admitted to Any Degree in the University of Cambridge from 1544 to 1659* (Cambridge, 1913), p. 171. The Richard Cooke who matriculated at Caius in 1577–1578 is also from another county (*ibid.*). Three Richard Cookes matriculated at Oxford in 1566 and 1571 (A. Clarke, *Register of the University of Oxford*, 4 vols (Oxford, 1887), II, ii, pp. 28, 50, 82); none of them seem likely.

[36] For example, H.A.C. Sturgess, *Register of Admissions to the Honourable Society of the Middle Temple* (London, 1949), I. The same goes for the equivalent publications for the Inner Temple and Lincoln's Inn.

with Sir Henry Cobham in this period and died in 1619.[37] This provides a convincing link with Cobham as Richard Cook's patron.

The records of Derby's garter embassy of 1585 are, to say the least, confused. Derby's household suite includes a 'D. Cooke', Clarenceux herald, whereas it is evidently the case that the person meant is the well-known Robert Cooke appointed, as Clarenceux herald, to attend the embassy.[38] There is also a 'Master Anthony Cooke' of Essex listed in the printed report of the embassy.[39] However, all this does not exclude the possibility that Richard Cook was the 'Mr Cooke' despatched by Walsingham to Stafford in March 1585, and who was accused by the latter of misdemeanours in putting it about that Parry had taken back his confession before his execution.[40]

After 1585, traces of Richard Cook become scarce and there is no certainty that he lived much longer. A 'Mr Cooke' accompanied Cecil on a major embassy to France in February 1598, though there is no way of knowing if he is the same man.[41] There is, though, at least a possibility that our Richard Cook went on to become an 'intelligencer' abroad and was the Richard 'Cooke' who had been in Spain and

[37] *Visitation of Kent, 1619, Publications of the Harleian Society*, 42 (1898), pp. 117–118: Richard and Edmund's father, Henry Cooke, had married the dau. of a London alderman, Henry Goodere, and Edmund was m. to the daughter of a controller of London Bridge. Henry was consistently entitled 'gentleman' (see *Calendar of Patent Rolls, Edward VI*, 7 vols (London, 1924–1929), III, p. 234. On Edmund's role as JP, see *Kent Assizes* and recognizances taken before Cobham, Justinian Champneis, and Edmund Cooke, CKS, QM/RLv/6, 14 March 1589. Edmund had been commissioner of sewers since 1569 (*Calendar of Patent Rolls Elizabeth*, 1569–1572, no. 1865). Henry Cooke had acquired Lesnes Abbey (Erith) via Sir Ralph Sadler in 1541, and Mount Mascall in North Cray (Bexley) under Elizabeth. (See E. Hasted, *A History and Topographical Survey of the County of Kent*, 12 vols, 2nd edn (Canterbury, 1797) II, pp. 154, 254). Henry d. in the reign of Edward VI, leaving his s. as minors (licence to Edmund Cooke for assuming his lands from the age of 21, March 1563, *Calendar of Patent Rolls, Elizabeth I*, 1560–1563, p. 598).

[38] *Derby Household Books, Chetham Society*, old series, 31; E.B. Goodacre, 'Henry Earl of Derby's suite on his embassy to Paris in 1584–5', *Transactions of the Historical Society of Lancashire and Cheshire*, 92 (1941), pp. 51–56. See also R. Strong, 'Festivals for the Garter embassy at the court of Henri III', *Journal of the Warburg and Courtauld Institutes*, 22 (1959), pp. 60–70. Robert Cooke, Clarenceux from 1567 (d. 1592), was also much older, having matriculated in the early 1550s (see C.H. and T. Cooper, *Athenae Cantabrigienses*, 3 vols (London/Cambridge, 1858–1911), I, p. 145), but he may have been connected with the Richard Cooke who matriculated at Trinity College in 1556. Robert Cooke was also a major antiquary who produced a vast corpus of genealogical writings on the English nobility and gentry; see e.g. BL Harleian 214, 1041, 1009, 1183.

[39] J. Nichols, *The Progresses and Public Processions of Queen Elizabeth*, 4 vols (London, 1788–1821), II, p. 209; 1823 edn, II, pp. 428–431. 'Mr. Cooke of Essex' is mentioned as 'one of the gentlemen ushers of her Majesty' who also attended this embassy (see *Derby Household Books*, introduction, letter of Kellet to Farrington).

[40] Walsingham to Stafford, 7 March 1585, Stafford to Walsingham, 12 March 1585; *CSPF Eliz.* 1584–1585, pp. 332, 349.

[41] *HMC Hatfield MSS*, XXIII, p. 22.

returned to England in 1600 to 'discover' the plots of English exiles in Madrid. He returned to Spain and received £66 in 1601. However, this Richard Cooke was decidedly shady, strange, and dishonest. He claimed to have opted to turn Queen's evidence on the plotters in Madrid, Wiseman and Hare, while stopping at Vitoria on his journey from Madrid:

> The nighte I beinge in my bede I dremed I was in Inglande aprehended and exsecuted for this offence and that my soule departinge this life was receved bye evell spyrytes which broughte me into suche amaze and teror that I began to see my error and so fully [...] mendede to revelle the same.

The problem is that the general tone of this letter and the spelling do not reveal a very educated man, while he goes on to say in a naïve tone that 'I take God to witnes above all thinges I desier to lyve in my cuntry and have hade departed the same hade I knowen the wolde so well as I do nowe'.[42] This seems to have been the same man who was reported on from Bayonne early in 1600 as a messenger from Richard Hawkins for the 'relief' of the English there, but who was afraid to return to England because of outstanding charges of counterfeiting against him, and had evidently been imprisoned by Idiaquez in Spain for refusing to act as a double agent.[43] Whether he should be connected with the 'R. Cooke' who wrote to his sister in 1600 'being myself religious' about the conversion of their mother to the Catholic faith is again uncertain.[44]

There are a number of difficulties of textual interpretation in the text written by Richard Cooke of Kent. The text of the court survey certainly seems to have been drawn up in 1583–1584 and there is no reason to doubt that the survey of provinces took shape at the same time. The writing is that of a copyist and betrays a certain idiosyncrasy in the spelling of proper names. Cook's work certainly draws on (A) and (B); he sometimes quotes that text verbatim (such passages are italicized in this edition of Cook), and more often seems to paraphrase it (a convenient check for this is in the entries on Montmorency

---

[42] Richard Cooke to Cecil, 14 January 1600, PRO SP78/44, fo. 27; same to same, London, 28 July 1600, Hatfield House MSS, vol. 251, no. 15 (*HMC Hatfield MSS*, X, pp. 249–250); source of quotation – same to same, London, 2 August 1600, Hatfield MSS, vol. 81, no. 7 (*HMC Hatfield MSS*, X, p. 261), reiterating his request for financial aid and asking for 'derectyon' to be given to a Mr Honyman in the matter. For a summary of all this, see Handover, *The Second Cecil*, p. 267.

[43] M.A.E. Green (ed.), *Calendar of State Papers Domestic, 1598–1601* (London, 1869), pp. 378, 427, 470. There is a possibility that this Richard Cook was the same as the one arrested in Cornwall in March 1603; see *Calendar [...] Hatfield*, XII, p. 183.

[44] *Calendar [...] Domestic, 1598–1601*, p. 410, 'R. Cooke' to Mrs Mary Goche, 9 March 1600.

under Ile-de-France in each document). His arrangement of material, though, is rather different. It is virtually certain that the version used by Cook was Cecil's, since he repeats Cecil's misunderstandings of (A) (for example, Cecil's misreading of 'princes' for 'provinces' in the introduction to the provincial survey). He draws on the material in (A) and (B) for the 'alliances' of his noble houses but goes beyond them. His survey of the provincial jurisdictions is more accurate than (A) and (B) and, while (A) and (B) pass over the state of Paris as needing no further comment, (C) indulges in a flowery and not entirely accurate account of its government. The matter concerning 'alliances' is more perfunctory than in (A) and (B) and sometimes more confused. Where judgements of individuals are concerned, for instance of the secretaries of state such as Pinart, Cook's opinions are rather different, certainly less acerbic. It is unlikely, therefore, that Cook drew on (A) for them.

While we know that the Cook volume was the first part of his work, the second has not survived, and so what we have covers only the four northern provinces of Ile-de-France, Normandy, Picardy, and Brittany. What he has to say is very much more detailed than (A) and (B), and more concerned with the income of the nobility and their religious affiliations. Most individuals are classified by age (often only approximate when these can be checked, and usually slightly lower than the ascertainable age for 1584), yearly income, and religion. The marginal notes for the latter are: 'Pro' (Protestant), 'Pa' (Papist), or 'U' (possibly neutral or royalist). It is also immediately obvious that the coverage of Normandy is much the most detailed in any part of these texts, extending beyond the important members of the 'second nobility', those prominent in both local and national affairs, to gentlemen of purely local importance. This is its main claim to originality, since there is nothing contemporary which is like it in terms of breadth of survey on these matters.

It is clear that the Protestant bias of the writer leads him seriously to overestimate Protestant strength in Normandy by the attention paid to relatively obscure members of the Lower Norman gentry, or by bringing in families such as the ducs de Bouillon and comtes de Montgommery whose credit in the province was much reduced by the 1580s. While some Rouennais families are included, important ones such as the Bauquemare are ignored, as are powerful Catholic sword familes such as Tiercelin, Pellevé, Harcourt, and Clères. Similarly, in the coverage of Picardy, the key Catholic family and affinity of the Humières (so central to the formation of the 1576 League) is ignored.

Cook's survey is far more systematic than (A) and, where it is possible to check, seems surprisingly accurate. To make sense of his figures, it should be noted that, though Cook expressed his values in livres tournois, the latter had been suppressed as money of account in 1578 in favour of the écu, worth 3 livres, and the livre was to be a silver coin, the franc. The value of landed property in this period was usually assessed at thirty times annual revenue, though the latter fluctuated as thus did the return on capital investment. An ordonnance of 1582 stipulated an annual revenue of 8000 écus as the minimum for a duchy.[45]

Cook's work therefore needs to be viewed as a text related to but very different from (A) and (B). Both of them constitute one of the earliest attempts to provide an overall conspectus of the French nobility in these terms. The supplementary documents compiled in the Folger volume are printed here in Appendix 3. They concern matters of precedence and the procedures of the French royal chancellery, but also include a remarkably detailed tax list for the 'bonnes villes' of France, stemming from the levy made by the consent of the Estates General in 1577 but which failed to raise the sums necessary for waging war. The most likely source here is a chancellery formulaire of the kind which often included lists of local circumscriptions and modes of address as well as exempla of royal letters.[46]

The sources

The question of the sources drawn on is inevitably highly complex and obscure. It seems clear that the French crown may have had at its disposal surveys of reliable provincial nobles. In 1572, the duc de Nevers had advised Henri III when he was still duc d'Anjou that:

> [...] pource que la France est si grande et peuplée d'une infinité de noblesse qu'il est bien malesé s'en pouvoir souvenir à toutes heures, il soulageroit fort vostre memoire aux occasions soudaines, avoir ung roolle des principaulx gentilshommes de chacune provynce indiferamment de toute calité, qui vous sont recongneuz dignes de avoir charges et estatz [...].[47]

---

[45] Jacqueline Boucher, *Société et mentalités autour de Henri III* (thèse de l'Université de Lyon III, 1977) 4 vols (Lille, 1981), I, pp. 407–408.

[46] H. Michaud, *Les formulaires de la grande chancellerie 1500–1580* (Paris, 1972).

[47] N. Le Roux, *La Faveur du roi: mignons et courtisans au temps des derniers Valois (vers 1547–vers 1589)* (Seyssel, 2000), pp. 120–121, n. 3. For examples from one province: 'Noms et surnoms des gentilshommes d'Auvergne' (BN fr. 3383, fos 71); 'Role des nobles du duché d'Auvergne qui font le serment de fidelité au Roy' (AD Loire, MS); 'Rolle et estat des noms, surnoms, qualités et demeurances des gentilshommes et aultres qui ont porté les armes contre le Roy notre sire [...] estant du ressort de la jurisdiction et gouvernance de Roye', 27 March 1569, BN fr. 4717, fos 81–82.

Such lists were an essential resource in the planning of patronage, though they may not have paid much attention to family and lineage, nor would they have been generally accessible. J.M. Constant, in calling for a more quantitive approach to the question of the political objectives of noble clans, pointed out that every province had such lists and that they needed to be co-ordinated.[48] The documents printed here to some extent supply that gap, and may reflect a degree of access to such semi-public information. That there was also a passion for panegyric genealogies sponsored by distinguished families from the late Middle Ages is beyond doubt, though they cannot have circulated very widely.[49] There were a few genealogical compilations in print during the period from 1560–1580,[50] though it seems unlikely that they were drawn on for this work; the great age of aristocratic genealogy in print did not begin until the work of André du Chesne and Guy Allard after c.1620. Studies of great officers of state in the works of Jean Le Feron, published in the 1550s, were available. Indeed, Le Feron's work was already known to English diplomats in the time of Nicolas Wotton, an earlier English envoy who, while in Paris in 1549, collected materials of an analogous kind concerning the genealogies and connections of the French nobility.[51]

By the 1580s, there was ample printed material on contemporary France. Edmond Tyllney's sources on France are known to have included Belleforest's *Histoire Universelle* (1570) and the *Cosmographie* (1575), as well as the English translation of La Noue's *Politike and Militarie Discourses* (1587), and he may have had a government financial document at his disposal.[52] Dallington made use extensively, among historians, of Commynes, and among contemporary writers, of

---

[48] J.-M. Constant, 'Clans, partis nobiliaires et politiques au temps des guerres de religion', in J.-P. Genet and M. Le Mené (eds), *Genèse de l'état moderne. Prélèvement et redistribution. Actes du Colloque de Fontevraud, 1984* (Paris, 1987), p. 225.

[49] For example, C. d'Hozier (ed.), *Histoire de Bretagne avec les chroniques des maisons de Vitré et de Laval*, (Paris, 1638), written c.1500; J. Legeay, *Abregé des alliances, antiquitez [. . .] de l'illustre maison d'Espinay*, H. Busson (ed.), in *Charles d'Espinay [. . .] 1531–91* (Paris, 1923).

[50] For example, F. de L'Alouette, *Traité des nobles [. . .] avec une histoire de la maison de Couci* (Paris, 1577).

[51] The three volumes of notes by Wotton are to be found in British Library, Add. MS 38692 and Harley MS 902, headed 'Lutetia', and PRO SP Foreign Mary, no. 171. It would seem that these papers passed to Burghley on Wotton's death (BL Add. 20770, fo. 20). Wotton traced the genealogies of the families of Chabot, Luxembourg-Ligny, Dreux, and Boulogne from the writings of and conversation with Jean Le Feron. In Add. 38692, fos 72v–73r we find notes on the Rouault de Gamaches family 'ex relatu domini de Perrey anno 1549 mense Augusto'; fo. 218r, notes 'ex chartis M. Feronii'; Harley 902, fo. 172r–81r, 'ex chartis Feronii', notes on the Mailly and Offémont families. For a further discussion of this work, see B. Ficaro, 'Nicholas Wotton: dean and diplomat' (unpublished Ph.D. thesis, University of Kent, Canterbury, 1981).

[52] Streitberger, *Edmond Tyllney, Master of the Revels*, p. 49.

Bodin's *Six Livres de la Republique* (published in 1576 but still not, of course, available in English in the 1580s); La Noue's *Discours, Le Guide des chemins de France* of Charles Estienne, published in 1555; *Le Cabinet du Roy de France* (1581),[53] which provided highly tendentious detailed statistical information; du Haillan (1571);[54] P. Mathieu's *Histoire des derniers troubles* (1597);[55] Pierre de La Place (1565);[56] du Tillet's *Recueil des Roys de France* (finished in 1558 but not printed until 1580); and the *Dialogue entre le Maheustre et le Manant*, a highly polemical work of the later stages of the League. Robert Cecil's only direct reference to a printed work is du Tillet (see Appendix 2) from whom he gleaned some information on the house of Courtenay. The book concerned is likely to have been *Recueil des Roys de France*.[57]

In any case, however, printed and semi-official sources would not have been adequate to keep a compilation such as Cook's up to date for 1584, and just as Wotton had relied on verbal communications from antiquaries, so Cook and his associates are likely to have relied on a variety of verbal sources, especially for recent developments; we know that there were a number of Huguenot nobles in exile in England during this period and, as far as Normandy is concerned, there is a comprehensive list of them.[58] The Rouennais agent, François de Civille, seems as likely a source as any for the details about the many minor Norman Huguenot gentlemen included.[59] As for knowledge of the income of the nobility, this can only derive ultimately from privileged information, common rumour, or declarations of wealth for the *ban et arrière-ban*. Foreign envoys were usually interested in such matters; indeed the Venetian ambassadors and the Papal nuncios in the same period took care to report what they thought was the income

---

[53] Nicolas Barnaud (?), *Le Cabinet du Roy de France* (n.p., 1581).

[54] B., sr. du Haillan, *De l'estat et succez des affaires de France jusques au Roy Loys onziesme* (Paris, 1571, repr. 1572), p. 1609 etc.

[55] P. Mathieu, *Histoire des derniers troubles de France sous les regnes des Roys Tres-Chrestiens Henry III [...] et Henry IIII* (Lyon, 1597).

[56] Pierre de La Place, *Commentaires de l'estat de la religion er republique sous les Rois Henry et François seconds, et Charles neufiesme* (Paris, 1565).

[57] *Recueil des Roys de France, leurs couronne et maison* (Paris, 1580), and his brother Jean du Tillet, Bishop of Meaux's *Chronicon de regibus Francorum a Faramundo* had been in print since 1548. However, Greffier Du Tillet's s., Hélie, later published *Discours dur la généalogie et maison de Courtenay issue de Louis le Gros [...]* (Paris, 1603), and it is possible that Cecil had seen a MS copy of this. See also D. Kelley, *Foundations of Modern Historical Scholarship: Language, Law and History in the French Renaissance* (New York, 1970), pp. 215-238.

[58] Dated 13 January 1586, *CSPF, Elizabeth*, XX, p. 293; those listed are from Rouen, pays de Caux, Picardy, and Vexin.

[59] On François de Civille, see the note below on Cook, Normandy. Civille, who had a colourful life, especially in the siege of Rouen of 1562, had been reporting to Walsingham from Rouen at least as early as 1582, travelled to England on a mission for his master, the duc de Bouillon, in 1584, and was resident at Rye with his wife the following year.

of some leading figures in France.[60] As for religious allegiance, this, of course, was of prime concern but never easy for contemporaries to estimate. Cardinal d'Ossat thought that no more than 10 per cent of the nobility had been attracted by Catholic enthusiasm to the League, and an Italian report of 1589 tried to estimate the loyalties of just over a hundred of the leading nobles of France, including fifty-nine followers of Henri III as against fifty-four for Mayenne.[61]

The assumptions of the authors

Analysis of the political, social and religious climate in France that emerges from these documents requires some attention. The layout of the document anticipates in some ways the approach of Edmond Tyllney's *Topographical Descriptions*, which were to combine the historical with surveys of the commodities of regions and their chief families. Tyllney, though, was much more antiquarian in approach. His book on France, for instance, was much concerned with the Salic Law, and he divided his survey of provinces into histories of the peerages within them. The emphasis is on history and topography.[62] The documents under discussion here emerge very much from the specific political circumstances of the late 1570s and early 1580s, particularly in their survey of the most active royal councillors. The authorship of all the documents is either English or Protestant in outlook. The survey of ministers, (A) Part 1, includes essentially all those with entry into the royal councils as listed in the household *ordonnance* at 11 August 1578: those with entry into the *conseil des affaires* (most included here except the queen and the queen mother), the twenty-five *conseillers de robe longue* or *de robe courte* (all but one of whom are included here), and various judicial and military officials, provincial governors, and the captains of the guards (many of whom are included here).[63]

In its general comments, (A) deploys the conventional nostrum of the time that the 'troubles' of France were caused by the factional

---

[60] Boucher, *Société et mentalités autour de Henri III*, I, pp. 405–406 lists some figures drawn from such sources in the period 1566–1587 and gives some credence to them. They are, though, fragmentary in comparison with the figures given by Cook.

[61] 'Discours sur les effets de la ligue en France', in Thiroux d'Arconville, *Vie du Cardinal d'Ossat* (Paris, 1771), p. 17; BN fr. 5045, fos 183–186.

[62] See Streitberger, *Edmond Tyllney's Topographical Descriptions*, p. xxxviii; *idem*, *Edmond Tyllney, Master of the Revels*, pp. 18–21, 37–38, 102–105.

[63] For a list of these, see BL Cotton, Vespasian FV, fos 50–51 and Appendix 2 below. Of the 25 *conseillers*, only Bailly, Président de la Chambre des Comptes, is left out.

hatreds of the great nobility and places considerable emphasis on the loyalties of individuals to 'ceulx de Guise' and 'ceulx de Montmorency'. While religion is not portrayed as a 'cloak' for political ambition, as was so often the case in the sixteenth century, the fact that an individual was 'Papiste' and 'Bartholomiste' is often linked to his being a 'Guisard'. The most salient other feature is the emphasis on the familial 'alliances' of the nobility as a whole.[64] Except for the preliminary treatise on the leading personalities of France, which can now be viewed in the light of the important modern prosopographical works of Jacqueline Boucher and Nicolas Le Roux,[65] all three texts stick to the approach, in their surveys of the provinces, of outlining their jurisdictions, listing the main noble families, their connections with each other and then the holders of both provincial and town governorships. In many provinces, the councillors described in Part 1 are taken up again in their local context. (A) and (B) also supply a summary of the '*comodités*' and '*incomodités*' of each province, relatively brief (especially in comparison with Eliot's *Survay* of 1592 and Tyllney's *Topographical Descriptions*), and concentrating on the rivers and main produce in food and wine.[66] The emphasis is therefore upon the nobility, and in this vast and complicated world of noble relationships it is essentially this form of '*alliance*' which is, with a few exceptions, seen as the basic determining feature in all the documents.

This is a view re-emphasized by some important modern studies. Laurent Bourquin and Michel Nassiet, in analyses of the early modern nobilities of Champagne and Brittany, have both pointed out that family relations provided the backbone of the all-important links of clientage and patronage by which the French nobility was articulated, Jean-Marie Constant has noted the networks of '*alliance*' and '*réseaux de parenté*' in the implantation of Protestantism in the Beauceron nobility, and Nicolas Le Roux the importance of the calculated

---

[64] On the French nobility of this period in general, its numbers, military activity, and assumptions, see A. Jouanna, *Le devoir de révolte: la noblesse française et la gestation de l'Etat moderne, 1559–1661* (Paris, 1989); J.-M. Constant, 'Les barons français pendant les guerres de religion', in *Quatrième centenaire de la bataille de Coutras* (Pau, 1989); M. Orléa, *La noblesse aux Etats généraux de 1576 et de 1588* (Paris, 1980).

[65] See above nn. 44 and 46.

[66] Dallington also emphasized the 'singular commodities' of each province as an object of attention, see *View*, sig. B2. A closely related prospectus for the analysis of French society and politics drawn up in 1599 listed 10 matters of internal and 10 of external interest to investigate (see 'The collections of the state of Fraunce att my being there in 1599', BL Cotton, Titus B VIII, fo. 380) including (1) 'the qualitye therof viz: the situacion, fertilitye & commodityes, confininge neybors, number of cittyes, townes, villages, castells & defences with the qulaityes and manners of the people', and (2) 'the state, number of nobilitye & subiects, their division, author12e & abilitye both ecclesiastick and lawick'.

marriage alliances arranged by Henri III for his *mignons*.[67] Others have stressed the centrality of marriage alliance to the prospects of any family anxious to maximize its wealth, security, and influence.[68] The obsession of these texts with marriage alliances is therefore no whim or preoccupation with the anecdotal; it is the expression of an awareness of the location of social, and hence political, power. Combined with the notes on degrees of royal favour and holding of provincial or local governorships, this information could therefore aim to give a full overview of power networks in France at the time.

This would be the aim, though the work inevitably falls short. The religious bias has already been discussed. A certain bias of information is also apparent on other grounds. (A) Part 1 is particularly concerned with the participation of an individual in the Massacre of Saint Bartholomew, and is rather revealing on contemporary perceptions of this. The circumstances of the duc d'Uzès's conversion, or Pibrac's supposed advice to the Guise family not to take on responsibility for the Massacre are cases in point. The attitude to the Guises is hostile but their power is rather understated in comparison with that of the King. Above all, any understanding of the configurations of power was bound to be clouded by lack of inside information even for the generally well-informed. The English ambassador, Amyas Paulet, contemplating the crisis of 'factions' within the court in 1578 (with its duels and violent confrontations between the supporters of the King and Monsieur) could only surmise that the quarrels of the royal brothers were only a 'sleight counterfeited to blear the eyes of those of the religion', but took the view that their followers were generating conflict and had 'gone so far that they must go further, unless they will go no more'. When trying to explain the bewildering twists and turns

---

[67] L. Bourquin, *Noblesse seconde et pouvoir en Champagne aux XVIe et XVIIe siècles* (Paris, 1994), pp. 24–26; M. Nassiet, 'Signes de parenté, signes de seigneurie: un système idéologique (XVe–XVI siècles)', *Mémoires de la Société d'histoire et d'archéologie de Bretagne*, 68 (1971), pp. 175–232; *idem*, 'Réseaux de parenté et types d'alliance dans la noblesse (XVe–XVIIe siècles)', *Annales de démographie historique*, (1995), pp. 105–123; *idem*, *Noblesse et pauvreté. La petite noblesse en Bretagne, XVe–XVIIIe siècle* (Rennes, 1993); J.-M. Constant, 'La pénétration de la réforme protestante dans la noblesse provinciale: quelques exemples du Bassin parisien et de l'Ouest', in B. Chevalier and R. Sauzet (eds), *Les Réformes. Enracinement socio-culturel* (Paris, 1985), pp. 321–326; Le Roux, *La faveur du roi*, pp. 238–241.
[68] For overviews, see R. Harding, *Anatomy of a Power Elite: The Provincial Governors of Early Modern France* (Yale, CT, 1978), pp. 111–117, 160–164; J.-M. Constant, *La vie quotidienne de la noblesse française aux XVIe–XVIIe siècles* (Paris, 1972), pp. 132–139. Detailed studies include R.J. Kalas, 'Marriage, clientage, office-holding and the advancement of the early modern French nobility: the Noailles family of Limousin', *Sixteenth-Century Journal*, 27 (1996), pp. 365–383; D. Bohanan, 'Matrimonial strategies among nobles of seventeenth-century Aix-en-Provence', *Journal of Social History*, 19 (1986), pp. 503–510; J. Davies, 'The politics of the marriage bed: matrimony and the Montmorency family, 1527–1612', *French History*, 6 (1992), pp. 63–95.

of fortunes at court, he could only offer the view that the French, as was their nature, were a prey to inconstancy and never kept their word: 'we like and mislike all in an hour, and therefore our first meaning may not be judged by the effects ensuing'.[69]

It is interesting, though, that the author of (A) in some ways understood that the circle of the king's minions, so wasted by death and disgrace,[70] had come to concentrate a small remaining group in the king's favour, the other survivors noted only for the role as military commanders or provincial governors. In terms of party alignment, (A) and (B) have a great deal to say about the links between figures such as Biron, Saint Sulpice, and La Mothe Fénelon, or between Charny and his allies, while much attention is devoted as well to the hostilities between court officials such as Cheverny and Gondi and a group of lawyer-bureacrats linked to Foix and Pibrac, themselves portrayed as allies of Biron and his circle. On the other hand, simply to take the case of Limousin and Guyenne, while full attention is given to figures such as Turenne and Châteauneuf, the rising family of Noailles, so important politically in the generation of the ambassadors Antoine, François, and Gilles (roughly the 1550s–1570s), is ignored. Some figures are therefore plainly emphasized at the expense of others.

Presentation of the text

The principle has been to present the (A) text as the basic one, with full apparatus for viewing the variants in (B), and the Cook text as a related but separate work. Original spelling is retained, except that u and v are distinguished in modern form. Punctuation and capitalization are modernized (the latter in French convention), and accentuation added according to the requirements of French textual presentation (in other words a light accentuation following the norms of sixteenth-century grammar in order to distinguish vowels).

In Part I, marginal annotations in the original are placed after each entry with an asterisk. In the central body of the text, passages omitted by (B) in Cecil's transcript are shown thus: <···> while substantial passages added by Cecil are shown thus: {···}. Small variations in (B) are shown in textual footnotes, while where the corrections of (B) are accurate in terms of names and grammar the version of (A)

---

[69] Paulet to the secretaries of state, 11 March 1578, *CSPF Elizabeth*, XII, p. 534.
[70] Le Roux, *La faveur du roi*, p. 417 argues that 1579–1580 was the period of the definitive transformation of the royal entourage in this way.

is given in the textual footnote. Passages copied from (B) in (C) are italicized, as are the interlineations in (A). In Cook's text, the marginal indications of religion are incorporated in the text at the appropriate point between square brackets as [*Pro*], [*Pa*] or [*O*] for U, the latter standing for the uncertain category. For the appendices, slightly different conventions are adopted.

For the two main texts, lettered footnotes clarify confusions or omissions in the text. The numbered footnotes, inevitably very numerous in view of the complexity of the information deployed, concern mainly explanatory matter to elucidate the text. In Part 2 of (A), the numbered footnotes frequently refer to references to the notes to Part 1 to save repetition. The numbered footnotes to Cook are confined to explaining matter which is not clarified in the edition of (A) and (B). Footnotes to the appendices are kept to the minimum and explain misunderstandings. Most of the names are covered in the two main texts.

TRAITÉ DES PRINCES, CONSEILLERS ET AUTRES MINISTRES DE L'ESTAT DE FRANCE

PART 1

[1r]

Avant qu'entrer plus avant en ce discours, il faut notter deux choses: l'une qu'apres le deces de Henry 2 la couronne estant venue à Francois 2, Messieurs de Guise apparurent estre les premiers en credit et faveur d'alliance, le Roy de Navarre et le prince de Condé, chefz de la famille de Bourbon et avec eulx Monsieur le Connestable et ceulx de Memorancy qui aur[oi]ent fort gouverné durant le regne de Henry. Or, comme il advient souvent que nouveaulx roys ayment nouveaulx mignons et favoritz, lesquelz souvent ne se contente poinct d'avoir la place d'autruy sinon quant et quant leurs biens et leurs vies, l'experience monstre bien lors que celle estoit veritable et sans la mort de François il est bien aisé à conjecturer qu'il y eust eu des tragedies et sanglantez effectz contre Bourbon et Memorancy. De là s'est advenue la querelle de ces maisons qui ont faict partie et se sont heurtés l'un contre l'autre, aiant retiré chacun de son cousté autant d'amys comme ilz ont peu et en mesme instant a esté la France devisé en deux parties à cause de la Relligion, les uns Papistes, les autres Hugenotz, qui ont duré depuis et durent encore.

Pour le second poinct, il faut noter que depuis dixhuict ou vingt ans la Royne mere du Roy a gouverné [1v] cest estat, voire tellement gouverné qu'elle n'en a faict part à personne du monde, non pas à ses enfans mesme, sinon tant qu'il luy a pleu et qu'elle a caressé les susdict tantost l'un tantost l'autre balençant sa faveur, qu'elle a veu qu'elle en avoit besoing pour estre plus honoree et obeye. Cela faict et presupposé, nous viendrons aux ministres et ceulx qui ont plus de part au gouvernement, et premierement des princes.

De Monseigneur[1]

Il c'est elevé un autre partie en France qu'on appelloict des politiques ou mal contents, qui c'estans unis avec ceulx de la Relligion,

---

[1] François de Valois, Duke of Alençon, then (1576) Duke of Anjou; as the king's eldest bro. from 1574, known as 'Monsieur'. See M.P. Holt, *The Duke of Anjou and the Politique Struggle* (Cambridge, 1986).

vouloient mettre les affaires de la France en meilleure estat, couper chemin à la guerre ceville, chasser les estrangers et remettre le Royame en son ancienne splendeur. De ce party ce fist Monsieur le chef protecteur. Mais l'abandonna laschement aux Estatz teneuz à Bloys en l'an 1576 comme fit aussi le mareschal d'Anville, par où il appert s'il y a de solubilité ou de constance en son cerveau.

Il a tousjours pourté beaucoup plus affection à ceulx de Memorancy qu'à ceulx de Guise, jusque à les advertir en cachette de ce qu'ilz devoient faire et garder et par le moyen de Monsieur de Turenne qui estoit pres de luy.

Le Roy de Navarre[2]

Le Roy de Navarre chefz des Bourbons et chefz de party, prince veritablement de bon esperit et excellente memoire, mais il seroit besoing qu'il fust plus solide et constant qu'il n'est.

[27]   ## Le prince de Condé[3]

Le prince de Condé est prince de fort bon esprit et fort genereux, constant et magnanime, mais de peu de moien, qui l'a faict qu'il ne peult faire grande chere.

* Il espouza la fille de Nevers et l'an 1583 la fille de La Tremouille.

---

[2] Henri de Bourbon (1553–1610), prince de Béarn, duc de Vendôme (1562), King of Navarre (1570); first prince of the blood; chief of the Huguenot cause from 1576; succ. as Henri IV nominally in 1589, in reality from 1594. For this period of his life, see J.P. Babelon, *Henri IV* (Paris, 1982), and J. Garrisson, *Henri IV* (Paris, 1984).

[3] Henri de Bourbon, prince de Condé (1552–1588), eldest s. of Louis, 1st Prince of Condé and brought up a Prot.; m. (1) Marie de Clèves, dau. of the duc de Nevers (1572), (2) Charlotte-Catherine de La Trémoille (1586); his only s. was posthumous (Anselme, I, pp. 335–336).

Le cardinal de Bourbon[4]

Le cardinal de Bourbon leur oncle paternel est ung bon homme aupres duquel sont nourris les freres duprince de Condé. Il est d'esprit fort imbecille, qui faict tout ce que l'on veulle, qui rit quant on rit et pleure quant on pleure.

*Monsieur de Monpensier[5]

Le duc de Montpensier est aussi des Bourbons. Prince fort papistre ou plustost supersticieux. Il a esté grand ennemy de ceulx de la Relligion et n'a pas tenu à luy qu'ilz n'ayent esté ruynés. Il est à present sy vieulx et decrepit qu'il prend le blanc pour le noir et le noir pour le blanc, comme l'on dict. Il espousa en secondes nopces une seur de Mr de Guise eaigé de 24 ans et luy 80.

* Il mourut l'an 1583

Le prince Dauphin[6]

Le prince Dauphin son filz est aussy Papiste de bon memoire mais de peu de jugement. [2v] Cestuy est fort hay de ceulx de Guise et Messieurs de Guise de luy, leur inimitié estant revenue de ce qu'il faisoict espier les actions de sa belle mere, luy ayant baillé gouvernante et demoyselles à sa poste. Car le feu cardinal de Lorraine avoict faict ce mariage pource que le prince Daulphin n'avoict poinct d'enfans. Mais il est advenu qu'il en a et son pere poinct.

---

[4] Charles, Cardinal de Bourbon (1523–1590); as younger bro. of Antoine de Bourbon, King of Navarre, the senior Cath. member of the Bourbon family; became titular leader of the Cath. League in 1585; nominally elevated to the throne by the League in 1589 as 'Charles X', though under detention by his neph., Henri IV. See E. Saulnier, *Le role politique du cardinal de Bourbon (Charles X), 1523–1590* (Paris, 1912).

[5] Louis de Bourbon, of a branch junior to the ducs de Vendôme and kings of Navarre; by his f., cousin to Charles de Bourbon, 1st duc de Vendôme, and by his mo., neph. to the Constable de Bourbon (d. 1527); played a leading role in the Estates-General of 1576.

[6] François de Bourbon, prince dauphin d'Auvergne (1542–1592); succ. his f. as duc de Montpensier in 1583; as a Cath. Bourbon, had some claims to the succession in the 1580s but these were generally discounted; m. (1566) Renée d'Anjou, comtesse de St-Fargeau.

*Monsieur de Nemours[7]

Monsieur de Nemours a esté ung prince autant brave et genereux qu'il y eust en la France. Or pource qu'il avoict eu un enfant de la damoyselle de Roan[8] qui par arrest de la court de Parlement de Paris en l'an 1560 n'avoict esté declaré legitime et lad. de Rohan femme dud. Nemours, luy qui n'en vouloict plus, et voyant que la Royne de Navarre et par consequent le Roy de Navarre prenoit la party de sa cousine Madamoiselle de Rohan, il princt le party de ceulx de Guise, lesquelz il a tousjours suivy. Depuis a espouzé leur mere[9] et a tousjours detesté et dissuadé la guerre civile. A present à cause des exces de sa jeunesse il reste impotut des gouttes.

* Le filz de Madame de Garnache[*sic*][10] s'apelle prince Genevois comme le filz dud. duc.[11]

Monsieur de Nevers[12]

Monsieur de Nevers beaufrere de Guise soustient estroictement leur parti, ennemi de ceulx de la Relligion, conseiller de la Saint Barthelemy.[a]

[a] Replaces: 'soustient Momorancy et ceulx de la relligion. C'est chose comme chacun le saict'.

[7] Jacques de Savoie (1531–1585), 2nd duc de Nemours of the 1528 creation; gov. of Lyonnais, Forez, Beaujolais (1563). On his famous amorous imbroglios, see A. de Ruble, *Le duc de Nemours et mademoiselle de Rohan* (Paris, 1883).

[8] Françoise de Rohan, dame de Garnache; dau. of Isabelle d'Albret-Navarre and René I vicomte de Rohan; her s.'s name was Henri de Savoie, duc de Loudun (d. 1596), though he sometimes claimed to be prince de Genevois.

[9] Anne d'Este (1531–1607), comtesse de Gisors, dame de Montargis; dau. of Renée de France and Duke Ercole II of Ferrara; m. (1) François, 2nd duc de Guise (d. 1563), (2) Jacques de Savoie-Nemours (1566).

[10] The title by which Françoise de Rohan was known.

[11] The legitimate s. of Nemours was called the prince de Genevois in his f.'s lifetime (see J.-H. Mariéjol, *Charles-Emmanuel de Savoie, duc de Nemours, 1567–1595* (Lyon, n.d.)), though it is known that the illegitimate s. of Nemours by Mlle de Garnache called himself prince de Genevois before being given the title, duc de Loudun, by Henri III. See Pierre de L'Estoile, *Journal pour le règne de Henri III (1574–1589)*, L.-R. Lefèvre (ed.) (Paris, 1943), p. 146.

[12] Louis de Gonzague, 4th duc de Nevers (1539–1595), gov. of French Piedmont (1567) and Picardy (1587). The *Mémoires de Monsieur le duc de Nevers*, J. Cusson (ed.) (Paris, 1665), though partly apocryphal, contain contemporary writings by him. A major adviser to Anjou in the years 1572–1574, he was marginalized after the king's accession (Le Roux, *La faveur du roi*, pp. 118–124, 168–169).

Monsieur de Guise[13]

Pourquoi Messieurs de Guise sont ennemys des Bourbons, Momorency et ceulx de la Relligion, c'est chose comme chacun le saict.

[*3r*]   ### Les marechaux de France

Momorancy

Le mareschal de Montmorency qu'on disoict d'Anville,[14] gouverneur de Languedoc, jusques sur la mort de Charles a esté comme en neautralité sans monstrer une vehemente hayne ny contre l'ung ny contre l'autre party, executant la volonté du Roy. Depuis voyant sa maison preste à tomber en ruyne, avoict sussité Monsieur et le party de l'Union dont il est fort hay du Roy, de la Royne et autres ministres pres d'eux [parce] *qu'en se separent d'avec ceux* [a] de la Relligion, il leur avoict laissé des bonnes villes et fortes places de Languedoc. Il est aussy fort hay de ceulx de la Relligion pour les avoir abandonné apres s'estre servy d'eulx pour sa conservacion. Il est, dict-on, en mauvais mesnage avec Bellegarde, par le moyen et conseil duquel il a faict contre ceulx de la Religion ce qu'il a faict, sous ombre de promesse du marquisat de Salusses. Toutesfois par le moyen de Mr de Savoye ilz sont d'accord

[a] Interlineated.

[13] Henri I de Lorraine, 3rd duc de Guise (1550–1588); *grand maître de France*; gov. of Champagne; m. (1570) Catherine de Clèves. Guise was about to enter his most active phase in the leadership of radical Cath. opinion after the formation of the League in 1585.

[14] Henri de Montmorency (1534–1613), sr de Damville, 3rd duc de Montmorency (1579); second surviving s. of the Constable Anne; succ. to the family interest in Languedoc, where he became provincial gov. in 1563; marshal, 1566; Constable, 1593. A leading figure in the movement of the 'malcontents' or 'united Catholics' in the 1570s, he gradually distanced himself from that cause while striving to maintain his effective independence. There are a number of important studies of him: two theses: J.M. Davies, 'Languedoc and its gouverneur: Henri de Montmorency-Damville, 1563–1589' (University of London, 1974), and M. Greengrass, 'War, politics and religion during the government of Henri de Montmorency-Damville, 1574–1610' (University of Oxford, 1979); articles by J.M. Davies in *Bulletin of the Society for Renaissance Studies*, 3 (1985), pp. 27–43; *French History*, 6 (1992), pp. 63–95, and by Greengrass in *European History Quarterly*, 19 (1986), pp. 275–311. There is also an older book by F.C. Palm, *Politics and Religion in the 16th Century: Henry of Montmorency-Damville, Uncrowned King of the South* (Boston, MA, 1927).

ou ilz en font semblant. C'est un homme autant lascive et suject à son plaizir qu'autre que soict. Il est au reste vaillant de sa personne et de bon jugement au faict de la guerre. Maintenant il est fort hay de Roy qui le voudroict debouter de son gouvernement l'an 1583.

Monsieur de Cossé*

Le mareschal de Cossé[15] frere du feu mareschal de Brissac[16] est bon homme, qu'on dit quelques fois mareschal de bouteilles pour son intemperance à la bonne chere. Il est toutefois bon cappitaine. Cestuy cy a tousjours favorisé Messieurs de Memorency, jusques à avoire baillé sa fille à un d'eulx. Il a toujours dissuadé la guerre civile et partant ennemy de ceulx de Guise et de ceulx qui conseillent la guerre.

* Il mourut l'an 1582 apres son retour d'Angleterre.

[3v] Mareschal de Retz dict Gonde*

Le mareschal de Retz[17] est filz d'un banquier de Lion, florentin de nation, qui au camp d'Alemaigne du tamps du Roy Henry estoict clerc des vivres, mais je ne say comment la Royne, c'estant persuadere que sa mere avoict esté sa nourrice, avoict eslevé cestuy cy en sa dignité, qu'il est non de son merite, car il est bon a rien (comme lon dict), de plaine puissance et auctorité royale.[18] Cestuy cy estoict conseiller de la St Barthelemy, ennemy par consequent de ceulx

[15] Artus de Cossé, comte de Secondigny and sr de Gonnor (1512–1582); gov. of Metz, 1552; marshal 1567; younger bro. of Charles de Cossé, also marshal. This entry dates the first draft of this work to before his death on 15 January 1582.

[16] Charles de Cossé, comte de Brissac (1507–1563); marshal of France; gov. of Picardy (1560). See C. Marchand, *Charles Ier de Cossé, comte de Brissac et maréchal de France* (Paris / Angers, 1889).

[17] Albert de Gondi, count, then duc de Retz (1522–1602); s. of Antonio Gondi, sr du Perron, and Catherine de Pierrevive, Catherine de Medici's confidante; marshal, 1574. Originally Catherine's man placed in Charles IX's household, joined Henri III's entourage on the journey to Poland (Le Roux, *La faveur du roi*, pp. 63–68, 150–151), and had to share the post of *premier gent. de la chambre* with Villequier. Initially left court early in 1579, was recalled but quitted definitively in January 1582 (*ibid.*, p. 193). Also general of the galleys, *chev. des ordres*, lieut. in Saluzzo. See Jean Corbinelli, *Histoire généalogique de la maison de Gondi* (Paris, 1705); M.J. de Pommerol, *Albert de Gondi, maréchal de Retz* (Geneva, 1953).

[18] The story that he was raised to such dizzying heights because he was the lover of Catherine de Medici goes back to the *Discours merveilleux de la vie, actions et déportemens de Catherine de Médicis* (n.p., 1575), which was translated into English as *A Meruaylous discourse upon the lyfe, deedes and behauiours of Katherine de Medicis, Queene mother* (London, 1575).

de la Relligion et de ceulx de Memorancy, la ruyne desquelz il a conseillé. Il est ennemy aussy de Villequier et de Bellegarde pource qu'en ce nouveau regne le Roy n'estant encores en France, l'un vouloict avoir son estat de premier gentilhomme de la chambre et l'autre de celle de mareschal. Mais l'autorité de la Royne les conserva. Mais le Roy pour contenter les uns et les autres leur bailla lesdictz estatz, mais le mareschal le tient encores. Son filz s'apelle marquis de Bel Isle.[19]

* sa femme estoit fille de madame Dampiere dame d'honneur de la Royne regnante.[20]

Monsieur de Bellegarde

Monsieur de Bellegarde,[21] gascon et filz du sr de Bellegarde, seneschal de Thoulouse, beaufrere de feu mareschal de Thermes,[22] par le moyen duquel cestuy cy est parvenu. Ayant esté noury aux guerres d'Italye, il y acquist une fort grande reputation d'estre vaillant de sa personne. Il a conoissance de bonne letres; son avancement plus grand a esté toutefois depuis ce regne ayant esté avec le Roy en Pouloigne. Il a esté toujours amy de Memorancy, de la faveur desquelz il a uzé plusieurs foys. Il ha[i]ssoict fort le feu cardinal de Lorraine. / [4r] Il a entré en mauvais menage avecq le mareschal d'Anville, comme j'ay dict. Le duc de Mayne et luy sont fort grands amis, s'estans promis amytié depuis Poloigne comme j'ay veu. Il ne se soucy poinct de la relligion car luy Papiste a espouzé la vefve de feu Mr le mareschal de Thermes son oncle, qui faict profession de la Relligion avec toute sa famille.

[19] Charles, marquis de Belle-Isle (1569–1596); m. a princess of royal descent, Antoinette d'Orléans-Longueville (1588); was f. of the 2nd duke.

[20] The duchesse de Retz was Claude-Catherine de Clermont, dau. of Jeanne de Vivonne, dame de Dampierre (d. 1583).

[21] Roger Ier de St Lary, (1524–1579), marshal, 6 September 1574; had become a favourite of Henri III, then Duke of Anjou, in the 1560s. 'Avant tout un soldat', his great competitor for favour in the 1570s was Le Guast (Le Roux, *La faveur du roi*, pp. 151–152, 173–176). His f., Pierre de St Lary, sr de Bellegarde, sen. of Toulouse (c.1500–1570) was lieut. of Marshal de Termes' co. (Termes was his wife's mo.'s bro.). Roger m. Marguerite de Saluces, widow of Marshal de Termes, his great-uncle. No longer in favour from 1575, he rebelled at Saluzzo in July 1579 (*ibid.*, pp. 421–427; G. Baguenault de Puchesse, 'Le révolte et mort du maréchal de Bellegarde', *Bulletin historique et philologique*, (1899), pp. 243–244). He d. there on 20 December 1579, thus dating the first draft of this work. His neph., Roger II, was known as a *mignon* of Henri III and was *premier gent. de la chambre*, eventually created duc de Bellegarde in 1619 (Anselme, IV, pp. 305–307).

[22] Paul de Termes, commander of French troops in Scotland, 1549. Pierre, sr de Bellegarde, was evidently neph. to Termes.

Le mareschal de Biron[23]

Son pere estoict lieutenant de la compaignie d'hommes d'armes du mareschal St André. Estant prins à St Quentin, mourut en Flandre. Il avoict nourry le sr de La Motte Fenelon.

Cestuy durant le regne de François et au commencement de Charles faizoit semblant d'estre de la Relligion. Depuis a enduré toujours ses filles à faire profession de la Relligion, quelques uns de ses enfans baptisés à la Religion. Il a marié ses filles aisnés et ce du consent de la Royne.[24] C'a esté un instrument propre pour abuzer ceulx de la Relligion. Il fut [sic] la paix l'an 70, admena la feue royne de Navarre à la court, bref il fustz le prince[a] maquereau de la Saint Barthelemy, de laquelle feste il estoict savant et consentant comme ses actions l'ont monstré et le monstrent encores. Mais à present ses piperies sont esvantées tellement qu'il a perdeu sa creance envers ceulx de la Relligion. Il est aisé à se mettre en colere et de s'appaiser aussi soudain. Il a toujours porté ceulx de Memorancy plus que ceulx de Guise.

Le mareschal de Matignon[25]

Cestuy est venu au monde depuis peu de temps pour estre ennemy de ceulx de la Relligion. Il feut faict [4v] gouverneur de la basse Normendie pour avoir prins Montgomery contre sa foy et loyautté, l'envoya à Paris. Il est fort amy de ceulx de Guise. Mai[n]tenant il est maressal et lietenant de Guyenne, 1582. Il estoict general de l'armee devant La Fere, 1580.

---

[a] *recte* prime.

[23] Armand de Gontaut, baron de Biron; his f., Jean de Gontaut-Biron, d. in captivity in 1558 (Anselme, IV, p. 125); m. Anne de Boneval; his sis., Claude, m. Jean Hebrard de St-Sulpice (*ibid.*, II, p. 739). Started as *guidon* in the company of Brissac, 1547, and by 1564 had his own co.; gov. of La Rochelle; marshal 3 February 1576; lieut. gen. in Languedoc, 21 July 1580 (Anselme, VII, p. 295). See S.H. Ehrman and J.W. Thompson (eds) *Letters and Documents of Armand de Gontaut, Baron de Biron, Marshal of France, 1524–92*, 2 vols (Berkeley, CA, 1936).

[24] The daughters referred to included Philiberte, m. 1575 Charles de Pierre-Buffière, baron de Châteauneuf in Limousin; and Charlotte, m. 1577 (Prot.) Jacques Nompar de Caumont, later duc de La Force.

[25] Jacques de Goyon, sr de Matignon, b. 1531; *chev. d'honneur* to Catherine; key provincial gov. (Normandy, 1562–1579), Guyenne (1585); marshal 14 July 1579; from a Norman family of lesser nobility well established in royal service whose loyalty was crucial for the monarchy throughout the wars. Relatively moderate in 1572 (Le Roux, *La faveur du roi*, pp. 61–62). See also J. de Callières, *Histoire du maréchal de Matignon* (Paris, 1661). His extensive correspondence is preserved at Monaco (a printed but unpublished edition by Labande exists) and in other important collections such as the BL and Pierpoint Morgan. He was, of course, gov. of Normandy well before his capture of Montgomery.

Le chancelier et cardinal de Birague[26]

Cestuy bany de Millan fut faict president de Cham[b]ery en Savoie, rendu president de Lion. Depuis, ayant esté appellé à la court, il y a receu la faveur qu'on a veu. Il est ung des principals bartholomistes et de tous les estrangtagemes[*sic*][a] qu'on a uzé depuis partant ennemy de ceulx de la Relligion, de ceux de Memorancy et des Papistres unis, bref, ennemy de tous favoritz. Il moreut à Paris le 14 de novembre mil v^{c}83. Il fut ent[e]ré avec honneur.

Le gard de Seaux

Hurault, sr de Chiverny,[27] gendre du premier president de Paris, fut faict chancellier d'Anjou pour le Roy à present regnant du regne de Charle et ung de ses principaulx conseillers. Ce fut à la faveur de feu chancellier de l'Hespital pource qu'il estoict cousin germain de Bellegard son gendre et qu'il faizoict le bon [57] valet, comme il est tres couteleux. Depuis, s'estant du tout rengé à l'humeur de la Royne et de son maistre, il a esté avancé et est conseiler des affaires secretes du pays. Il estoict du conseil de la St Barthelemy. Il favorize entierement les affaires du Roy d'Espaigne comme l'on dict. Il est monté en tele auctorité envers le Roy qu'il est manifeste que la volonté du Roy est la sienne et que celle du Roy n'est rien sans l'aprobation de Chiverney et ce qu'elle [*sic*] veult est de grande force. Il a suscité la guerre civile et empesché les estrangers, grand amy de ceux de Guise, duquel il est pensionnaire,[b] ennemy de ceux de la Religion, Bourbons et Memorancy et de Pibrac comme nous dirons. Apres la mort du cardinal de Birague, il fut faict chancelliers l'an 1583 au mois de novembre.

[a] *recte*: stratagemmes.
[b] A: reads originally 'Il a suscité la 10 duquel il est pensionaire, guerre civile et empesché les estrangers, grand amy de ceux de Guise', obviously a copying error.

[26] René de Birague (1509–1583), chancellor 1573–1583 (though losing the seals in 1579); as a foreigner, was a major object of vituperation by the malcontent party in the 1570s, though his reputation may have been undeserved. See J.-F. Dubost, *La France italienne XVIe–XVIIe siècle* (Paris, 1997), p. 276.
[27] Philippe Hurault, comte de Cheverny (1527–1599); *conseiller* in *Parlement* of Paris (1555); *chancelier* to duc d'Anjou (1569); in effect chief of the administration from 1574 (Le Roux, *La faveur du roi*, p. 166; H. de Vibraye, *Histoire de la maison Hurault* (Paris, 1972), pp. 157–177), though only became Garde des Sceaux in 1578, then chancellor. Disgraced as chancellor in 1588 and recalled in 1590.

Secretaires d'estatz

Sauue, mort[28]

Fichee [*sic*] autrement de Sauue a esté secretaire de garde de seaulx Bertrand, fut faict secretaire de la Royne mere et avancé par elle. Il est toujours conforme à son humeur, amy de Montmorency.

Bruslard, secretaire[29]

Bruslard, nepveu et commis de Bourdin secretaire d'estat est bon homme qui faict ce qu'on dict.

Villeroy, secrettaire[30]

Villeroy, cestuy parisien, autrement Neufville, gendre de Laubespine, gendre de Morvilier et de Limoges. Par leur faveur il a esté faict secretaire d'estat. Il est de fort bon esprit, fin et cauteleux, au reste guisard et espaignol tout oultre.

Pinart secretaire[31]

Pinart a esté secretaire de feu Mareschal de St André pource qu'il avoict espouzé une niepce de Morveillier et Limoges et cousin germains du jeune Laubespine. Lors [*5v*] que ledict Laubespine moureust, par la faveur de susd. il fut faict secretaire d'estat. C'est un tresmauvais homme et ygnorant qui hayt ceulx de la Relligion; et

---

[28] Simon Fizes, baron de Sauve in Languedoc; became sec. to Bertrand in 1553 and sec. of state in succession to Robertet de Fresne in 1567; d. 1579. See N.M. Sutherland, *The French Secretaries of State in the Age of Catherine de Medici* (London, 1962), pp. 159–160.

[29] Pierre Brulart, sr de Crosnes; *secrétaire du roi*, 1557; *secrétaire des commandements*, 1564; sec. of state in succession to Robertet d'Alluye, 1569; dismissed 1588; mo. was Isabelle, sis. of sec. of state, Bourdin. For Edward Stafford's view of him, see Sutherland, *French Secretaries of State in the Age of Catherine de Medici*, p. 173.

[30] Nicolas III de Neufville, sec. of state 1567–1588, 1595–1617; *ibid.*, pp. 151–157. One of the most long-lasting and accomplished secs of state of the era, he wrote an important memoir of his career. He was indeed s.-in-law of Claude de Laubespine, whose bro. was Sébastien, abbé de Bassefontaine and Bishop of Limoges, confidant of Catherine de Medici.

[31] Claude Pinart, sr de Cramailles; sec. of state 1570–1588; m. Marie, niece of Claude and Sébastien de Laubespine. See *ibid.*, pp. 174–175 for a better evaluation of him.

ne tient pas à luy que ne rentrons en guerres civiles et est guisard pour la vye.

Carouges, gouverneur de Roan et la haute Normandie[32]

Cestuy est amateur de la paix et de Memorency, homme de bon entendement et vray françois.

Piennes, gouverneur de Metz[33]

Il porta les armes pour ceux de la Relligion aux premiers troubles. Il les laissa par le commandement de la Royne. Depuis il a faict ce qu'elle a vouleu. C'est un homme autant leger et de peu de jugement qu'il y eust en France.

Crevecueur[34]

Crevecueur son beaufrere lieutenant en Picardie est de la mesme humeur. Toutesfoys il a fort aymé ceux de Memorency, estant sa maison venue en credict par leurs moyens.

---

[32] Taneguy Le Veneur, sr de Carrouges, comte de Tillières (d. 1592); gov. of Rouen; lieut. gen. of Normandy, 1562–1574; gov., 1574–1583, lieut. gen. again under Joyeuse 1583–1587.

[33] Charles de Hallewin, sr de Piennes, duc de Hallewin (1581); s. of Antoine de Hallewin, sr de Bughenault, k. at Thérouanne in 1553; capt. of the *ordonnances*; lieut. gen. of Picardy; gov. of Metz in succession to Retz, 1572; d. 1592.

[34] Crèvecoeur was Piennes's half-bro. rather than bro.-in-law. The connection of the Gouffier and Hallewin families was close. Guillaume Gouffier, sr de Bonnivet, adml of France (k. Pavia, 1525), m. (1517) Louise, dame de Crèvecoeur, who after his death m. Antoine de Hallewin. His children were François, sr de Bonnivet (d. 1556), and François le jeune, sr de Crèvecoeur, royalist lieut. gen. in Picardy (1577–1586, 1588–); *chev. du St Esprit* (1578); marshal (1586); d. 1594; (Anselme, V, p. 616).

Joyeuse, mareschal[35]

Joyeuze, lieutenant en Languedoc. Il est Papistre mais il est de ceulx de Memorency pour estre ses parens advancé par leurs moyens. Il estoict faict mareschal de France l'an 1583.

Maugeron[36]

Maugeron, lieutenant en Dauphin[é], Papistre, ennemis de ceulx de la Religion et guisard.

Mandelot[37]

Mandelot, gouverneur de Lyonois, beaufrere de Pienes, papistre, guisard et bartholomiste.

[6r]   ## La Guiche[38]

La Guiche, gouverneur de Bourbonoys et grant maistre de l'artelherie de France, est fort honneste gentilhomme, Papiste et mignon du Roy. Il est amateur de la paix publique mais il n'a pas l'esprit actif, ny ambitieux ny qui desire se mesler d'affaires.

[35] Guillaume, vicomte de Joyeuse; capt. of 50 *hommes d'armes*; *conseiller au conseil privé*; lieut. gen. of Languedoc, 1561 and again in 1575; marshal 1583; d. 1592; f. of Anne de Joyeuse, *mignon* of Henri III.

[36] Laurent de Maugiron, comte de Montléans (b. 1528); lieut. gen. of Dauphiné; s. of Guy de Maugiron (d. 1554), gov. of Dauphiné under Francis I and Henri II; presented an important *mémoire* to Catherine de Medici in 1579 (*LCM*, VII, pp. 432–437); k. 1578 (Le Roux, *La faveur du roi*, pp. 229–231, 389–405). His s., Louis, was one of the king's closest *mignons*, singled out in the king's visits to the Dauphiné in 1574–1575; he guaranteed the maintenance of his f.'s favour.

[37] A. Péricaud, *Notice sur François de Mandelot, gouverneur et lieutenant-général du Lyonnais, Beaujolais et Forez sous Charles IX et Henri III* (Lyon, 1828).

[38] Either Philibert d'Aure de Gramont, comte de Guiche (b. 1552) one of the king's *mignons* (Le Roux, La *faveur du roi*, pp. 234–235), or more likely Philibert de La Guiche, sr de Chaumont, comte de La Palice; *gent. de la chambre* (1575); *bailli* of Mâcon (1555), where he obstructed the massacre of 1572; lieut. gen. of Bourbonnais (1573); *grand maître de l'artillerie* (1578–1596) (*ibid.*, pp. 259–261); m. (1) Eléonore de Chabannes-La Palice (1570), (2) Antoinette du Lude.

Villequer[39]

Villequer, premyer gentilhomme de la chambre et gouverneur de la hautte et basse Marche, fut bailly au Roy estant duc d'Anjou avec feu Carnavalet pour luy aprendre les meurs en son bas eaige. Il a toujours entretenu une haine yrreconciliable contre ceux de la Religion. Il y fesoict faire toute ce que la Royne vouloict. Il est autant subject à tout espece de vice qu'autre homme qui se mesle d'affaires d'estat. Il est espaignol, guisard et bartholomiste.

Brezay[40]

Brezay, gentilhomme du Mayne, maistre de la garderobe du Roy, son mignon ayant esté en Poloigne, est homme parvenu à ses dignités non pour autre raison que pour la faveur de son maistre, à la volonté duquel il se conforme.

Cappitaines des gardes

Rempoulet[41]

Rempoulet est papistre, ennemy des Hugenotz, ayant toutefois un frere de la Religion. Il est amateur de la paix publique de France.

---

[39] René de Villequier, baron de Clairvaux, gov. of Ile-de-France, 1579–1589; called 'le jeune Villequier' to distinguish him from his bro. Claude, baron de Villequier, vicomte de La Guerche, lieut. gen. of La Marche (1576), with whom he has been conflated here. For his unsavoury reputation as the inculcator of Henri III's vices, see René de Lucinge, *Le Miroir des princes ou grands de France*, A. Dufour (ed.), in *Ann.-bulletin de la Société de l'Histoire de France*, 1954–1955, pp. 95–186. Le Roux, *La faveur du roi*, pp. 107–111, suggests that his reputation was a complement to the idea of the 'good' influence on Henri of Carnavalet.

[40] Artus de Maillé, sr de Brézé, capt. of the royal guard and gov. of Angers, was replaced as capt. in 1574, though he continued to serve as a capt. in Larchant's co. This entry is unlikely to refer to him as a *mignon du roi*; it might refer to his s., or by mistake of transcription to Brichanteau-Nangis.

[41] Nicolas d'Angennes, sr de Rambouillet (s. of Jacques, favourite of Francis I and bro. of the sr de Maintenon); joined Henri on the journey to Poland and was named capt. of the guard on the accession in July 1574 (Le Roux, *La faveur du roi*, p. 170); also gov. of Metz, amb., and recipient of many letters from Henri III. He was disgruntled at changes at court and withdrew to his government of Maine for much of 1575 (*ibid.*, p. 179); replaced by Jean d'O in March 1580 (*ibid.*, p. 190), thus dating this recension.

Larchan[42]

Larchan, mignon de ce Roy, est papiste et bartholomiste, guisard et
ennemy de la paix publique.

[6v] Clermont d'Entragues[43]

Clermont d'Entragues est papiste, guisard et bartholomiste. Toutefois,
comme j'ay ouy dire, ce qu'il faizoict estoict plus pour compagnie que
autrement.

Chasteauvieulx[44]

Chasteauvieulx, mignon de ce Roy, a esté mis au monde pour avoir
esté avec le Roy en Poloigne. Il se conforme à la volonte de son maistre
sans se mesler d'affaires.

Chancelier de la Roigne et Monseigneur

Les evesques du Puy[45] et du Monde,[46] l'un chancellier de la Royne
et l'autre de Monseigneur son[t] les enfans de Jacques de Beaulieu

[42] Nicolas de Gremonville/Grimouville, sr de Larchant; both he and his bro., Georges,
were *gents de la chambre*; had joined Henri in the Polish period; was named as capt. of the
guard in December 1574 (Le Roux, *La faveur du roi*, p. 170).

[43] Charles de Balsac, sr de Clermont d'Entragues (b. c.1545); became capt. of the guard
1 January 1577, replacing Nançay (BN fr.7854, p. 2252, no. 7); had been a *gent. de la
chambre* to Henri III while still Duke of Anjou (BN fr.3276, fo. 17), and also a capt. under
Mandelot. His younger bro. was Charles, baron de Dunes, 'Entraguet', one of the king's
mignons, and his elder bro., François was gov. of the Orléanais (Le Roux, *La faveur du roi*,
pp. 213–216, 243).

[44] Joachim de Chasteauvieux (b. 1544/1555), replaced Jean de Losses as capt. of the Scots
guard on his death in June 1579, hence dating this recension. He had always been entirely
devoted to Henri III's service (Le Roux, *La faveur du roi*, pp. 190, 259).

[45] Martin de Beaune, Bishop of Le Puy 1557, seriously non-resident; he had technically
exchanged his diocese for the Abbey of Aurillac. A member of Catherine's council, became
her chancellor in 1564. He and his bro. were, in fact, grands. of Jacques de Beaune de
Semblançay, exec. finance minister of Francis I.

[46] Rénaud de Beaune (1527–1606), *conseiller clerc* in the *Parlement*; *maître des requêtes*, 1563;
Bishop of Mende, 1567 (regained possession of his diocese through the peace of Fleix in
1580); transferred to the archbishopic of Bourges in 1581; finally became Archbishop of Sens
in 1594. Became chancellor to the Duke of Alençon (1573), and promoted his escapades in
the Low Countries.

[*sic*],[a] qui du temps du Roy François premier, apres avoir long temps gouverné les affaires de finances de France, finalement fut pendu et estranglé à Mantfaucon comme on dict à la suscitance de Madame d'Estampes.[47] Se sont deux aussy fainct et rusés courtisans qu'en soiect poinct. La femme de secretaire d[e S]auue est leur niepce fille de leur frere aisné,[48] comme est bien celluy qui tua le jeune St Supplice à Blois,[49] qui est cause que le sr de Biron, St Supplice et de La Mort Fenelon leur sont ennemys pource qu'ilz ont prins la protection de leur nepveu et qu'il eschapa à Mr de Biron de dire qu'il feroict mettre ce jeune belistre à rang de son ayaul. Depuis, s'est toujours maintenut en la bonne grace de Monseigneur, car luy ayant opinion que de Mande espioict ses actions pour en advertir la Royne mere, a esté plusieurs fois sur le poinct de le chasser, mesme fit presenter l'estat de Chancellier à Mr de Piebrac quil,[b] ayant parlé au Roy, luy fut commandé de [*7r*] ne l'accepter poinct. Voila comment Mande est piquet contre Piebrac pource qu'il pence qu'il ayt pourchassé son congé. Il est neanmoins maintenu toujours et est encore à present encor plus que jamais aymé de son maistre.[*] Ilz sont tous deux bons papistre, ne reconoissans autre que la Royne, de qui ils sont creatures,[c] faisant et disant tout ce qu'elle luy commandoict mais non pas de Mande en la bonne grace.

[*] Mande archevesque de Bourges fut disgratié d'avec Monsieur l'an 1581 et de Thou premier president[50] faict son Chancelier.

---

[a] *recte*: 'Beaune'.

[b] [*sic*], *recte*: qui.

[c] Originally reads 'la Royne, de qu'il il sont creatures de la Royne'.

[47] Jacques de Beaune, sr de Semblançay, *surintendant des finances*, exec. 1527. See A. Spont, *Semblançay: la bourgeoisie financière au début du XVIe siècle* (Paris, 1895). The two brothers were the s. of his s., Guillaume II de Beaune, *intendant des finances*; d. 1533.

[48] Charlotte de Beaune, Mlle de La Boissière, one of Catherine's ladies, reputedly also the mistress of Henry of Navarre and many others; m. (2) François de La Trémoille, marquis de Noirmoutier.

[49] On this murder, 20 December 1576, see E. Cabié, *Guerres de religion dans le sud-ouest de la France [. . .] d'après les papiers du Sr de St-Sulpice de 1561 à 1590* (Paris, 1906, repr. Geneva, 1975), pp. viii, 323, 332–333, 358; L'Estoile, *Journal pour le règne de Henri III*, pp. 129–130. The victim of the attack was Henri Ebrard de St-Sulpice, s. of Jean, amb. in Spain, trusted royal gov. in Quercy, and gov. to the Duke of Alençon. The murderer, whom he had taunted with not being a real gentleman, was the young Jean, vicomte de Tours, s. of Jacques II de Beaune, baron de Semblançay; he escaped to Avignon, where he killed the s. of the vicomte de Cadenet and was arrested; by June 1579 it had still not proved possible for him to be extradited and put on trial at Toulouse, largely as a result of the lobbying of sec. Fizes on his behalf (*ibid.*, pp. 405–406, 474).

[50] Christophe de Thou, *premier président* from 1562, died in 1582. His s., Jacques-Auguste (1553–1617), later *premier président* and historian, was then *maître des requêtes*.

Lansac[51]

Lansac, chevallier d'honneur de la Rayne mere, a esté nourry chez le Connestable et par luy avancé aux affaires durant le regne [?de Henry 2]. Il fut employé en Escosse et en Angleterre. Au commencement de Charles il fut faict ambassadeur au Conseil de Trente et depuis à Rome. Finalement il fut faict gouverneur du Roy. Il est plus eloquant que preux. Il gouverne fort la Royne, autant que tout autre pource qu'il entretenoict le Roy Charles en la crainte de sa mere. Il est Bartholomiste, toutesfois *plus de Memorancy que de Guise, aussi qu'il*[a] voict que la Royne le treuve bon.

L'Admiral[52]

Honorat de Savoye, marquis de Villars, Admiral de France, est papiste, oncle maternel de Memorency. Il s'est allié à Messieurs de Guise, ayant baillé sa fille à Mr le duc du Mayne, qui est maintenant Admiral, ce qu'il vendict l'an 1582 au duc de Joyeuse.

---

[a] Interlineated.

[51] Louis de Lézignan de St-Gelais, sr de Lansac (1512–1589); amb. in Rome (1554), Spain (1564); *chev. de l'ordre;* capt. of 100 gentlemen of the household (1564); *conseiller au conseil privé; chev. d'honneur* to Catherine de Medici (1583); chief of her council. The St-Gelais family included the famous poet Octovien, and Louis may have been an illegitimate s. of Francis I; see C. Sauzé de Lhomeau, 'Un fils naturel de François Ier: Louis de St-Gelais', *Mémoires de la Société des Antiquaires de l'Ouest,* series 3, 16 (1940), pp. 1–175, and R. Durnad, 'Louis de St-Gelais de Lanssac, l'honneur de Saintonge', in *François Ier: du château de Cognac au trône de France. Colloque de Cognac septembre & novembre 1994, Annales du GREH,* 1995, pp. 191–206. Lansac was essentially an agent of Catherine's policy (Le Roux, *La faveur du roi,* pp. 59–61, 189). See also C. Sauzé, 'Correspondance de M. de Lansac', *Archives historiques de Poitou,* 33 (1904).

[52] Honorat de Savoie, marquis de Villars and comte de Tende (d. 1580), younger s. of René, bâtard de Savoie; lieut. gen. in Languedoc (1560), Guyenne (1570); marshal (1571); became adml on the murder of Coligny in 1572; bro. of the Constable de Montmorency's wife, Madeleine de Savoie. His dau., Henriette, m. (2) (1576), Charles de Lorraine, duc de Mayenne.

Le Grand Prieur[53]

Le Grand Prieur estoict un des principaulx murtriers de la St Barthelemy avec Mr de Guise.

Le conte de Charny[54]

Le conte de Charny estoict gouverneur de Bourgoigne, filz de l'Admiral de Brion, honeste seigneur,[7v] amateur de la paix publique, n'aiant rien en plus grand horreur que le Massacre. Son frere portoict[55] les armes aux premiers troubles avec le prince de Condé et feut accusé d'avoir suscité Poltrot de tuer Mr de Guise, comme il appert par les responces de Poltrot, qui sont imprimés.

L'evesques d'Auxerre[56]

Le sr de Lenoncourt, autrement l'evesque d'Auxerre, qui ayme la paix publiques de la France, qui à ceste occasion a esté souvent esloigné des affaires. Il a esté desfavorizé de ceulx de la Religion et de Memorancy. Il estoict fort hay du feu Cardinal de Lorraine.

---

[53] Henri, chev. d'Angoulême, natural s. of of Henri II; *grand prieur de France* of the Order of St John of Jerusalem (Malta); gov. of Provence, 1579; adml of the Levant; d. 1586.

[54] Leonor Chabot de Brion, comte de Charny (1525–1597), s. of Philippe Chabot de Brion, adml of France (d. 1543); gov. of Burgundy, 1570; *premier écuyer*, then *Grand écuyer de France*, 1578; kin to the royal family in that his mo., Françoise de Longwy, was dau. of a bastard sis. of Francis I.

[55] This seems to refer to Guy I Chabot, sr de Jarnac, gov. of La Rochelle; listed among Condé's followers in 1562 but remained at La Rochelle; (H. Meylan and F. Aubert, *Correspondance de Théodore de Bèze*, 9 vols (Geneva, 1960–), IV, pp. 266–267). Jarnac was the comte de Charny's cousin, not bro.; Charny's bro., François, marquis de Mirebeau, was not active in Condé's party in 1562.

[56] Philippe de Lenoncourt (d. 1591), *conseiller au conseil privé*; Bishop of Châlons, then of Auxerre, which he resigned to Jacques Amyot in 1570; cardinal 1586; neph. of Robert, cardinal Archbishop of Embrun.

Foix[57]

Mr de Foix est un autre instrument pour amuser ceulx de la Relligion. Il fut prins en la Mercuriale tenu par le Roy aux Augustins avec Dubourg et les autres mais, estant devenu Papiste ou plustost avertisan [*sic*],[a] il fut faict ambassadeur en Angleterres et depuis à Venise, depuis faict conseiller de Conseil privé et d'estat. Il est createur [*sic*][b] de la Royne mere et n'aparut d'autre volonté que de la sienne. Il faict profession d'aymer la paix publique. Il estoict fort ennemy du Cardinal de Lorrine, qui l'a tellement descrié à Rome qu'il n'a jamais esté possible qu'il ayt peu avoir accez aux Papes pour avoir ung chappeau de Cardinal. Il est parent du Roy de Navarre.

[*24r*]   ## L'evesques de Paris[58]

Il est frere du mareschal de Retz, de mesme honneur et service et de mesme affection que luy, bartholomiste, espaignol et guisard. Il est fort ennemy de Foix autant que c'est possible, comme j'ay veu par letre de Mr de Foix lors qu'il ne pouvoict prier au Papes, accusant l'evesque de Paris. On dict qu'il a cent mil livres de rente en benefices.

---

a *recte*: 'courtisan'.
b *recte*: 'créature'.

57 Paul de Foix, amb. to England (1562–1566, 1571), Venice (1567–1570); councillor to Catherine; Archbishop of Toulouse, 1577. One of the most acute statesmen of the time; see his *Lettres de Messire Paul de Foix, Archeveque de Tolose [. . .] escrites au Roy Henry III* (Paris, 1628). The information given here on his experiences in 1559–1560 is broadly correct. See M. Didier, 'Paul de Foix et la mercuriale de 1559, s. procès, ses idées religieuses', *Mélanges d'archéologie et d'histoire, Ecole française de Rome*, 56 (1939), pp. 396–435; M.C. Smith, 'Paul de Foix and freedom of conscience', *Bibliothèque d'Humanisme et Renaissance*, 55 (1993); *idem*, 'Early French advocates of religious freedom', *Sixteenth-Century Journal*, 25 (1994). For the very distant relationship to the house of Foix, see below, Part 2, Guyenne.

58 Pierre de Gondi (1533–1616), Bishop of Langres and then of Paris; cardinal 1587; the first of three generations of the Gondi family to hold the see of Paris.

Bellevre[59]

Bellievre est de Dauphiné. Il estoict president à Grenoble. Il a fort negotié en Suisse.Cestuy est de l'humeur [de] Chiverny et chancellier, de l'evesque de Paris et pourtant bons amys ensemble. Ces deux, ascavoir Chivernys et Bellievre, sont ennemys de Pibrac pour autant que Mr de Pibrac, pendant que le Roy estoict en Poloigne, ayant tout gouverné, luy aiant faict de grandz service, en pencoit autant faire en France, et luy avoict le Roy promis les seaulx incontinent que d'estre arrivé. Mais cependant le Chancellier et ceux cy en estans bien advertys, appuyoient leur faveur et credit au pres de la Royne, detractans de luy toute la reste si bien qu'estans en France Piebrac au lieu de faveur il n'avoict que du vent et les autres avancés grandement. Et voiant que le Roy ne le pouvoict hayr, trouvoict moyen de l'envoyer en Poloigne pour la seconde fois, tellement qu'il faut dire que le Chancellier, Cheverny, Bellievs et l'evesque de Paris font leur cas apart. Ceulx cy sont fort hays de Mr le duc, de ceulx de Memorency et du Mareschal de Cossé pour [*24v*] avoir esté conseillers de leur emprisonnement, et de Foix, Pibrac, Valence quant il vivoit, La Motte Fenelon, St Supplice assisté de Biron. La Royne mere se servant de ces devoirs [*sic*] pour amuser et tromper ceulx de la Relligion et des autres a inventé les moiens et conseilz de leur meffaire ouvertement.

L'evesche d'Auxerre[60]

C'est Jacques Amyot, precepteur du Roy Charles, traducteur de Plutarque. C'est mieulx son cas d'estre en un estude ou gouverneur un college qu'à se mesler des affaires d'estat. Il a entretenu le feu Roy en la craincte du Papes et de la Royne mere. Il a eu ceste evesché par la resignation susd. de Lenoncourt.

---

[59] Pomponne de Bellièvre, high state functionary who rallied to the League and then to Henri IV. See R.F. Kierstead, *Pomponne de Bellièvre* (Evanston, IL, 1968); E.H. Dickerman, *Bellièvre and Villeroy: Power in France under Henry III and Henry IV* (Providence, RI, 1971).

[60] Jacques Amyot (1513–1593), celebrated humanist, *conseiller au conseil privé*; became Bishop of Auxerre, 1570; (*LCM*, III, p. 296).

Rossy[61]

Autrement Nesne[*sic*],[a] parisien, a esté premierement conseiller au Grand conseil, depuis maistre des requestes. Il feut au commencement subconné d'estre de la Relligion et la Royne le trouvant faict à sa poste l'avanca et le joignit avec Mr de Biron pour faire la paix de l'an 70. Il s'appelloict lors Malassize, dont quelques rime[u]rs trop bien recontre en ce quadran:

> *La paix qu'on traine en sy grand longueur*
> *Et où la fin de noz malheurs est mise,*
> *Ceux qui la font me feront grand peur*
> *Qu'elle sera boiteux ou mal assize.*

[*25r*] La boutefeux s'en ensuivist. La Royne le lendemain d'icelle le fit Chancellier de de Navares, l'autre ayant este tué. Bref, il ne parle ny faict synon ce que la Royne veult. C'est un homme glorieux et facheux s'il en fut onques et de tresmauvaise consciance.

Pibrac[62]

Guy de Faur, sr de Pibrac, estant à Tholouze il a esté jeune conseiller au Grand Conseil, depuis juge à Tholouze. Depuis, sa maison estant

---

[a] *recte*: 'Mesme'.

[61] Henri de Mesme, sr de Roissy, sr and comte de Malassise (1532–1596); prof. of law at Toulouse; *conseiller au grand conseil*; *maître des requêtes*; chancellor of Navarre, 1572; *conseiller d'état*. Reported as among those with great authority at court in the early 1570s by the Papal nuncio; (see P. Champion, *La jeunesse de Henri III*, 2 vols (Paris, 1941–1942), p. 313); intendant of Queen Louise de Vaudémont; the *archmignon*, Joyeuse, planned to marry one of his cousins to him (Le Roux, *La faveur du roi*, p. 498); rudely dismissed from his offices in January 1582 (L'Estoile, *Journal pour le règne de Henri III*, Lefèvre (ed.), p. 292; Lazard and Schrenck (eds), IV, pp. 11–12), so this version was drawn up before that.

[62] Guy du Four, sr de Pibrac; wrote a defence of royal policy in 1572; accompanied Henri III to Poland in 1573 and was sent there by him as amb. in 1575. As chancellor of Queen Margot, involved in 1583 in the delicate negotiations between Henri III and Navarre over her domicile (BN fr. 10303, fos 100–109); d. 27 May 1584, when L'Estoile noted him 'ung des plus rares et deliés esprits de ce siècle' (L'Estoile, *Journal pour le règne de Henri III*, Lefèvre (ed.), p. 355; Lazard and Schrenck (eds), IV, p. 139) and Michel de Montaigne, *Essais*, J.V. Leclerc (ed.), 4 vols (Paris, 1925), IV, p. 77) 'un esprit si gentil, les opinions si sains, les moeurs si doulces […] et des plus doctes, auquel l'ambition couppa la gorge'. His sec., Charles Pascal, wrote a Latin life of him, issued in French as *La vie et meurs de messire Guy du Faur, seigneur de Pibrac* in 1617 (repr. in Cimber et Danjou, *Archives curieuses de l'histoire de France*, 27 vols (Paris, 1834–1840), X, pp. 219–297). His dau., Olympe, m. Michel Hurault, sr de l'Hospital (d. 1592); Prot. *politique* author of the *Libre discours* of 1588; chancellor of Navarre.

persecuté à Tholouze à cause de la religion, vient en la court où, estant en la bonne grace du Chancelier par le moyen de son sçavoir d'eloquence et du president La Cazedie son oncle, fut envoyé orateur au Conseil, depuis faict advocat au Parlement de Paris et à present conseiller d'estat et Chancellier de la Royne de Navarre. Il a esté fort de la maison de Momorancy. Il est à present amy de Messieurs de Guise pour le saige conseil qu'il donna à Madame de Nemours leur mere qu'il ne prinsent pas sur eulx le faict de la St Barthelemy. Il est fort amy de Biron. [De] ses autres amitié et inimitiés il en a [esté] parlé [sous] Bellievres.

L'archevesque de Vienne[63]

L'archevesque de Vienne ne s'est entremeslé d'affaires sy n'est que depuis les Estatz de Blois, qu'il feust envoyé vers le Roy de Navarre par les Estatz. Il fut puis apres employé a[vec] Mr de Montpensier et les autres à faire la paix et depuis à la conferance de Nerac.

[25v]   ## Le duc d'Uzes[64]

Cestuy cy du cousté maternel est descendu du chevalier Balliot [sic][a] sr d'Assier, grand maistre de l'artillerie et Grand Escuyer de France du temps de François premier.[65] Le feu duc d'Uzes chevalier de la Royne mere estoict son aisné.[66] Il a esté cappitaine general des troupes de

---

[a] recte: 'Galiot'. Galiot de Genouillac is not usually referred to as the 'chevalier Galiot', though his son François, killed at Ceresole in 1543, acquired a similar reputation as a peerless knight through his tutor Pierre Saliat's *Vita Francisci Galioti* (Paris, 1549).

[63] Pierre de Villars, grand Archidiacre of Auch; Bishop of Mirepoix, 1561; Archbishop of Vienne, 1575.

[64] Jacques de Crussol (1540–1586), sr de Beaudiné, baron d'Assier, comte de Crussol, 2nd duc d'Uzès (1573); Prot. leader in Languedoc during the 1560s; lieut. of Condé there, 1567; royal commissioner in Languedoc, 1574; *chev. du St Esprit*, 1578; gov. of Languedoc.

[65] Jacques, *dit* Galiot, de Genouillac, baron d'Assier in Quercy; *grand maître de l'artillerie* (1516–1546). His dau., Jeanne Galiot, m. (1) Charles de Crussol, vicomte d'Uzès in Quercy, and (2) the Lutheran Rhinegrave Jean-Philippe, stepf. of the Crussol brothers. See F. de Vaux de Foletier, *Galiot de Genouillac* (Paris, 1925).

[66] Antoine de Crussol (1528–1573), 1st duc d'Uzès (1566); k. at the siege of La Rochelle after his return to the Cath. fold.

ceulx de la Religion en Dauphiné, Provence et Languedoc avec grand heur et reputation. A la Sainct Barthelemy il se sauva à l'hostel de Guise et combien que Baudiné[67] et Thorez[68] dont l'un estoict son frere l'autre son beaufrere y feussent tués, sy ne laissa il pas de se revoller, voire de se transformer de tout, se faisant Papiste et ennemy tout outre de ceulx de la Religion. Il est fort ennemy du Mareschal d'Anville, s'estant injuriés l'un l'autre par escritures publiés. Cestuy soubz esperance du gouvernement de Languedoc bailla le moyen par lequel led. Mareschal cuida estre surprins. Il est Guisard en recompence de sa vie sauvés.

Chavigny[69]

C'est lieutenant de Montpensier, cappitaine de cent gentilshommes de la maison. Il est Papiste et Guisard.

La Vauguion[70]

C'est de mesme humeur que le susdit Chaviny. Luy et La Motte Fenelon ne soutienent bien ensemble à cause d'une terre en Angoulmois que tous deux avoinct achap[t]ee du vidame de Chartres. Il est capitaine de cinquante homme d'armes et puisné de la maison d'Escars.

---

[67] Galiot de Crussol, sr de Beaudiné; k. 1572; gods. of the *grand maître*, Galiot.

[68] Jacques de Crussol, m. Françoise de Clermont-Tonnerre; but this seems to refer to a husband of his sis., mentioned as 'Thoras' in Part 2, Languedoc, 'Alliances'; almost certainly François de Cardaillac, sr de Peyre, husband of his sis., Marie de Crussol.

[69] François Le Roy, sr de Chavigny, comte de Clinchamps (1519–1606); lieut. gen. of Anjou, Maine, and Touraine; closely allied to the Rouville family in Normandy (see below, Cook, Normandy). Confirmed as one of the two capts of the 100 *gents de la maison du roi* in 1574 (he had obtained the post in succession to Retz in 1573); remained in this post until 1594. Also *chev. de l'ordre*; capt. to 50 lances; *conseiller* in the *conseil privé*.

[70] Jean de Peyrusse des Cars, sr de La Vauguyon, prince de Carency; *chev. du St Esprit*, 1578; capt. of *gendarmerie*, 1585; distant cousin in the male line of the comte des Cars, gov. of Limousin; s. of François de Peyrusse des Cars (m. Isabeau de Bourbon-Carency); as a junior member of the lineage he was advanced by Henri III; his dau., Diane m. the royal *mignon*, St-Mégrin, (acting as a second f. to him). St-Mégrin had k. the comte de Maure, to whom Diane had been m., and in turn was k. in 1578, when his bro. Charles m. his widow (Le Roux, *La faveur du roi*, pp. 239, 410).

Aumont maintenant Mareschal[71]

Mr d'Aumont, il n'est pas un plus Guisard en France, enemy de ceux de la Religion et persecuteur. Il est cappitaine de cinquante hommes d'armes.

Puisgaillard[72]

Cestuy est un Gascon marié en Anjou avec la veve de Bois Arran seur de Mr de Brezé. Auparavant qu'Anjou fut à Mr le duc il estoict gouverneur d'Angers. C'est ung des auteurs et executeurs de la St Barthelemy. Il est maistre de canps general de l'armee du Roy.

Le Grand Prieur de Champaigne[73]

Le Grand Prieur de Champaigne autrement dict le chevallier Senet[sic][a] a esté embassadeur en Portugal et en Angleterre, homme

[a] *recte*: 'Seure'.

[71] Jean VI d'Aumont, comte de Châteauroux; lieut. gen. of royal armies in Burgundy and Brittany; *chev. du St Esprit*, 1578, marshal 23 December 1579; d. 1595 of wounds at the siege of Comper near Rennes. According to de Thou, his nomination as marshal was the work of Joyeuse.

[72] Jean de Léaumont, sr de Puygaillard, maréchal de camp; gov. of Angers; lieut. gen. of Anjou; 'courageux mais peu judicieux capitaine'; Monmerqué and A.H. Taillandier (eds), *Mémoires du marquis de Beauvais-Nangis* (Paris, 1862), pp. 23–24.

[73] Michel de Seurre, b. Lumigny en Brie; s. of Antoine, sr. de la Ville-du-Bois; amb. to England in succession to François de Noailles, February 1560–March 1562, to Rome in 1563 (*LCM*, II, p. 419n); *gent. de la chambre* March 1560 (M.-T. Maurel (ed.) *Catalogue des actes de François II*, 2 vols (Paris, 1991), I, p. 392); *chambellan* (1575); deputed, with Roissy, by Catherine to negotiate with the English amb. 1575 (*LCM*, V, p. 63); *chev.* (1539); *grand prieur de Champagne* in the Order of St John of Jerusalem (Malta), 1571, though in 1564 Catherine was negotiating for his advancement as *grand prieur de France* 'pour la conservation de sa religion', (*LCM*, X, p. 146). According to Throckmorton, English amb. 1559–1563, he was a consummate dissembler: 'if eare will be given to honied wordes, if sweete languaige will persuade, if speaches well applyed and couched will be belevid [. . .] now shall your lordshippes know, that he that can do all these thinges is now arrived [. . .] that the enchanter is cum a lande'; (P. Forbes, *A Full View of the Transactions in the reign of Q. Elizabeth*, 2 vols (London, 1740–1741), I, p. 316). In later years he was close to Epernon (Le Roux, *La faveur du roi*, pp. 516–517).

rond en parolles, de long discourt et qui n'est aux uns plus que aux autres. Il a esté toutesfois plus de Momorancy que de Guise.

La Motte Fenelon[74]

Bertrand Salinhac, sr de La Motte Fenelon a esté nourry par feu Mr de Biron. Il est de l'humeur de Biron, de St Supplice, de Foix pour au commancement avoir favorizé ceulx de la Religion. Il les a quitté pour se donner à la Royne mere. Par ce moyen Biron et Sainct Suplice se sont avancés [26v] et gouvernés, car il est plus prudent que les deux autres. Il faict la volonté de la Royne et la leur faict entendre. J'ay dict que Biron, St Supplice, Foix, Pibrac et La Motte Fenelon suivent un mesme train. Il estoict ambassadeur en Angleterre 7 ans avant Mr Mauvesier.[75]

Maintenon[76]

Le sr de Maintenon est frere de Rambouillet, grand mareschal de logis du Roy. Il est Papiste parfaict et de l'humeur de son frere.

D'Escars[77]

Le conte d'Escars, limosin, serviteur d'Antoine Roy de Navarre ou plustost son maquereau. Ce fut celluy qui plus ayda à corrompre

[74] Bertrand de Salignac (d. 1589); amb. in England 1572–1574; cousin to St-Sulpice and to Biron; served his apprenticeship abroad under St-Sulpice. For his correspondence, see C.P. Cooper and A. Teulet (eds), *Correspondance diplomatique de Bertrand de La Mothe Fénelon, ambassadeur de France en Angleterre*, 7 vols (Paris, 1838–1840).

[75] Michel de Castelnau, sr. de Mauvissière, amb. in England, 1575–1585. For extracts from his letters, see J. Le Laboureur (ed.), *Mémoires*, 3 vols (Paris, 1731).

[76] Louis d'Angennes, marquis de Maintenon; s. of Jacques d'Angennes, amb. in Spain; *grand maréchal de logis* since 1568; succ. as such by Méry de Barbezières 1 January 1580; m. Françoise d'O, sis. of the king's favourite (Le Roux, *La faveur du roi*, pp. 196, 242).

[77] François de Perusse, comte Des Cars or d'Escars (d. after 1595); s. of Jacques de Perusse, sr des Cars; lieut. gen. of Antoine de Bourbon in Limousin 22 September 1561; sen. of Toulouse, 1562, and later *conseiller d'état*. The opinion given here dates back to de Thou and beyond, though a recent discussion has pointed out the primacy of his loyalty to the House of Albret-Navarre (M. Cassan, *Le temps des guerres de religion: le case du Limousin, c.1530–c.1630* (Paris, 1996), pp. 198–199).

le Roy soubz esperance de luy rendre la Navarre ou luy en bailler recompence sur les bayes [?] qu'en bailloict audict Roy[a] ce voyant dans la negotiation de St Supplice qui estoict lors en Espaigne. Il est grand ennemy de ceulx de la Religion, guisard tout outre et espaignol, amy de la guerre civile, ennemy de l'estranger. Il est de beaucoup d'obstentation et de peu de valleur, tellement qu'on jure par la virginité de son espés comme celle de Lansac.

St Suplice[78]

Sainct Suplice est un homme qui ne faict rien sans que Biron son beaufrere et La Motte Fenelon [27r] luy conseillent de faire. Il est aussy cappitaine de cinquante homme d'armes. Il a esté norry chez Mr le Connestable. Il s'est donné tout depuis à la Royne et diray je qu'il a gardé toujours une bonne affection à ceux de Momorency et une haine à ceux de Guise. Il a toujours aymé la paix publique. Son filz fut tué à Blois.

D'Estree[79]

Mr d'Estree est filz du grand maistre de l'artillerie de France.[80] Il est gouverneur de Bouloigne. Son pere a faict tresconstante profession de la Religion tant qu'il a vescu. Il a plus soutenu ceux de Momorency que ceux de Guise pour en avoir receu tout son bien d'eux.

Malicorne[81]

C'est ung sr d'Anjou lequel ne s'est aproché guiere d'affaires. Il est de paisible nature, aymant le repos publique. Il est oncle de Lavardin.[82]

---

[a] The text seems garbled at this point, though the meaning is reasonably clear.

[78] Jean Ebrard, baron de St-Sulpice; former gov. of the king's bro., Alençon, and f. of his *mignon*, Henri de St-Sulpice; amb. in Spain, 1562 (E. Cabié, *Ambassade en Espagne de J. Ebrard de St-Sulpice* (Albi, 1903)). See also E. Cabié, *Guerres de religion dans le sud-ouest de la France* (Albi, 1906); P. de Vaissière, 'Une famille française au XVIe siècle: les St-Sulpice', *Revue des études historiques*, 73 (1907), pp. 423–468. See also n. 49 above.

[79] Antoine d'Estrées, baron de Doudeauville and gov. of Boulogne in 1576.

[80] Jean d'Estrées, d. 1567; *grand maître de l'artillerie* (1547–1563); sen. of Boulogne, 1551.

[81] Jean de Chaourses, sr de Malicorne; s. of Félix, sr de Malicorne; gov. of Poitou.

[82] Jean de Beaumanoir, marquis de Lavardin, Cath. commander.

De Pons[83]

Mr de Pons est un grand seigneur en Xainctonge, homme de 80 ans, lequel pour estre Catholique a esté souvent chassé de sa maison. Il est de ceulx de Guise mais à cause de son eaige il ne soucy plus de ryen.

Combault[84]

Cestuy cy est un petit gentilhomme de Poytou, lequell pour avoir espousé une des filles [d'honneur?] de la Royne, ou pour avoir quelque autre service qu'il pourroit avoir faict en Poloigne ou ailleurs [*27v*] est monté en ce degré non de merite qu'il eust mais de faveur de son maistre. Il n'est guieres homme de negotiation ny d'enterprinse.

Premier et second president de Paris

Ces deux sont aussy conseillers du Conseil privé. Le premier, de Thou,[85] a esté toute sa vie serviteur de la maison de Guise, a esté 20 ou 30 ans advocat au Palais et de la faict Premier President. On dict de celluy qu'il est *levitate et crudelitate insignis*. Le second, nommé Seguier,[86] est demuré aussy long temps advocat et serviteur à gaiges de ceulx de Bourbon. Il a esté fort subconné d'estre ou favorizé de ceulx de la Religion. De Thou moreust l'an 1582 et du Harley[87] est Premier President.

---

[83] Antoine de Pons, comte de Marennes; lieut. gen. in Saintonge; d. c.1580. From September 1578, despite his great age, capt. of the one of the companies of 100 *gents* of the household and *chev. du St Esprit*, 31 December 1578. His 2nd wife, Marie de Montchenu, and his dau., Antoinette, were both members of Catherine de Medici's household.

[84] Robert de Combault, sr d'Arcis-sur-Aube, *chev. du St Esprit; premier maître d'hôtel du roi* from January 1577, replacing Sarlan; he was essentially a domestic court official. One of Henri's closest and oldest servants, the king said of him in 1574 'il m'est bon serviteur et que j'aime' (*Lettres*, I, p. 375). His wife was Louise de La Beraudiere de l'Isle-Rouet, called 'madame de Combault' or 'la belle Rouet', *demoiselle d'honneur* to Catherine and one of her legatees; *LCM*, X, p. 515.

[85] Christophe de Thou, *premier président* in 1562; d. 1582.

[86] Pierre I Séguier, sr de St-Brisson, président; d. 1580; had a reputation as a moderate and opposed the inquisition. His bro., Antoine sr de Villiers, was *président à mortier, conseiller d'état* (1586); amb. in Venice.

[87] Achille de Harlay, sr de Beaumont, *premier président*, 1582; member of Catherine de Medici's council.

Mignons du Roy

Le Roy, pour ne desplaire à sa mere, souffert et maintient tous les dessusdict à moins les principaulx qui estoient de temps de Charles. Il fit aprocher de luy quelques mignons, jeunes gentilhommes, entre lesquelz il y a quatre principaulx, assavoir:

D'O, mignon[88]

D'O est le premier en credit, qui c'est faict faire gouverneur en chef de la basse Normandie, homme despancier et joueur à tout outrance, [28r] à tout quoy le Roy satisfaict, tellement qu'on dict de luy un desordre en France, que le prodigue d'O gravelle noz finances. Son pere du vivant de Henry estoict cappitaine de la garde escossoise. Il est advenu sy glorieux de la faveur de son maistre qu'il oze se parangonner aux princes. Il dissuade au Roy la guerre estrangere. Il croy que c'est à la faveur de ceulx de Guise, qu'il frequente ordinairement. Il est maintenant disgracié l'an 1581 et est retiré en son gouvernement bien pourveu de soixante mil livres de rente à vivre, ayant fiancé la fille de Villequier.

D'Arques, mignon[89]

D'Arques est un jeune homme, filz de Mr de Joyeuse, qui n'a pas long temps sorty du college, qui à son arrrivé à la court, sans avoir rien veu a esté agreable au Roy et mis au second lieu des mignons. Il n'a ny eaige ny discretion ny experience qui le puisse avancer aux affaires. Il semble qu'il ayme ceulx de Memorency *pour estre leur parent à cause de leur mere*,[a] que non pas ceulx de Guise, et pour en avoir receu son pere

---

[a] Interlineated.

[88] François d'O, sr de Fresne and Maillebois (1555–1594); shared the post of *premier gent. de la chambre* (1578–1581) with Retz and Villequier; *maître de la garde-robe, surintendant des finances* (1588); lieut. gen. of Lower Normandy (1579–1583); gov. of Paris (1583–); and chancellor of the Holy Spirit. Fell into disfavour, 1581, but partly rehabilitated after 1586 (Le Roux, *La faveur du roi*, pp. 433–436). His wife was Charlotte-Catherine de Villequier, 16 years younger; the betrothal took place in 1578 but was not solemnized until about 1584. See K. Leboucq, 'L'administration provinciale à l'époque des guerres de religion: Henri III, François d'O et le gouvernement de Basse-Normandie', *Revue historique*, 606 (1998), pp. 345–408.

[89] Anne de Joyeuse, baron d'Arques, s. of Guillaume, vicomte de Joyeuse; marshal, 1570; d. 1592. Arques was created duc de Joyeuse 1581; adml of France and gov. of Normandy (March 1583); k. Coutras, 1587. See P. de Vaissière, *Messieurs de Joyeuse (1560–1615)* (Paris, 1926).

l'avancement de sa maison et beaucoup de bienfaictz du Roy par leur moyen.* En octobre 1581 il espousa la fille de Vaudemont seur de la Royne de France à Paris,/ [*28v*] où il y avoict de grand pompe. On dict que le Roy luy bailla 400 mil esceuz pour son duare et l'a faict duc de Joyeuse et donné des autres avancement comme pair de France et admiral.

* Le 19ᵉ de juin 1582 il feut faict admiral de France à Paris.

Lavallé [*sic*]⁹⁰

La Valete est de mesme aige et de mesme inexperience et biaucoup plus impudent et indiscret que l'autre, qui est anvieux de sa fortune. Il est nepeu de mareschal de Bellegard à cause de sa mere. Son pere a esté brave et vaillant cappitaine. En la fin de ses jours il a esté faict lietenant general en Guienne. En fin, allant assieger Clairac, une petite ville sur le Lot, et y ayant beaucoup perdeu d'hommes et de reputation, estant party de là sans rien faire, son gouvernement ayant esté baillé au feu mareschal Montluc, il moreust de maladie en maison. Celuy qui n'est que le second de sa maison a eu tant de bienfaictz du Roy qu'il en escandalize tout le monde. Il est faict duc d'Epernon en Perche, achepté du Roy de Navarre, et collonel general de l'infanterie françoise en 1582.

[*8r*] *St Luc*⁹¹

Sainct Luc est beaucoup plus sage que tous les autres, ayant premierement pour asseoir sa fortune espousé femme de grand maison et bien riche et bien aparanté, fille de feu mareschal de Brissac; d'autre part que le Roy ay [*sic*] vouleu l'appeller aux affaires. Il ne s'en est vouleu mestre pour n'encourir la mauvaise grace de la Royne mere.

---

⁹⁰ Jean Louis de Nogaret La Valette (1554–1642), duc d'Epernon 1581; gov. of Normandy, 1588. See G. Girard, *Histoire de la vie du Duc d'Espernon* (Paris, 1665) by his sec.; M. Chaintron, *Le duc d'Epernon (1554–1642): l'ascension prodigieuse d'un cadet de Gascogne* (Paris, 1988); V. Larcadé, 'La clientèle du duc d'Epernon dans le sud-ouest du royaume'. *Annales du Midi*, 108 (1996), pp. 29–37.

⁹¹ François d'Espinay, sr de St-Luc (1554–1597); gov. de Brouage (1578); disgraced 1583; lieut. gen. of Brittany (1592–1596); m. Jeanne de Cossé, dau. of marshal de Brissac. He was disgraced, according to L'Estoile, after playing a practical joke on Henri III in trying to scare him with a ghostly voice during the night. Brantôme: 'très gentil et accomply cavallier en tout, s'il en fut un à la court' (*Oeuvres complètes*, L. Lalanne (ed.), 11 vols (Paris 1864–1882), III, p. 81). See Sottos, *Les débuts de François d'Espinay-St Luc* (Paris, 1914), and Le Roux, *La faveur du roi*, pp. 222–225, 436–456).

Il sucede[a] au Roy la guerre estrangers mais comme il a dict à ses plus
familliers favoritz et domestiques, le Roy n'oyt rien si mal volontiers.
Il fict asses bonne pre[u]ve de sa valleur à La Charité et à Yssoire. Il
est amateur des letres et homme savans et fort curieulx. Son pere,[92]
qui estoit petit gentilhomme normand du bailliage de Gisors, moreut
lieutenant de la compagnie de feu Monsieur de Guise, par où l'on
peult veoir quelle partie il tient ayant obligation heredictaire à ceulx
de Guise. Il est gouverneur de Brouaze aupres de La Rochelle. On
dict qu'il est maintenant disgratié avec le Roy l'an 1581 ayant voulleu
donner son gouvernement à Mr de Laucoine, mais n'a seu entrer.

Pour adjouster

La querelle de Messieurs de Guise avec ceulx de Bourbon provient en
premier lieu de ce qu'apres la mort de Henry ilz s'entreserrerent du
gouvernement de France sans leur en faire part. [*8v*] Conspirant leur
ruyne tellement que peu s'en fallut qu'à Orleans 1560 feu M. le prince
de Condé ne perdit honteusement la vie, ayant esté desja sa sentence
de mort arresté au conseil et devoict le Roy de Navarre estre confiné,
ce qui fut advenu sans doute sans la mort du Roy François.

La feu Roy de Navarre fut tué devant Rohan en pissant contre une
muraille.[93] Le commung bruict fut quil feust tué d'une arquebuzade
venant de la ville, mais la feue Royne de Navarre croioict et s'asseuroict
qu'il avoict esté tué par ung des domestiques du duc de Guise et par
son commandement. Le prince de Condé fut tué [*marg.*: Au rencontre
de Jarnac] de sang froid par Montesquieu serviteur dudict duc de
Guise et par luy avancée à le faire cappitaine des gardes de Monsieur
à present Roy.

La querelle de ceulx de Guise et Momorancy à cause de
Dampmartin de mesme raison contenue cy dessus.

Ceux de Guise accusoit l'Admiral d'avoir faict tuer Mr de Guise
devant Orleans comme il est faict veoir par le proces faict à Poltrot.
Aussi Guise tua l'amiral par ung de ses domestiques.

---

[a] [*sic*] *recte* 'suscite'.

[92] Valeran d'Espinay, *gent. de la chambre* and *maître de camp* in Italy; d. 1557.

[93] This story is, of course, recounted in *Histoire ecclésiastique des églises réformées au royaume de France*, [hereafter *Hist. eccl.*] G. Baum and E. Cunitz (eds), 3 vols (Paris, 1884), II, pp. 755–756, among other sources.

[9r]   La puissance, faveur et credit de Mr de Guise

Mr de Guise a esté tousjours porté et favorizé de ce Roy. Il est gouverneur de Brie et Chanpaigne où il a beaucoup d'amys et de serviteurs, principallement ez ville frontieres où il a mys cappitaine à sa devotion tou qu'il a peu. Son frere le duc de Mayne est gouverneur de Bourgoigne, où il a aussy grand nombre d'amis et de serviteurs, mais il n'a pas tant de credict que le conte de Charny et son frere. Ilz sont fortifiez du duc de Lorraine ou duc de Mercure, beau frere du Roy, de Mr d'Aumale, marquis d'Elbeuf, mais tout cela est peu ou rien s'ilz avoient entrepris quelque grand chose contre l'estat, car les François sont à la devotion de leur Roy; oultre ilz ont tous les Huguenotz pour ennemys et quant ilz les sauroient ennemis du bien public, le Roy venant à la raison en accordant les demandes du peuple, ilz s'y ordrent[?] miez [sic] et sans beaucoup de moyen tellement qu'il sera de plus expediant pour eulx de se fortifier soubz le nom du Roy.

Bourbon

Ceux de Bourbon sont fortiffiés pour estre de sang roial, alliés et plus proches de la courogne. Mais leur pleus grand force est celle du Roy de Navarre pour avoir beaucoup de contés, [9v] viscontés, terres et seigneuries en France tant en Guyenne, Languedoc qu'en le gouvernement d'Orleans, Picardie et par tout les autres provinces de France puis pour avoir une partie faict pour eulx, qui est celle de la Religion.

Momorency

Leur plus grand appuy est celluy de Monseigneur, qui les porte entierement de plusieurs autres alliances qu'il eut en France et le mareschal Damville pour les moyens qu'il a en Languedoc. Mais s'il y eust conservy l'Union il estoict le plus asseuré de tous.

Bellegarde

Le mareschal de Bellegarde, oultre le marquisat de Salusse duquel il est paisible gouverneur, a de grandes pratiques et mené tant en Daulphiné, Province, Languedoc. Il a force amys aussi en Gascoigne.

PART 2

Tous ce qu'obeyst à present au Roy de France est appellé France. <Les Gaulles antienement avoient plus longue estendue, estans bornés du cousté de septentrion du Rhin et de la mer occian. Mais la France ne va pas jusques là. Les confrontes de la France sont à present sy comme qu'elles [*10r*] me semble superflu de faire description>, mais pour <vous> donner bref cognoissances, il m'a semblé bon le devoir deviser <et particulariser> en douze parties, <c'est à dire en douze gouvernement> comme elle a esté depuis que les grandz provinces[a] ont esté anexés à la couronne, lesquels sont ceux qui s'ensuivent:

L'Isle de France, La Bourgoigne, La Guienne, Languedoc, Normandie, Birtaigne, Orleans, Picardie, Brie et Champaigne, Dauphiné, Lionois, Provences.

<Or, j'ay deliberé de parler de chacun gouvernement à part, et icelluy diviser en bailliages et seneschaucés qui sont petites provinces ou sieges presidiaulx et roiaulx qui jugent en dernier ressort jusques à la somme de deux cens cinquante livres. Si plus, ilz ressortissent en court de Parlement. En chacun desquelz bailliage et senechaucés il y a ung gentilhomme qui est chef, qui assemble les estatz et ausquelz les cours du Roy s'adressant quand il veult convocquer les estatz generaulx, le ban et l'arrier ban, les gentilshommes de sa maison en sa gendarmerie, on leur escrict aussy:[b] 'A nostre amy et feal le bailly ou seneschal de telle province'. Ceulx qui exercent la justice pour eux s'appellent juges ou lietenants de seneschal ou bailiff. Puis parleray des principaulx nobles de chacun gouvernement, *de leur alliance, de la commodité ou incommodité de*[c] la province, des villes [*10v*] des frontieres et des gouverneurs tant generaulx que particuliers, le tout par ordre.>

[LE GOUVERNEMENT DE L'ISLE DE FRANCE]

Dans le gouvernment de L'Isle de France est comprinse la Prevosté de Paris qui est la ville, faubourgz et quelques villaiges à l'entours.

---

[a] (B): grandes princes.
[b] [*sic*] *recte*: ainsy.
[c] Passage interlineated.

La visconté contient depuis le prevosté jusques aux bailliages, savoir du cousté de Bourgoignes, Nemours; du cousté d'Orleans, La Ferté Alers, Montfort et Houdan; du cousté de Normandie, Mante et Meulan; du cousté de Picardie, Valois et Vermandois et du cousté de Berie et Chanpagne, Melun.

La princypale dudict gouvernement est la grande ville de Paris, de laquelle <à present parler *me sembleroit superflu, estant cognu à tout le*[a] monde. En ladict ville de Paris> ny a poinct de gentilhommes pour s'estre retirés aux champs.[1]

Les principales familles <de Paris> sont les Hanequins,[2] les de Mesmes,[3] les Guiots,[4] les Potiers,[5] [*III*] <les Huraults>,[6] les Clauses aultrement {dict les} Marchamons,[7] les Othomans,[8] les Vilcoqs.[9] Ceux cy tient plusieurs estats ches le Roy au Parlement et en la Chambre des Comptes et plusieurs autres belle terres et grandes richesse qu'ilz ont dedans et dehors Paris. Marcelle et les Dolus se sont mis au monde

[a] Passage interlineated.

[1] One of the best descriptions of Paris at this time is by Thomas Platter, *Description of Paris (1590)*, L. Sieber and M. Weibel (tr.) (Paris, 1896).

[2] The Hennequins had moved to Paris in the late 15th century and moved from trade to office-holding. One branch included Oudart and Pierre (d. 1577), both city councillors; Pierre, *conseiller* (1556) and president of the *Parlement* and Oudart, later *maître des requêtes*; country seat: Boinville; (B. Diefendorf, *Paris City Councillors in the Sixteenth Century: The Politics of Patrimony* (Princeton, NJ, 1983) pp. 36–37, 41, 55, 142). Another branch descended from Dreux, sr d'Assy, *président des comptes*, included Aymar (1544–1596), Bishop of Rennes, and Jérôme (1547–1610), Bishop of Soissons.

[3] The de Mesmes were prominent in the royal administration and Parlement. Henri de Mesmes, sr de Roissy and Malassise (see Part 1, n. 61) was uncle of Oudart Hennequin.

[4] Claude Guyot, city councillor (1548–1576); *secrétaire du roi*; *maître des requêtes*; *président de la chambre des comptes*; his s., Antoine, was also *président*; main estate: Charmeaux (Diefendorf, *Paris City Councillors in the Sixteenth Century*).

[5] Oudart Hennequin, *maître des requêtes*; m. the dau. of the prominent *parlementaire*, Nicolas Potier de Blancmesnil (1597); (Diefendorf, *Paris City Councillors in the Sixteenth Century*, p. 142).

[6] (Part 1, n. 27): The Huraults were established at Maisse and Le Marais. On their various branches, including the srs of St Denis, Cheverny, Le Marais, Cherigny, Belesbat-l'Hospital, see comte Henri de Vibraye, *Histoire de la maison Hurault* (Paris, 1972).

[7] Cosme Clausse (d. 1558), sr de Marchaumont (in Picardy), Courances, Fleur-en-Bière etc., sec. of state to Henri II, was conceded the profits of the royal *châtelenie* of La Ferté-Alais. His s., Henri and Pierre, continued as *conseillers d'état* and ambs. See the Introduction for the sr de Marchaumont and Robert Cecil.

[8] The Hotmans were descended from Lambert, who came to France from Silesia c.1470 as *maître d'hôtel* to Englebert de Clèves. His two s. founded two main branches: Pierre was f. of the most well-known member of this family, François Hotman, author of *Le Tigre de France* and *Franco-Gallia*, a Prot. member of a largely Cath. and Leaguer family of bankers, later srs of Villers-St-Paul. The other branch, descended from Jean, *trésorier de l'ordre de Malte*, were srs de Fontenay and Rougemont.

[9] Uncertain. There were a number of families of the name Villechocq or Willecocq in 16th-century Paris.

puis le regne de Charles {neufieme}, ayans joinct leurs familles par reciprocque marriage.[10]

{Aux faubourgs de Saint Jacques} les Gobelins et Channes ont esté en grand estime et sont encores à cause de l'excellance de leur tainture[a] l'escarlate et pourpre et le cramoisin.[11]

Monsieur de Villeroy[12] aultrement {dict} de Neufville est aussi Parisien {et est l'un des quatre secretaires des commandements.}

Pource qu'il a semblé ledict gouvernement estre trop petit, on y a adjousté les baillaiges susdict, que j'ay cy dessus mentionné.

Or, dans Paris il y a plusieurs conseillers d'estat et autres officiers de la couronne, mais ce sera en un traict à part que j'en parleray.

[*11v*]   **Grandz seigneurs en L'Isle de France**

Momorency

Les seigneurs du dict gouvernement[13] les plus grandz et les plus riches sont les Messieurs de Momorency à cause des belles terres et seigneuries quils {y} ont,[14] comme Momorency, Chantilly, Escouan, La Fere en Gastenois[b] et plusieurs aultres; mais surtout à cause de la conté de Dampmartin, qui est le plus noble fief de L'Isle de France, lequel feu Monsieur le Connestable {nommé Anne de Montmorency} apres avoir long temps marchandé[c] enfin l'emporta sur la fin[d] {du

---

   [a] (B): tenue fiere.
   [b] (B): Partenois, *recte*: Tardenois.
   [c] (B): iiiiiquette au faict la court.
   [d] (B): les denieres jours.

[10] Claude Marcel, *échevin, prévôt des marchands* (1570–1572); sec. to Catherine de Medici; m. Marguerite de Baudereuil; children: Germaine, Marguerite, Mathieu. The link is possibly to Jean Dolu, Catherine's *argentier*.

[11] The Gobelins still maintained their residence on the left bank as merchants who had begun as cloth-dyers. They actually lived in the parish of St Marcel.

[12] (See Part 1, n. 30); the Neufvilles were established in the country at Villeroy (Seine-et-Marne), 8 km west of Meaux.

[13] For a survey of the lesser landowners of the Hurepoix, south of Paris, see J. Jacquart, *Le crise rurale en Ile-de-France, 1550–1670* (Paris, 1974), pp. 67–85, 161–164. The greatest fiefs were held by Parisians and great courtier politicians, but there was a mass of small-scale and relatively poor gentlemen further away from the capital.

[14] On the lands of the Montmorency, see G. Ganier, *La politique du connétable Anne de Montmorency, 1547–1559* (Le Havre, 1957); M. Greengrass, 'Property and politics in sixteenth-century France', *French History*, 2 (1988); F. Decrue, *Anne de Montmorency*, 2 vols (Paris, 1885–1889).

reigne} de Henry.[15] Depuis feu Monsieur de Guise ayant acheté[a] Nanteille,[b] qui est aussy une autres belle terre {proche} et voisine dudict Dampmartin qui appartenoit à *Messire de Lenoncourt*,[16] *pendant la regne de Francois 2*[c] usant de sa prosperité voulut {la} retirer des mains de Monsieur le Connestable.

C'est l'origine de la querelle de Monsieur de Momorency et de Guise qui a produict tant de tragedies {en France}. Monsieur de Guise est vassal de Memorency à cause de {la terre de} Nanteil qui est soubz Dampmartin.[17] {Le duc de Guise a engagé Nantoillet[d] pour 130m escus à Chomberg.}[18]

Longueville

Apres Messieurs de Momorency, messieurs de Longueville sont les plus grandz seigneurs. Ils sont <jeunes orphelins> dessendus des la maison d'Orleans. Feu Monsieur de Longueville leur pere moureust en l'an 1583[e] au retour de la Rochelle. Il estoit gouverneur de Picardie.[19]

---

[a] (B): acquict.

[b] (B): Nanteul.

[c] Interlineated.

[d] [*sic*] for Nanteuil.

[e] (B): cinq cens soixante trois.

[15] The *comté* of Dammartin (Seine-et-Marne) had been held by the Chabannes family in the 15th and early 16th centuries, and passed through daus to Françoise d'Anjou. She m. (1) Philippe de Boulainvilliers (d. 1536), and (2) Jean III de Rambures. Françoise tried to exclude her children from her first marriage from the inheritance of the county but they, in the person of Philippe II de Boulainvilliers, sold their interest in Dammartin to the Constable de Montmorency in 1554 for 191,666.13.4 lt. However, Jean de Rambures and his s., Oudart, sold their interest to the Duke of Guise in 1559–1560 for 80,000 lt. The issue remained unsettled until 1572. The Constable and his sons insisted on their title of comte de Dammartin. For a clear survey of the issues, see M. Greengrass, 'Property and politics', pp. 391–392.

[16] The *comté* de Nanteuil was created for Henri de Lenoncourt, *bailli* of Vitry, in 1543.

[17] The bad blood engendered by the competition for Dammartin is recorded in the early 1560s by Pierre La Place; see J. Buchon (ed.), *Commentaires de L'Estat de la Religion et Republique soubs les Rois Henry et François seconds et Charles neufième (1565)* (Paris, 1836), pp. 38–39: Nanteuil 'l'on dict que sa basse court estoit mouvante en relief dudict Dampmartin'.

[18] Gaspard de Schomberg (1540–1599); a Lutheran German nobleman from Meissen who took service in France and acted as colonel, then *maréchal de camp des reîtres* under Charles IX; became first *chambellan* to the King and the duc d'Anjou (1571); *conseiller d'état* (1573). Bought the *comté* of Nanteuil (Oise) from Guise for 380,000 lt., 15 September 1578 (Anselme, IV, p. 334). (B) (i) and (ii) give 130,000 écus as the figure; Cook (C) gives a different one.

[19] Léonor d'Orléans, duc de Longueville and Estouteville; d. August 1573 after his return from the siege of La Rochelle, leaving two young s., Henri I, duc de Longueville (d. 1595), gov. of Picardy, and François, comte de St-Pol, duc de Fronsac (d. 1631).

Guise

Apres eulx Monsieur de Guise à cause de Nanteil {et Dampire}.[20]
<Mais il l'a vendu maintenant au conte Charolois>.[a]

[*12r*] Anthoine du Prat prevost de Paris, {seigneur de Nantoillet et
Baron de Viteaux} <à cause de Nantouillet>.[21]

Monsieur de Palezeau[b] à 4 lieues de Paris.[22]

Messieurs de Rembouillet;[23] Messieurs d'Antragues <à Mon-
tlehery>.[24]

{Monsieur} Despaulis[c] grand<s> seigneur<s> en Vallois.[25]

---

[a] [*sic*] Evidently an error for 'Chomberg'. The count of Charolais at this time was Philip
II of Spain.

[b] (B): Partereau.

[c] (B): De Paulx.

[20] The two greatest fiefs of Ile-de-France were the royal duchy of Etampes, conceded to
the royal mistresses, Anne de Pisseleu and Diane de Poitiers, and the duchy of Chevreuse,
a domain essentially assembled by Anne de Pisseleu and her Sanguin kinsmen, erected
into a duchy in 1555 for the cardinal de Lorraine. The latter had acquired it in 1551 from
Anne's husband, Jean de Brosse, duc d'Etampes. Dampierre (Yvelines) formed part of this
agglomeration along with Meudon.

[21] Nantouillet (Seine-et-Marne), where cardinal Duprat built his castle in the Renaissance
style. Antoine IV Duprat (d. 1589), *prévôt* of Paris (1553), was bro. of Guillaume, baron of
Vitteaux, the notorious duellist, k. August 1583, leaving a s., Antoine, baron de Vitteaux,
an active *ligueur* in Burgundy (H. Drouot, *Mayenne et la Bourgogne*, 2 vols (Dijon, 1937) I, p. 42.
See also P. de Vaissière, 'Une vendetta au XVIe siècle: les d'Alègre et les Duprat', *Revue des
études historique*, 78 (1912), pp. 528–556, 637–671.

[22] Palaiseau (Essonne) 19 km from Paris, seat of a *châtellenie*; F. Cossonet, *Recherches historiques
sur Palaiseau* (Versailles, 1895). A sr de Palaiseau was a hostage for the treaty of Cateau-
Cambrésis in 1559 (*LCM*, I, p. 268n); another was k. near St-Jean d'Angély in July 1577
(L'Estoile, *Journal pour le règne de Henri III*, p. 148), and Claude de Harville, sr de Palaiseau m.
Catherine des Ursins in 1579 (*ibid.*, pp. 215–216).

[23] Rambouillet and Maintenon of the family of Angennes (see Part 1, nn. 41,76). Their
f., Jacques d'Angennes, of a family from Thimerais who settled in Ile-de-France in the late
15th century, was capt. of the royal guard and in 1556 sr of Rambouillet, Vieille-Eglise, du
Perray, des Essarts, and des Bréviaires (Jacquart, *La crise rurale*, p. 73).

[24] Charles de Balsac d'Entragues and his bros (see Part 1, n. 43). The family, heirs of the
Admiral de Graville, held a large collection of lands around Marcoussis (Nozay, Châtres,
Boissy, Arpajon, St-Yon, Breux, Breuillet); (Jacquart, *La crise rurale*, p. 73). This region was
around Montlhéry (Essonne), site of the battle of 1465; this has a tower, part of its castle
ruined during the Wars of Religion, and was part of the royal domain in the early 16th
century. It was conceded to Chancellor François Olivier, sr de Leuville.

[25] Adolphe (or Antoine) de Lyons, sr d'Espaulx, *gent. de la chambre*, was commander at
Stenay and Mézières in 1558 (BN nafr. 21698, fos 128, 263–264) and lieut. gen. of Champagne
and Brie in the 1560s. His wife was *dame d'honneur* to Catherine de Medici (*LCM*, X, p. 513).
(See also below, Champagne, n. 311)

{Alliances}

Messieurs de Momorency sont nepveuz de Monsieur <l'Admiral> Honoré de Savoye {admiral de France} à cause de leur mere seur dudict admiral et par consequant parent de Monsieur le duc de Savoye.

Le mareschal Danville a espouzé une seur du duc de Bouillon, sr. de Se[d]on, {et} le sieur de Se[d]on une fille de Monsieur de Monpensier,[26] Monsieur de Meru[27] son frere une fille du Mareschal de Cossé. Thoré[28] <n'est pas encores mariee>.[a] Messieurs de Chatellon et de Laval sont leur cousins remues de germain estant feu Monsieur l'Admiral à cause de sa mere nepveu de Monsieur le Connestable.[29] Le visconte de Turenne est leur nepveu à cause de sa mere leur seur.[30]

Vantadour est leur beaufrere à cause de sa femme leur seur.[31] Feu Monsieur de Candale qui [*12v*] fut tué au siege de Somiers estoict leur beaufrere. <Il y a des enfans de ce mariage>.[32]

Messieurs de Longueville portant en leur armes les fleurs de ly avec une barre comme les bastards de France ont acoustumé.[33] Il{s} sont cousinns {germains} du petit prince de Condé <dict comte de Soissons> à cause de madame la princesse de Condé seur de leur pere. Ils sont fort riches tant du cousté du pere que de la mere qui

---

[a] (B): a este deux fois mariee.

[26] Henri de Montmorency-Damville (1534–1614); m. 1558 Antoinette de La Marck, dau. of Robert, duc de Bouillon and prince de Sedan. Her bro., Henri-Robert de La Marck, duc de Bouillon, prince de Sedan (d. 1574), m. (1558) Françoise de Bourbon (d. 1587), dau. of Louis II, duc de Montpensier (d. 1582).

[27] Charles de Montmorency (d. 1612), sr de Méru, duc de Damville (1610); adml (1596); m. Renée de Cossé, comtesse de Secondigny, heiress of Artus de Cossé, marshal (Part 1, n. 15).

[28] d. 1593; his first wife, Léonor de Humières, had d. in 1563; m. (2) (1581) Anne de Lalaing, dau. of the comte de Hoogstraten.

[29] The Constable's dau., Louise, m. (2) (1514) Gaspard I de Coligny, f. of the Coligny bros; d. 1541.

[30] Léonor de Montmorency, the Constable's dau., m. 1545 François de La Tour, vicomte de Turenne, later duc de Thouars (k. St-Quentin, 1557).

[31] Catherine de Montmorency; m. Gilbert de Lévis-Ventadour (see Guyenne) 1553.

[32] Henri de Foix-Candalle (see under Guyenne) k. Sommières, February 1572 by the Huguenots. He left only two daus by Marie de Montmorency.

[33] The house of Orléans-Longueville were *princes légitimés* descended from the *bâtard* de Dunois, s. of Louis, duc d'Orléans. Their mo. was Marie de Bourbon, who inherited the estates of the Bourbon-St-Pol. Her f., François, comte de St-Pol, had been created duc d'Estouteville in Normandy by Francis I. The Longuevilles' aunt, Françoise d'Orléans, m. (1565) the first prince de Condé as his second wife, and was the mo. of Charles, comte de Soissons (1566–1612).

est la duchesse de Touteville et Neufchastel[a] et contesse de St Paul. Ils sont descendus de Bourbon à cause de leur mere <comme sera dict au chapitre de Normandie>.[34]

Guise

Monsieur de Guise sorty de la maison de Guise. De ses alliances <il> en <sera parlé au gouvernement de> Brie <et Chanpaigne mieulx à propos qu'a present>.

Le prevost de Paris

Le prevost de Paris sieur de Nantouillet, petit filz du Chancellier du Prat qui du temps du Roy Francois {premier}[b] eust ung fort grand credict en France estant Chancellier, Cardinal et legat du Pape tout ensemble. Il estoict Auvergnac de petit lieu. Il a une seur mariee <avec le sr de St Just frere du sr d'Allegle et l'autre avec le sr Sancthon en Chanpaigne>.[35c]

{Alliances de Rambouillet et Antragues et de Pastereau.}

{Reste} [137] Monsieur de Mainctenon[d] frere de Rambouillet et a espouzé une seur de Monsieur Do.[36]

La comodité

La comodité de ce gouvernement est une grande quantité de bledz et de vins. Les vins sont appellés vins françois asses delicatz à boyre mais

---

[a] (A): Neuecasel.

[b] (A): has 'Francois 2'.

[c] Cecil: en la maison de Curton et Auvergne. Il a espouse une fille de la maison de Cany, une des principals en Picardy. (This was Françoise de Barbançon, who suffered an attempt on her life by her husband in 1588; see L'Estoile, *Journal pour le règne de Henri III*, Lefevre (ed.), pp. 575–576).

[d] (A): Maille.

[34] In fact they are not dealt with under Normandy, though they are in Cook (C).

[35] Antoinette Duprat, m. Christophe d'Alègre, sr de St-Just, bro. of Yves, baron d'Alègre, second cousin to the Duprats. The two families were involved in a lengthy and violent feud over the barony de Vitteaux among other things. Renée Duprat, *dame d'honneur* to Catherine de Medici, m. François de Curton-Chabannes, marquis de Chabannes and comte de Rochefort.

[36] Maintenon (See Part 1, n. 76) m. Françoise d'O, *dame d'honneur* to Catherine de Medici.

petit et non puissant comme sont les vins des autres gouvernement. Il n'y a pas ung seul boulet[a] de terre au dict gouvernement qui ne soict fructeux.

Ce gouvernement, principallement Paris joict d'une tresgrande comodité des ryvieres, assavoir de la Seine et de Marne, l'une venant de Bourgoigne et Chanpaigne passe par Troye {et} l'autre par Challons et Chateau Thiery se joignant au pont de Charenton une lieue au dessus Paris. Il n'est pas croyable quel fruyt[b] lesdicts rivieres portent. Celle de Picardie qui se descharges à Pontoise apporte {les} bledz et bois et {le} foin à Paris. De la Normandie et de la mer toutes marchandizes sont apporte{es} et transportees.

L'incomodité

L'incomodité du pais est ung air froict et humide et une grande incomodité de bastir à faulte de pierres et bricque. {Des pierres on en trouve à cest heur asses aupres de Paris.} Ils s'aydent <en cela> de plastre [*13v*] {qui} est une sorte de chaulx vive qui croist à Montmartre <et des autres endroictz pres de Paris>. Mais ledict plaistre oultre quel est extremement froict ne dure pas long temps.

Il n'y a pas de villes de frontieres au gouvernement pour estre de tout enclavé dedans France.
Le gouverneur est maintenant Mr de Villequier[37] comme l'on dict.[c]

LE GOUVERNEMENT DE LA BOURGONGNE

Le gouvernement de Bourgongne qui conioinct[d] d'un cousté avec les gouvernements de L'Isle de France, d'Orleans, de Chanpaigne, de

---

[a] (B): poulce.

[b] (A): foix.

[c] (B): De goveneurs il ny a pas encores este pourveu puis le deceds de feu Monsieur le Marescall de Montmorency. La reigne mere le gouverne et sous elle Monsieur de Villecar et Baron de Torcy.

[d] (B): joinct.

[37] See Part I, n. 39; René de Villequier was gov. from 9 November 1579 until 13 May 1587. (B) (i), fo. 242r adds that he was gov. 'soubz la royne mere', and that La Chapelle des Ursins was gov. of Soissons.

Lionois et de cousté de septentrion est frontiere au Roy d'Espaigne
<Franche Comté> et Suisse.

Bailliages

Les bailliages sont ceulx de Dijon, Challons {sur Saulne},
Authun,[a] Chastillon,[b] Charolois, Bar sur Seine, Mascon, Auserre, St
Laurence[sic][c] et visconté d'Auxone qui sont les teres de la riviere de
Saoulne[d] confrontant avec la Franche Conté. [141] Mascon, Bar sur
Saigne et Auxerre sont de la Bourgongne et sont taillables au{dict}
pais et vienent en la generallité et la Chambre des Comptes de Dijon.
Mais ils sont du Parlement <de Paris> par leurs proces et par apel.
{Et autres iuges presidiaulx: ils peuvent juger en monoy jusques 1000
francs ou cent li: per an.}

Il y a audict pais aucunes presidiaulx qui ont puissance de juger en
dernier ressort {de toutes choses} au dessoubs de 250[c] lt.

Il y a en Bourgongne une juridiction extraordinaire separe{e} de
celles des baillifz appelle{e} la chancellerie, qui est pour cognoistre de
toutes chose{s} passées sous[f] seel et pardevant noterres de laquelle
jurisdiction le chef s'appelle gouverneur de la chancellerie aux
contraict{s} du duché de Bourgongne qui à ses lietenants en toutes
les par.[g] Ilz paient de deux ans en deulx ans un octroy qui n'excede
60 mille livres. {Ceulx de ceste jurisdiction} c'est à dire le plat <pays>
de Bourgongne tenu[h] en neutralité de laquelle les cantons des Suisses
sont protecteurs et renouvellent l'alliance de 18 ans en 18 ans.

Le domaine de Charolois appartien au Roy d'Espaigne. Cest ung
petit pais où il n'y a poinct de villes. Le domayne c'est à dire les rentes et
fiefz sont au Roy d'Espaigne, la souveraineté toutefois {en} appartient
au Roy {de France}. Le premier en fut[i] du duc de Bourgongne qui
s'appelloit anciennement comte de Carrolois.

---

[a] (A): Auront.
[b] Omitted in (A).
[c] *recte*: St Jehan de Losne.
[d] (A): Sene.
[e] (B): deux cens.
[f] (A): sans.
[g] (B): Pays.
[h] (B): vivoient.
[i] (B): enfant.

Grands seigneurs {du pays}[38]

Le conte de Charny,[39] Monsieur de Brion,[40] l'abbé de [*14v*] Sainct Benigne,[41] ces trois freres sont les plus grandz seigneurs de Bourgongne et qui ont plus d'auctorité.

Monsieur de Tavannes,[42] Ruffet de Vailmun,[a,43] Courteilly, Baron de Senessy nommé Beaufremont.[44]

<Chastené>,[45] Lusigny,[46] <Listené>,[47] d'Aumont,[48] tous seigneurs lesquelz selon la ancieneté des maisons ont la premiere seance aux Estats qui se communicquent[b] {et assemblent} de deux ans en deux ans à Dijon.[49]

---

[a] (B): Vaubrin.
[b] (B): convocquent.

[38] On the nobility of the region, see Drouot, *Mayenne et la Bourgogne*, I, pp. 33–43.

[39] Léonor Chabot (see Part 1, n. 54). The Chabot family originated in Poitou but the branch descended from the Adml de Brion became established in Burgundy from the time of the Adml's governorship there (1526–1543) and also held many *châtellenies* in Franche-Comté.

[40] François Chabot, Charny's bro., was usually known as marquis de Mirebeau but was also sr de Brion (Anselme, IV, p. 573), *gent. de la chambre du roi*.

[41] From 1570, the abbé of St-Bénigne of Dijon was Anne des Cars, second cardinal de Givry, Bishop of Metz (1602–1612), in fact half-bro. of the Chabots. He was the League's representative in Rome; see H.C.E. de Buchère, comte Lépinois, *La Ligue et les Papes* (Paris, 1886) pp. 573–. François Chabot's s., Charles (d. 1624), was *chambrier* of the abbey.

[42] Guillaume de Saulx, vicomte de Tavannes; s. of Gaspard de Saulx, sr de Tavannes (1509–1573); lieut. gen. of Burgundy; marshal, 1569. His bro., Jean de Saulx (d. 1629), lieut. gen. under Mayenne (1592–1595), wrote the celebrated memoirs of his f., first published in 1620. See above all L. Pingaud, *Les Saulx-Tavannes. Etudes sur l'ancienne société française. Lettres et documents inédits* (Paris, 1876).

[43] Etienne Petit, sr de Ruffey; (Drouot, *Mayenne et la Bourgogne*, I, p. 35n).

[44] Nicolas de Beauffremont, baron de Sennecey; *grand prévôt de l'hôtel*; gov. of Auxonne and *bailli* of Châlon-sur-Saône; d. 1582. His s., Claude de Beauffremont, baron de Sennecey, succeeded him; neutralist before 1589; also lieut. gen. under Mayenne, 1590–1591, 1595–1596. See L. Niepce, 'Nicolas, Claude et Georges de Beauffremont', *Mémoires de la Société littéraire de Lyon*, (1876).

[45] Joachim de Chastenay, baron de St-Vincent, gov. of Châlon-sur-Saône under Mayenne in 1589 (Drouot, *Mayenne et la Bourgogne*, I, p. 240). The Chastenay family was also active in Champagne (e.g. Joachim, sr de Lanty, gov. of Châtillon-sur-Seine, 1568).

[46] ?Uncertain.

[47] Marquis de Listenois (Drouot, *Mayenne et la Bourgogne*, I, p. 202), seigneurie in the Vienne family (interm. with the d'Aumont in the 15th century) (Anselme, IV, p. 874).

[48] Jean VI d'Aumont, comte de Châteauroux, marshal (see Part 1, n. 71).

[49] See G. Weill, 'Les états de Bourgogne sous Henri III', *Mémoires de la Société bourguignonne de géographie et de l'histoire*, 9 (1893), pp. 121–148; Drouot, *Mayenne et la Bourgogne*, I, pp. 94–102.

Alliances

Le conte de Charny,[50] grand Escuyer de France, fils de l'Admiral de Brion qui au temps du Roy François <contesta avec Givri Rouenoys[51] à cause de ses femmes>.[a]

Monsieur de Bryon[b] espousa la seur de La Roche Guion.[52] <Le marquis d'Elbeuf a espouzé la fille du conte de Charny>.[53]

Villes {de} frontiere<s>

{Digeon cappitalle qui a chasteau}
Tallon chasteau pres Auxonne.[54]
Sainct Jehan de Laisne,[55] Soure.
Verdun[56] au boucheure[c] de la riviere de doye[d] en la riviere de Somme,[e] Challons <Thormis>.[f]

Mascon, toutes sur Sone {ormis} ce qu'on {peult} encores appelle{r} Beaulne {qui est un aultre ville.}

[a] (B): feust constitue en faveur avec Monsieur le Connestable.
[b] (A): Biron.
[c] (B): embouchere.
[d] *recte*: Doubs.
[e] (B): Saulne [*recte*: Meuse].
[f] *recte*: ormis.

[50] Léonor Chabot; m. (1) (1549) Claude Gouffier (d. 1565), dau. of Claude Gouffier, duc de Rouannais, no issue; m. (2) François de Rye, dame de Longwy, thus repeating his father's connection with the Longwy family.

[51] It is not clear what is meant here, but Adml Philippe Chabot had m. Françoise de Longwy, eldest dau. and heiress of Jean IV de Longwy, sr de Givry, and Jeanne, *bâtarde* d'Angoulême, half-sis. of Francis I. Françoise m. (2) Jacques de Peyrusse des Cars (Anselme, II, p. 225). The dispute implied may have been between Chabot's wife and her uncle, Christophe de Longwy and his wife over the succession to the seigneuries of Givry and Pagny.

[52] The second wife (1565) of François Chabot de Brion-Mirebeau was Catherine de Silly, dau. of Louis de Silly, sr de La Rocheguyon, and Anne de Laval (Anselme, IV, p. 573).

[53] The comte de Charny had no sons. Marguerite Chabot, comtesse de Charny (1565–1652) m. Charles de Lorraine, duc d'Elbeuf, s. of René, marquis d'Elbeuf. Léonor Chabot's other daus married Guillaume, vicomte de Tavannes, and Henri Hurault, s. of Chancellor de Cheverny.

[54] There is no castle of Tallon near Auxonne. There was a castle at Talant (Cote d'or, canton de Dijon).

[55] St-Jean-de-Losne (arrondissement Beaune, Côte-d'or) on the river Saône.

[56] That is, Verdun-sur-le-Doubs (Saône-et-Loire).

Gouverneurs

{Monsieur le duc du Mayne est gouverneur en chef,[57] [*15r*] et}
Monsieur le conte de Charny est lietenant general en la dict{e}
province.[58] <A Auxonne Mr de Thavannes filz de feu Mr le Mareschal
de Thavannes[59] qui est grand seigneur en ladicte province>.[a]
<En Auxois Mr de Merey.[60] A Mascon Monsr de Monperon.[61]
A Challons Mr de Railly[62] et Mr de Montescu pour la citadelle>.[63]
Au chasteau de Tallon <Monsr de St Heran>.[b] [64]

Comodités

Les comodités sont telles, assavoir: grand quantité de bled et vins,
forges à fer et bois de haulte fustaye, le conduisant par Auxone,
Seurre et Verdun en la riviere de Rosne[c] et de la à Lion et de Crenay[d]
par le riviere <d'Armenton>[e] dans la Seine à Paris. <Le chariage
du sel se faict depuis Loire jusques à Dijon>.

[a] (B): Ligny governeur d'Auxonne.
[b] *recte*: Saint-Geran.
[c] (B): Saosne.
[d] (B): Crevant.
[e] (B): Yonne.

[57] Mayenne was gov. of Burgundy, March 1573 to 20 April 1595, in succession to his bro.,
the 2nd duc d'Aumale; League lieut. gen. of the kingdom, 1589.

[58] Charny was appointed lieut. gen. in 1570.

[59] Guillaume, vicomte de Tavannes (d. 1633), s. of Gaspard de Tavannes, lieut. gen. (1556–
1570); appointed lieut. gen. (1569) and in the 1580s–1590s favourable to royalist and later
Navarrist interests. His bro., Jean de Saulx, vicomte de Leigny (d. 1629), was gov. of Auxonne,
Toul, Talant, and for a time lieut. gen. for Mayenne. See Pingaud, *Les Saulx-Tavannes*. (B) (i),
fo. 242v confirms Leigny as gov. of Auxonne.

[60] (B) (i), fo. 242v gives 'M. de Missery', i.e. Charles de Melain, sr de Missery, baron de
Seignelay, *bailli* of Bar-sur-Seine (*LCM*, V, p. 198). The *pays* d'Auxois is in northern Burgundy,
around Avallon.

[61] The sr de Montperroux was gov. of Auxerre (*LCM*, III, p. 341).

[62] Possibly François de La Madeleine, marquis de Ragny, *bailli* d'Auxois, but also possibly
Edmé de Palleray, sr de Ratilly, a Leaguer captain.

[63] By 1589 this was Antoine de Guillermy, sr de Lartusie; (Drouot, *Mayenne et la Bourgogne*,
I, p. 229).

[64] Unlikely to be Gaspard de Montmorin, sr de St-Herem; Cath. commander; gov. of
Auvergne. Rather, Georges de La Guiche, sr de St Geran (d. 1592); colonel of infantry and
bro. of the comte de La Palice.

Incommodités

Pais peu pecunieulx pour estre gens de bonne cheres. L'incomodité des bou{e}s et {de} fanges y est tres grande. Mauvais chemin {pour} <et> desbordement <d'eaux et hors lesdict> rivieres de Seine[a] et d'Yone, n'y a nul commerce dens le pais.

LE GOUVERNEMENT DE LA GUIENNE

La Guyenne est la plus grande province de la [*15v*] France. Elle confronte avec le gouvernement d'Orleans et de Languedoc.[b] Elle est aussy environnee d'une grande partie avec la mer occeane {et le governement du Languedoc et du Lyonnois d'aultre}.

Elle est comprise sous les provinces ou seneschaucés qui s'ensuivent, assavoir:

La ville de Bourdeaulx {qui} est la seneschaucé de Guyenne qu'on appelle la {petite}[c] Guienne.

Bazadour, Perigort, Rouergue, Xainctonge, Cominge, Dacqs <et senechaucés des Lanes avec St Seuercap de Gascoigne>, Albret, Armaignac, Condomois, Limosin, Quercy.

Quercy et Rouergue sont de Guyenne et contribuables à la generalité mais ilz sont du Parlement de Toulouze en leurs proces. Bourdeaulx est la principale ville de ce gouvernement.

Grandz seigneurs[d]

Le plus grand seigneur de Guyenne est le Roy de Navarre car il est duc d'Albret, conte d'Armignac et Condomois, conte de Perigort et visconte de Limosin, outre ce une infinité des maisons nobles.[65]

---

[a] (B): Saulne.
[b] (B): contient en longueur puis le port de Pille sur la riviere de Creuse jusques au mont Pirenee confrontant de ceste premiere extremite avec le gouvernement d'Orleans.
[c] (A): partie.
[d] The whole of this section is rearranged in (B).

[65] Alain le Grand d'Albret (d. 1522), who also held Condomois, acquired Périgord and Limousin through his wife; his s. Jean (d. 1516) m. the heiress of Navarre, Béarn, Foix,

L'Admiral de Vilarts <estoict aussy grand seigneur de ce pays là>.[a,66]

<Monsr de Candaules>,[67] Montferrand premier baron de ce pays.[68] [*16r*] Monsieur de Lansac[69] à cause de Bourcq.

Bazadois: Duras,[70] le marquis de Trans.[71]

<*Perigord:*>

Biron,[72] Bourdelles,[73] Riberack,[74] Beignec, Sallignac, d'où Mr de La Motte Fenelon se dict estre descendu et en porte le nom {en Perigord},[75] <Chelus,[76] Arpajon,[77] Bournazel[78] en Rouergue,

---

[a] (B): est mort mais sa fille est femme au duc de Mayne.

and Bigorre. Their s., Henri d'Albret, acquired Armagnac, Rouergue through his m. to Francis I's sis., Marguerite. Jeanne d'Albret (d. 1562) and her s., Henri de Bourbon (Henri IV of France) were thus the greatest potentates of the south-west. (B) (ii), fo. 247: 'Le conté d'Armignac qui a 1500 gentilshommes vaissaux'.

[66] Honorat de Savoie (see Part 1, n. 52).

[67] The head of this house, Henri de Foix-Candale, had been k. in 1572 leaving minor heirs.

[68] Guy de Montferrand (d. 1591).

[69] Louis de St-Gelais, sr Lansac (see Part 1, n. 51).

[70] Jean de Durfort, vicomte de Duras, Cath. capt. under Biron, s. of Symphorien de Durfort. Prot. chief in Guyenne, k. 1563.

[71] A Foix-Candale (see below, n. 101).

[72] Armand de Gontaut-Biron (see Part 1, n. 23).

[73] André de Bourdeilles (Dordogne), sen. of Périgord (1579); d. January 1582; bro. of the writer, Pierre de Bourdeille de Brantôme.

[74] François d'Aydie, vicomte de Riberac; *mignon* of Henri III; *gent. ordinaire de la chambre* (1576); (Le Roux, *La faveur du roi*, pp. 235–236); k. in the duel of Caylus and Entragues, 27 April 1578 (see L'Estoile, *Journal pour le règne de Henri III*, pp. 186–187). The s. of Guy d'Aydie (d. 1561), and Marie de Foix-Candale, succ. by his uncle, Charles d'Aydie (d. 1584); see n. 121 below.

[75] Armand de Gontaut, baron de Salignac (d. 1583); cousin of Biron; his grandmo. was Catherine de Salignac; m. Jeanne de Salignac, heiress of the senior line of Salignac. His s., Jean (d. 1608), m. Marguerite Hurault de Belesbat. The cadet male line of the Salignac was descended from Catherine's bro., Jean de Salignac, sr de Fénelon, whose grands. was Bertrand de La Mothe-Fénelon (1523–1599), the amb. to England, unmarried.

[76] Antoine de Lévis, comte de Caylus, sen. and gov. of Rouergue, 1567–1586. (Anselme, IV, pp. 43–44), also of Quercy, see (B) (i), fo. 243r. The family also held land in Languedoc. His sis., Marguerite, m. (1541) Antoine d'Arpajon, baron de Lers, also sen. of Rouergue (see Vicomte Maurice de Bonald, *Documents généalogiques sur les familles du Rouergue*, 2 vols (Rodez, 1902–1903), I, pp. 399, 556–557). His s. was the *mignon*, Jacques de Lévis-Caylus, *gent. ordinaire* to Henri as King of Poland, k. in the duel of April 1578 (Le Roux, *La faveur du roi*, pp. 217–218).

[77] Ancient family of Rouergue; head of the house: Charles, baron d'Arpajon; *chambellan* to the Duke of Anjou, 1576; m. Françoise de Montal, *dame d'honneur* to Catherine de Medici; 2nd cousin to the baron de Lers (Anselme, V, p. 896). His 1st cousin, Antoine, baron de Severac, was a Prot. leader in Rouergue; k. Dreux (1562).

[78] Antoine de Boysson, baron de Bournazel, *chev. de l'ordre* and sen. of Bigorre.

Jarnac,[79] Miraubeau,[80] Pons en Xainctonge, La Rochefoucault,[81] Le Vauguion>,[82] Ruffec en Angoulmois.[83]

<*Limosin:*

Thurenne, viscomte>,[84] Vantadour, duc,[85] Chateauneuf,[86] Dessars, <conte, Pompadour,[87] Forgenois[*sic*],[a] St Maigrin>,[88] Lauzoin, Caumont, Fumel,[89] Bajamon, seneschal du pais.[90]
Mompezat, <Negrepelisse,[91] St Supplice en Quercy, Fontrailles, Xainctrailles>,[92] Montluc en Condomois.

[a] *recte*: Agenais.

[79] The seigneurie of Jarnac in Angoumois was held by a branch of Chabot family also established in Burgundy; head: Léonor Chabot, comte de Charny (Anselme, IV, pp. 564–568).

[80] The comte de Charny's younger bro., François Chabot de Brion, was marquis de Mirebeau (Anselme, IV, p. 573), but Charles de Culant was also baron de Mirebeau (*LCM*, I, p. 77n).

[81] The *comté* de La Rochefoucauld (fief of Angoumois, Charente), firmly Prot. in the main line of the comtes and princes de Marcillac (François III, k. 1572; François IV, d. 1590). Other branches were the later comtes de Roucy (descended from a younger s. of François III); the comtes de Randan, Cath. (descended from a younger s. of François II, d. 1533); the srs de Barbesieux, Cath. (descended from a younger s. of François Ier, d. 1516).

[82] See Part 1, n. 70.

[83] Philippe de Volvire, baron de Ruffec; gov. of Angoumois; lieut. gen. in Brittany and then Guyenne; in 1579 sent on frequent missions to the Duke of Savoy and marshal de Bellegarde (De Foix, *Lettres de Henri III*, IV, p. 316).

[84] Henri de La Tour d'Auvergne, vicomte de Turenne (b. 1535); gov. of Perigord for the King of Navarre; became duc de Bouillon through his m. (1591) to Charlotte de La Marck. (B) (i): 'auquel [vicomté] il y a environ 500 gentilshommes vaissaux'. (B) (ii), fo. 250 notes that, captured at Cambrai, Turenne paid 50,000 écus ransom.

[85] Gilbert III de Levy de Ventadour, comte de Ventadour; sen. of Limousin (1569); duc (1578); though a Cath. had joined Turenne in 1575. His s., Anne, became gov. of Limousin for Henri IV. On the relative power of these families, see M. Cassan, *Le temps des guerres de religion: la cas du Limousin (vers 1530–vers 1630)* (Paris, 1996), pp. 64–65.

[86] Charles de Pierrebuffière, vicomte de Châteauneuf; a Calvinist; lieut. gen. in Haut-Limousin, 1599–. Bertrand de Pierrebuffière was one of Henri III's guard of 45 '*gents ordinaires*'.

[87] Geoffroy de Pompadour, sr de Pompadaour and Treignac (d. 1569); lieut. gen. in Limousin (1567); m. Suzanne des Cars. His s. were Jean III and Louis, vicomte de Pompadour (d. 1591).

[88] Paul Estuer de Caussade, sr de St-Mégrin, *mignon* of Henri III.

[89] François de Seguenville, baron de Fumel; k. 1561; had two s.: François, sr de Thors (k. Coutras, 1587), and Joseph, k. in a duel by 1593.

[90] François de Durfort, baron de Bajamont, sen. of Agenais.

[91] Louis de Caraman, sr de Negrepelisse in Quercy; m. Marguerite de Foix (abbé Galabert, in *Bulletin de la Société archéologique. du Tarn*, XXV, p. 285). His dau., Catherine, m. Henri de St-Sulpice (k. 1576), s. of Jean Ebrard (see Part 1, n. 78). The srs de Negrepelisse were of the same lineage as the comte de Caraman or Carmaing of Languedoc (see P. Abbott, *Provinces, Pays and Seigneuries of France* (Canberra, CT, 1981), p. 380).

[92] Gabriel de St-Lary, *dit* de Montastruc, 2nd cousin of Roger de St-Lary, marshal of France (Anselme, IV, p. 308).

<Armaignac et Albret:>

Candalle à cause de la conté d'Astarac,[93] le conte de Carman,[a] frere de Monsieur de Foix, Monsr de Gramont.[b,94]

Plusieurs <maisons se sont illustrés par les armes et par beneffice du prince encores [*16v*] ne sont anciennes quome> Monluc[95] et la Valette,[c] Bellegard, tous trois Gascons, <Assun de Quercy, Losse de Perigort>.[96]

Alliances

Messieurs de Candalles {sont soubs la tutelle de *Francois monsieur*[d,97] frere de leur ayeul patronel}. Sont aliés de la maison de Momorency à cause de leur mere fille de monsieur le Condestable. Ils portent le nom de la mayson de Navarre et disent qu'il{s} en sont parent{s}.[98]

---

[a] (A): Caruoin [*recte*: Carmaing].

[b] (B): Garramont.

[c] (A): Vallent.

[d] Words added to (B).

[93] The comté of Astarac (Gascony) had come into the house of Foix-Candalle by the m. (1510) of Gaston III de Foix-Candale to Marthe, comtesse d'Astarac.

[94] Philibert d'Aure, comte de Gramont et de Guiche (d. 1580); sen. of Béarn; his s., Antoine II comte de Gramont, lieut. gen. of Béarn; gov. of Bayonne (later duc de Gramont, 1648).

[95] The Monluc were not a new family, but their fief in Guyenne (Lot-et-Garonne) was small and, as Blaise de Monluc (1501–1577) made clear in his celebrated *Commentaires*, A. de Ruble (ed.), 5 vols (Paris, 1864–1872), he had to make his own way in the world: 'je suis venu au monde fils d'un gentilhomme, que son père avoict vendu tout le bien qu'il possedoyt, hormis huict cens ou mil livres de rente ou revenu. Et comme j'ay esté le premier de six frères que nous avons esté, il a failleu que je fisse cognoistre le nom de Monluc, de nostre maison, avecques autant de périlz et hasardz de ma vie que soldat ny cappitaine qu'aye jamais esté' (I, pp. 29–30). The old marshal died in 1577, predeceased by his s. (except Jean, Bishop of Condom, d. 1585), and represented by his grands., Jean-Blaise and Adrien. His bro., Jean, Bishop of Valence (1508–1579), had a bastard s., Jean, who became marshal de Balagny and prince de Cambrai under Henri IV.

[96] Jean, marquis de Losses (d. 1580); gov. of Verdun and then Lyon; his s. Jean, sr de Banes, also gov. of Verdun.

[97] Evidently the erudite François de Foix, Bishop of Aire, bro. of Frédéric de Foix, comte de Candale; *commandeur* of the Order of the Holy Spirit in 1587. Commonly referred to as 'François, Monsieur de Foix' (Anselme, III, p. 384; *Gallia Christiana*, I, cols 1166–1168), he translated Hermes Trismegistus and Euclid into French in 1578–1579.

[98] The heirs to the family of the comtes de Candale were the daus of of Henri de Foix (Cath., k. 1572), comte de Candalle and sr d'Astarac, captal de Buch, gov. of Bordeaux;

{Langogrand seigneur de Montferrand est alyé de Fumeul à cause de sa mere seur de feu seigneur de Fumel.}[99]

Monsieur de Lansac est frere du cousté maternel de Monsieur de Miraubeaux, beaufrere de Mostemar {à cause de sa femme qui est soeur de Montemar.}[100]

<Le marquis de Trans est puisné de Candalle avec mesme nom et armes>.[101]

Le conte de Caraman[a] frere de Monsieur de Foix conseiller d'estat est dessendu d'un bastard<e> de Navarre et porte le nom de Foix avec les armoiries de Foix.[102]

{Mompesat sont deux freres fils de la fille de l'amirall femme a present du duc du Mayne.}[103]

Villes frontieres

Bourdeaulx capitalle ville. Il y a deux chasteux où l'on tient de mortes pais, du Ha, du cousté de la terre et Trompette du cousté de la mer.

---

[a] (A): Charny.

m. Marie de Montmorency (1567). Marguerite de Foix brought Candalle and the whole inheritance in m. to the Duke of Epernon in 1587, and their eldest s. assumed the title of Foix-Candalle.

[99] Guy de Montferrand *dit* Langoiran (a fief in Gironde), Prot. capt. (d. 1591); bro. of Charles, Cath. capt. under Monluc at Bordeaux. Their mo. was sis. to François de Séguenville, baron de Fumel, k. by his peasants in 1561. He narrowly escaped the Massacre of 1572.

[100] Louis de St-Gelais, sr de Lansac (see Part 1, n. 51); m. Gabrielle de Rochechouart, dau. of François de Rochechouart, baron de Mortemart, and sis. of René, baron de Mortemart, capt. of 50 *gens d'armes*; m. to Jeanne de Saulx-Tavannes.

[101] Germain-Gaston de Foix (d. 1591), marquis de Trans, comte de Gurson; s. of Jean II de Foix (Anselme, III, p. 358). The marquisate of Trans, created in 1505, is the oldest such title in the surviving French nobility, held by the Villeneuve (see Vibraye, *La maison Hurault*, p. 63). His wife was Diane de Foix, comtesse de Gurson, to whom Montaigne dedicated his essay (I, 26) on the education of children.

[102] Strictly speaking, Paul de Foix (see Part 1, n. 37) and his bro., Odet, comte de Carmaing (Caraman in Haute-Garonne), were descended from Isabeau de Foix, dau. of Archaumbaud, sr de Navailles (k. 1419), bro. of the founders of the two lines of the comtes de Foix and captals de Buch. She had m. Jean, vicomte de Carmaing, and their descendants were allowed to take the name of Foix. Another branch of the family were the srs de Negrepelisse (see above).

[103] Henriette de Savoie had m. (1) Melchior de Montpezat, sr Des Prez (sen. of Poitou, 1554, *conseiller d'état*, 1571), by whom she had s., and (2) the duc de Mayenne. Another branch were srs de Laugnac in Agenais, notably François, baron de Laugnac, chief of Henri III's guard of the 45.

Bayonne avec Sainct Jehan de Lus {sont} à l'opposite de Fontarabie et Royaume de Navarres.

Blaye, Royan, La Rochelle, Brouaige et les Ysles de{s} Marans.

[*17ʳ*]   **Gouverneurs**

Le Roy de Navarre gouverneur general.[104]

Le mareschal de Biron est lietenant general mais maintenant le mareschal de Matignon est, l'an 1581.[105]

Le Poictou a esté sequestré dudict gouvernement depuis la mort du Roy Henry. Le conte de Lude en est gouverneur et lietenant general.[106]

Ruffec {que nous avons dict dessus} est gouverneur d'Angolesme <et Angolmois> sans y recognoistre superieur que le Roy.

Sanssac gouverneur de la ville de Bourdeaulx est nepveu de l'archevesque.[107] Son pere a esté ung grand capitaine en France.[a]

Le sr de Merville[108] frere du Sr d'Escars, gouverneur du chateau du Ha, vaillant gentilhomme de Quercy, gouverneur du chateau Trompette.

La Hiliere[109] gouverneur de Baionne et St Jehan de Lus.

St Estreffe[110] d'Arcqs.

---

[a] The rest of this section is extensively rearranged in (B).

[104] Henry of Navarre was gov. formally from 26 December 1562 (in succession to his f.) until 25 September 1596.

[105] It was customary for a lieut. gen. to be appointed in the 'absence' of the King of Navarre to represent the king's interests. Navarre had demanded a veto over this appointment in 1576 but without success. Biron served from 1577 until his semi-disgrace in 1581; was replaced by Jacques II, sr de Matignon (1531–1597), formerly gov. of Normandy. This list omits Ventadour as gov. of Limousin and Quelus of Quercy, see (B) (i), fo. 242v.

[106] Guy de Daillon, sr du Lude; d. Briançon 11 July 1586; succ. his f., Jean, as gov. of Poitou and sen. of Anjou, 1557. For their correspondence, see *Archives historiques de Poitou*, vols 4, 12, 31.

[107] Jean Prévost de Sansac (k. 1595); s. of Louis Prévost de Sansac; colonel of infantry; gov. of Picardy (1558); gov. of Angoumois and sen. of Saintonge. His uncle was Antoine Prévost, Archbishop of Bordeaux (1561–1591).

[108] Jacques des Cars, grand sen. of Guyenne, 1586; landowner in Poitou.

[109] Jean-Denis de Polastron, sr de La Hillière; gov. of Bayonne (late 1575); succ. the sr. de Treignan, who remained capt. of the castle; lieut.-colonel of the regiment of guards; 'pareil gentilhomme de mérite et son amy' (M. Monmerqué and A.H. Taillandier (eds), *Mémoires du marquis de Beauvais-Nangis* (Paris, 1862), p. 17).

[110] Jean, sr de St-Esteven, capt. of Dax, had been *échanson ordinaire* to Henri II and one of the 100 *gents de l'hôtel* (*LCM*, X, pp. 439, 441).

Lansac[a] le jeune[111] qui a espouzé l'heretiere de seneschal d'Agenor[b] surnommé Poton[112] est gouverneur de Blaye.

[*17v*] Il n'a poinct eu de gouverneur à La Rochelle depuis Jarnac à les troisiesmes troubles.

Brouage, Marans est du pays d'Onis, St Luc en est gouverneur, l'aiant eu par la resignation du jeune Lansac.[113]

Alliances [*contd*]

Biron est beaufrere de Baron de Rieux gouverneur de Narbonne, à cause qu'ilz ont espousé le deux fille{s} de St Blancard.[114] Il a marié ses deux filles l'un avec Chasteauneuf en Limosin, l'autre avec le frere puisné de Caumont.[115] Il est nepveu du sr de Salignac pource que le seigneur de Salignac estoict frere de son pere.[116] Sainct Supplice est beaufrere de Biron, à cause de sa femme seur dudict Biron.[117]

---

[a] (B): Lansac le jeune sieur desteffe Dacqs qui a espouse l'heritier du seneschal d'Agenois surnomme Poton, est gouveneur du xLymousin [*del.*] x Blois.

[b] (B): Agenois.

[111] 'Le jeune Lansac', Guy de St-Gelais (b. 1544); s. of the head of Catherine's household; m. Antoinette Raffin, dau. of the sr d'Azay-le-Rideau.

[112] François Pothon de Raffin, gov. of Cherbourg; s. of Antoine, sr de Puycalvary and Azay-le-Rideau, gov. to François II. His dau. was Antoinette.

[113] St-Luc was named gov. of Brouage in December 1578 (he had been involved in its capture from the Prots in 1577), but when he fell into disfavour early in 1580, he was dismissed. In February he occupied the place, defied the king, and could not be displaced (Le Roux, *La faveur du roi*, pp. 436–456).

[114] Biron and François du Puy du Val, baron de Rieux (k. 1572); m. respectively Jeanne and Anne d'Ornezan, daughters of Bernard, baron de St Blancard.

[115] Biron's dau., Philiberte de Gontaut, m. Claude de Pierre-Buffière, baron de Châteauneuf in Limousin, and Jeanne m. Jean de Caumont, sr de Montpouillan, third s. of François Nompar de Caumont, and bro. of the duc de La Force (Prots); (Anselme, IV, p. 471).

[116] Armand de Gontaut, baron de Salignac; lieut. gen. of the king of Navarre in Périgord, test. 1583, was in fact 1st cousin to marshal Biron's f., Jean de Gontaut. He was related to the Bertrand de Salignac, sr de La Mothe Fénelon, the amb. in England, in that the barony of Salignac had been brought into the family by his grandmo., its heiress (Anselme, IV, p. 131).

[117] Armand de Gontaut, baron de Biron (see Part 1, n. 23); m. Jeanne d'Ornessan, dame de St-Blancard. His sis. was Claude, m. (1551) Jean Ebrard de St-Sulpice (Ehrman and Thompson, *The Letters and Documents of [...] Biron*, II, p. 739), while it was another sis., Jeanne, whose 2nd husband was Pierre de Caumont, baron de Montpulcian. His s., Charles, 2nd Duke of Biron (exec. 1602), m. Anne de Caumont, dau. of Geoffroy de Caumont. His dau., Philiberte, m. (1575) Claude de Pierrebuffière, baron de Châteauneuf. As for the

Bourdeilles seneschal de Perigord[118] n'a pas grand alliance avec le sr de La Dome, de qui il a espousé la seur.

Le Menille[a] cousin germain de Monsieur de Turenne puisné de sa maison de mesme nom et armes.[119]

Beynac[120] et Riebrac[121] cousins germains qui n'ont poinct d'alliances de nom. [18r] Salignac puisné de Biron à cause du sieur qui est à present. Le Sr de La Motte Fenelon porte le nom et armes de ceste maison.[b]

Jarnac[122] auparavant la guerre gouverneur de La Rochelle et du pais d'Onis s'appelle de Chabot du mesme nom et armes que le conte de Charnye et sr de <Birron[sic][c] desquelz avons parlé au gouvernement de Bourgongne>.

Myraubeau frere[d] de Lansac. Il est allié de Biron et du Chateauneuf à cause de sa mere.[123]

Pons conseiller d'estat[124] est dessendu de La Rocheforcault et cousin germain de Monsieur le prince de Condé à cause que le feu prince de Condé et le feu Rochefaucault avoi{en}ct espousé les deux seurs[e] de

---

[a] [sic]; recte: Limeuil.
[b] (B): de la maison de Queylus.
[c] recte: Brion.
[d] recte: beau-frere.
[e] (B): filles.

Salignac connection, see n. 116. It is notable that this account ignores the connection with a rising Limousin family, the Noailles (*duc et pair* in 1663). Jeanne de Gontaut, of another cadet line, barons de Gramat, m. Antoine de Noailles (1540). Antoine served as amb. in England, as well as gov. of Bordeaux and Guyenne. (See R.J. Kalas, 'The noble widow's place in the patriarchal household: the life and career of Jeanne de Gontaut', *Sixteenth-Century Journal*, 24 (1993); idem, 'Marriage, clientage, office holding and the advancement of the early modern French nobility: the Noailles family of Limousin', *ibid.*, 27 (1996)).

[118] André de Bourdeilles (d. 1582); m. Jacqueline/Jacquette de Montbéron (dau. of Adrien, baron d'Archiac, sr de Villefort), and had two s., Henri and Claude (see *DBF*; La Chesnaye-Dubois, III, cols. 804–805; XIV, col. 116.). Her only bro., François, had died in 1558. André de Bourdeilles' resigned the *sénéchaussée* to his s.-in-law, victomte d'Aubeterre, just before his d.

[119] Galiot de La Tour, sr de Limeuil; grands. of Antoine (d. 1527); Henri de La Tour-Turenne's great-grandf. Limeuil made Turenne his heir in 1588.

[120] Uncertain: Bernard de Montault, baron de Bénac, sen. of Bigorre, or Jean de Baynac, sr de La Roque.

[121] Charles d'Aydie, vicomte de Riberac (d. 1584); see n. 74 above.

[122] Guy Chabot, sr de Jarnac, gov. of La Rochelle and cousin to the comte de Charny. A leading Prot. in the early Wars of Religion, see D. Daussy, 'Un politicien au XVIe siècle: Guy Chabot de Jarnac, 1562–68', *Revue des questions historique*, 57 (1895), pp. 173–.

[123] Charles de St-Gelais (d.s.p. 1586) was the s. of Lansac by his 2nd wife, Gabrielle de Rochechouart, dau. of the sr de Mortmart.

[124] (See Part 1, n. 83). The connection of Pons with La Rochefoucauld is unclear, though interm. took place between the two families in the early 17th century (Anselme, IV, p, 128). François III de La Rochefoucauld and the prince de Condé m. in turn Charlotte (1557) and Eléonore de Roye, daughters of Charles, comte de Roucy, and Madeleine de Mailly.

la maison de Roye en Picardie. Madame de Roye leur belle mere estoict seur de messieurs de Chastelhon.

{Le sieur de Barbesieux lieutenant general en Champagne est descendu et porte mesme nom et armes que ceulx de la Rochefaucault.}

Vantadour, Turenne,[125] Pompadour et Chasteauneuf sont les premiers en Limosin desquelz on<t> dict en proverbe que Turenne regne, Vantadour vente, Pompadour pompe et Chasteauneuf ne les crainct {pas d'ung oeuf}.

<Lavauguion[126] conseiller d'estat est cousin [*18v*] du conte d'Escars,[127] porte mesme nom et armes. Il est aussy parant de Caumont et de La Forre[a] à cause de sa mere seur de feu Mr de Caumont>.[128]

Ruffec gouverneur d'Angoulmois est {aussi parent et} beaufrere du Mareschal de Matignon {estant sa femme soeur du Matignon}.[129] Cestuy {icy} a esté avancé à cause de l'extreme affection qu'il a à l'esglize romaine et aussy pource qu'il estoict ennemy capital du feu comte de Rochefoucault.

Turenne a un previliege que tous ses subjectz de la visconté sont exemptz de taille. Il est comme j'ay dict ailleurs nepveu de {Messieurs de} Momorency, nepveu de Vantadour à cause de sa mere. {Ledict Thuresne} est cousin germain {du sieur} de Tournon pource que madame de Tournon est seur de feu Monsieur de Turenne.[130]

Monsieur de Chavigny,[131] lieutenant de la compaignie de Monsieur {le duc} de Monpensier et cappitaine de cent gentilshommes de la

---

[a] *recte*: Force.

[125] Henri de La Tour, vicomte de Turenne, the Prot. leader in Haut-Limousin from 1575, was neph. to Ventadour through his mo. (she and Ventadour's wife were both daus of the Constable de Montmorency), and was related closely to Noailles, Tournon, and Damville.

[126] (See Part 1, n. 70). The line of La Vauguyon was descended from Gautier, bro. of the comte d'Escars's great-grandf. Jean, comte de La Vauguyon (d. 1595), was prince de Carency through his f.'s m. to Isabelle de Bourbon-Carency.

[127] (See Part 1, n. 77).

[128] The relations between the Caumont-La Force (leading Prots, some of whom had escaped the Massacre), and Des Cars were very close. Rather than through the mo. of the comte de La Vauguyon, though, it was his s., Claude and Henri, princes de Carency, who in turn m. Anne de Caumont, dau. of Geoffroy, uncle of the duc de La Force.

[129] Strictly, Ruffec and Matignon had m. sis., Anne and Françoise de Daillon du Lude (1558).

[130] François II de La Tour, vicomte de Turenne (d. 1532), was f. of François III de La Tour ('feu M. de Turenne', k. St Quentin, 1557; m. Eléonore de Montmorency), and Claudine (d. 1591, *dame d'honneur* to Marguerite de Valois; m. Just-Henri, baron de Tournon, comte de Roussillon, bailli du Vivarais and seneschal of Auvergne; d. 1568). In 1585 their s., Just-Louis de Tournon, was *gent. d'honneur* to Catherine de Medici. He was thus cousin to Henri de La Tour, vicomte de Turenne, the Prot. chief.

[131] See Part 1, n. 69.

maison du Roy est aussy son oncle, estant madame de Chavigni seur de feu Monsieur de Turenne et de madame de Tornon.[132]

<Conte d'Essars,[a] conseiller d'estat et cousin germain de La Vauguion et beaufrere de Listené en Bourgogne>.[133]

{Chasteauneuf, gendre de Biron, baron.}

[*19r*] Pompadour <est> beaufrere de La Guiche[134] grand maistre de l'artillerie {de France}, estant sa femme {soeur} dudict Guiche.

Les seigneurs de Montpezat[135] sont petitz fils de l'Admiral Villars à cause de leur mere fille unique dudict Admiral. Le duc du Mayne est leur beaupere.[b]

Comodités

Les habitans de la Guienne se sont presque de tout temps adonnés aux armes autant que aultre province de France. Il en sort de fort bonnes gens de pied et harquebuziers mais à cause de la confusion de la guerre civille mal disciplinés.

La Guienne est pays abondant en bledz et vins; toutesfois le bled qui y croict est necessaire pour la nourriture de la province. Ils s'en transporte peu<t> souvent.

Quant aux vins il y en a <grande> abondance. Les plus excellans sont ceulx de la ville de Bourdiaulx qu'on appelle vins de grave, <dont> communement les Anglois s'en chargent.

[*19v*] Vins de hault pays qui croissent du long de la riviere de la Dordoigne et Garonne, les Flamens et Bretons s'en chargent. Il y a vins de Toulouge qu'on transporte en Espagne.

Les rivieres

Il y a quatre ou cincq rivieres navigables. La principalle est la Garone qui porte sa charge depuis Thoulouze jusques à Bourdeaulx. Le pastel

---

[a] [*sic*] *recte*: d'Escars.
[b] (B): beaufrere [*incorrect*].

[132] Antoinette de La Tour, *dame d'honneur* to Catherine de Medici.
[133] The comte d'Escars was cousin in the 7th degree to La Vauguyon; Escars was not bro.-in-law to Listenois but his wife, Claude de Bauffremont, was dau. of Jeanne de Vienne-Listenois (Anselme, II, pp. 227–).
[134] See Part I, n. 38. Peyronne, sis. of Philibert, sr de La Guiche, Chaumont and comte de La Palice; m. (1570) Louis, vicomte de Pompadour (Anselme, VII, pp. 441–).
[135] Henriette de Savoie, dau. of the marquis de Villars; m. (1) Melchior des Prez, sr de Montpezat, and (2) (1576) Charles de Lorraine, duc de Mayenne.

dessend par la à Bourdeaulx qui se transporte de là par tous <les quartiers de> Chrestienté.

La Dordoigne est la seconde qui passe par le Perigord <ung peu plus bas que Bourdeaulx s'estant meslé avec Garonne, perdant tous deulx leurs noms et s'appellent Gironde.[a] La principalle commerce de ceste riviere est de sel de poisson sallé et de vins.

Le Tarn qui passe par Montauban et une forte belle riviere par laquelle on descend les bons vins de Gaillac et Rabastenx.

La Charente qui passe en Angoulmois et Xaintonge>.

Limosin

Le paix de Limosin est fort montueux et [20r] plain de bois de chasteniers. En hault Limosin il ne croict point de vin mais à bas il y en vient de fort bons. Il y a grand norriture de bestail quomme chevaulx, beufz, motons et pourceaulx.

Perigort

Le Perigord et aussy monteux et fort {fertille} en chastaignes. Il y a aussy grand quantité de pourceaulx {qu'}on les conduict jusques en Espagne {d'un coté} et {jusques à} Paris {de l'aultre}. Il y a beaucoup d'huille de noix qu'on {trans}porte à Tholouze où l'on le change avec avec huille d'olive et d'oranges {et citrons}.

L'air est fort temperé en Guienne car ny les froictz vehemens des autres provinces du cousté de septentrion ny les excessives chaleurs de Gascoigne[sic][b] et Languedoc ne tourmente les habitans.

La Guienne {partie} porte {avec soy} tout ce qu'il est besoing pour la necessité de l'homme. Mais l'incomodite est telle qu'il est impossible d'y pouvoir habiter à cause que les guerres civilles ont tout gasté ayant mis les nobles familles en querelles perpetuel et tous sans dessus dessoubz.[c]

[20v] Tous les salines des Ysles de Marans, Brouage, Royan et autres lieux sont de {la costé de} Guyenne qui est une des grandz

---

[a] Both (A) and (B) have 'Grand', an obvious copying arror for 'Gironde'.

[b] (B): Provence.

[c] (B) adds: tellement en picque les uns contre les aultres qu'ils vivent comme en guerre continuelle. Et par ce moyen le peuple marchans et artisans sont contraincts de beaucoup patir et endurer.

comodictés du pais. On les transporte par toute la France ormis {en} Languedoc, Provence, Lionois, Dauphiné et Borgoigne qui se servent de Languedoc et Provence et mesmes hors du royaume en Angleterre, Flandres[a] et jusques en Allemaigne. Ce sel est differant de celuy de Languedoc pour ce qu'il est plus blanc et plus humide.

LANGUEDOC

Ce pais confronte du cousté de mydy avec <le conté Rossinol pais de frontiere au Roy d'Espaigne, du levant avec> la mer Mediterranee, du septentrion avec {l'Auvergne, vers l'orient} la Provence et de l'occident avec la {Gascogne et} Guienne.

Il est compris soubs ces seneschaucés, assavoir: seneschaucés de Toulouze, Beaucaire, seneschaucé de Puis et balliage de Vellay, Carcassonne, Beziers,[b] Montpellier, Lauragoix, Albigois, Vivars,[c] Sevenes,[d] Gevaudan, Foix.

[211]   **Grandz seigneurs**

Le Roy de Navarre est conte de Foix et par consequant le plus grand seigneur de Languedoc, Foix est pays des montaignes Pirenés.

Le duc d'Uzes {qui mourut soddainement},[136] <Monsr de> Joyeuse,[137] <Mirepois, de Levis,[138] Lantre,[139] Piere autrement Thoras,[140]

---

[a] (B): Londres.
[b] (B): Beauvoir.
[c] (B): Vivier [recte: Vivarais].
[d] (B): Savonier [recte: Cevennes].

[136] See Part 1, n. 64. By all accounts, Jacques II de Crussol died in 1586; *France prot.* 2, IV, pp. 940–.
[137] See Part 1, n. 35.
[138] Jean VI de Levis, sr de Mirepoix, baron de la Garde; sen. of Carcassonne and Béziers, 1578; resigned Carcassonne to his s., Jean VII, in 1583 (Anselme, IV, p. 18).
[139] Possibly the family of Voisin, srs de Lanta, originally from Ile-de-France, who had migrated to Languedoc (see La Chesnaye-Dubois; Anselme, IV, p. 132).
[140] Probably François de Cardaillac, sr de Peyre.

d'Estain>,[141] Mr de Rieux,[142] Forquevaulx {qui estoit ung petit mignon},[143] le visconte de Paulins, le baron son frere,[144] Clermont de Lodeve {gouverneur de Quercy avant qu'il feust au Roy de Navarre}[145] <le comte d'Aubigeon,[146] le sr de Cannisson, de Louet>.

En Vivares[147] il y a trois maisons notables, assavoir: Pelous,[148] de Lestrange,[149] de Montlor.[a,150]

En Vellay, quatre: Rochebonne {seneschall du Puy},[151] St Vedal {governeur},[152] de Seneterre, de Beaune.[153]

---

[a] (A): Mofler.

[141] The vicomtes d'Estaing and srs de Vernines originated in Rouergue and were descended from Guilllaume, sen. of Rouergue, 1433–1461. His s., Gaspard, m. (1455) Jeanne de Murol, who brought the baronnie of Murol of Auvergne into the family. Their s. was François, Bishop of Rodez (d. 1529), and their grands., François I vicomte Estaing (d. 1583). His s., Jean III, m. Gilberte de La Rochefoucauld-Barbesieux. See P. Charbonnier, *Une autre France: la seigneurie en basse Auvergne du XIVe au XVIe siècle*, 2 vols (Clermont-Ferrand, 1980), II, pp. 895–899, 1077–1115; *idem, Guillaume de Murol* (Clermont-Ferrand, 1973).

[142] François du Puy du Val de la Jugie, baron de Rieux (k. Orcel, 1592); gov. of Narbonne; *commandant de l'artillerie* in Languedoc; *maréchal de camp*; *conseiller au conseil privé*; lieut. gen. in Auvergne.

[143] François II de Fourquevaux (d. 1611), s. of Raymond de Beccarie de Pavie, baron de Fourquevaux, who had been amb. in Spain (1565–1572), and also gov. of Narbonne (1558–1565). On this see the intro. to his celebrated *Instructions sur le faict de la guerre* (London, 1954), G. Dickinson (ed.), pp. xc–xciii. François later wrote a biography of him, and m. Marguerite de Chaumeilh.

[144] Bertrand and Philippe de Rabastens, vicomtes de Paulin; two of the Prot. 'vicomtes'.

[145] ?Guy II de Castelnau, sr de Clermont-Lodève; s. of Guy I, gov. of Carcassonne and Aigues-Mortes.

[146] Louis d'Amboise, sr d'Aubijoux (1536–1614); lieut. of Ventadour's company.

[147] On this area, see Albin Mazon [pseud. Francus], *Notes et documents historiques sur les Huguenots du Vivarais*, 3 vols (Privas, 1903).

[148] The Peloux were descended from François, Charles V's envoy to the Constable de Bourbon. Nicolas de Peloux, sr de St-Romain, was a leading moderate Catholic in Vivarais and Velay (see Jean Burel, *Mémoires [...] Journal d'un bourgeois du Puy à l'époque des Guerres de religion*, A. Chassaing (ed.) (St-Vidal, 1983), p. 232; Charles de Baschi, Marquis d'Aubais, *Pièces fugitives pour servir à l'histoire de France*, 2 vols (Paris, 1759), II).

[149] René de Hautefort, sr de Lestrange, stemmed from a branch of the Gontaut family of Périgord established in the Vivarais; s. of Gilbert de Hautefort; m. Marie, vicomtesse de Lestrange; *gent. de la chambre* in 1582; succ. St-Vidal as sen. of Le Puy (1591); (see Burel, *Mémoires*, p. 257).

[150] Barons de Montlaur (d'Agoult), leading nobles of the Vivarais.

[151] Pierre de Châteauneuf, baron de Rochebonne and Leignac; sen. of Le Puy 1567–1587; (Anselme, II, p. 456; Burel, *Mémoires*, p. 22).

[152] Antoine de La Tour, baron de St-Vidal (k. 1591); as gov. of Velay and Gevaudan (1574–1591) ('Jeuouday' in (B) (i), fo. 243r), was one of the most staunch upholders of the Cath. cause against the local Prots. See Burel, *Mémoires*, p. 33 and *passim*.

[153] Antoine de St-Nectaire, 2nd s. of Nectaire, sr de St-Nectaire, was named Bishop of Le Puy (in exchange for the abbey of Aurillac) in 1561. Martin de Beaune (see Part I, n. 45) was also nominated. St Nectaire was consecrated in 1573 and d. 1593 (Burel, *Mémoires*, p. 21).

Alliances

{Du Mompelier} le duc d'Uzes est marié avec une niepce de sa belle seur tous deux de la maison de Clermont Thalart en Dauphiné.[154]

Piere autrement Thoras qui fut tué à la Sainct Bartholomy estoict son beaufrere pour avoir espouzé sa seur.[155]

{En Carcassonne}, Mirepoix qui se faict appeller Mareschal de La Foy,[21v] ayant prins ce tiltre depuis la guerre des Albigeois, est gendre de Terride.[a] [156]

<Lanta est allié de La Motte Fenelon, estant sa seur femme de l'aisné sr de La Motte Fenelon>.[157]

La mere de Monsieur de Forquevaux estoict soeur du baron de Rieux.[158]

Mons. de Joyeuse est allié de Mons. l'Amiral Villiars et de Messieurs de Momorancy {a cause} qu'il a espouzé une niepce de monsieur l'Admiral et de madame la Connestable, fille de madame de Bouchagues leur seur. Il est aussy par ce moyen beaufrere de Carces.[159]

Villes {de} frontiere<s>

Narbonne, Leucate, Ayguemortes, Adde, Beaucaire.

---

[a] (B): Tende.

[154] Jacques de Crussol; m. Françoise de Clermont, dau. of Antoine, vicomte de Tallard, niece of his bro. Antoine's wife (1556), Louise de Clermont, comtesse de Tonnerre.

[155] François de Cardaillac, sr de Peyre; m. Marie de Crussol.

[156] Jean VI de Levis-Mirepoix; m. (1563) the dau. of Antoine de Lomagne, baron de Terrides. The title 'maréchal de la Foy' had been held by his ancestors since Guy I de Levis, marshal of the crusading army against the Albigensians in the early 13th century, for which he also received the fortress of Montségur.

[157] An A. de Lanta wrote to Mme de St Suplice of La Mothe-Fénelon 'mon frere' (E. Cabié, *Les guerres de religion dans le sud-ouest de la France [...] d'après les papiers des seigneurs de St-Sulpice* (Paris, 1906; repr. Geneva, 1975), pp. 326–327). Presumably the 'ainé' La Mothe-Fénelon is Bertrand's elder bro., Armand, *gent. de la chambre* (d. 1579), rather than their f., Hélie de Salignac, who m. Catherine de Ségur de Théobon (La Chesnaye-Dubois, XVIII, cols 217–218).

[158] Fourquevaux's mother was Marguerite du Puy du Val de la Jugie, dau. of Jacques, baron de Rieux, and sis. of François, gov. of Narbonne and bro.-in-law of Biron (La Chesnaye-Dubois, II, pp. 805–806).

[159] The wife of Guillaume de Joyeuse was Marie de Batarnay (1539–1595), dau. of René de Batarnay, comte de Bouchage and Isabelle de Savoie-Villars, niece both of Admiral de Villars and Madeleine de Savoie, duchesse de Montmorency. Carcès: Jean de Pontevès, comte de Carcès.

Gouverneurs

Mr Danville gouverneur en chef.[160]
  Mr de Joieuse est son lieutenant.[161]
  Mr le baron de Rieux gouverneur de Narbonne.[162]
  La Cozette,[a] gentilhomme du pays, gouverneur de Leucate.[163]
  [22r] Aiguemortes et Adde sont entre les mains de ceux de la Relligion. A Beaucaire il y ung capitaine à la devotion du Mareschal Danville <lequel est Pirabel.>

Comodités

Les comodités de ceste province sont grand quantite[b] de bledz et tous vins. Les milleurs vins sont appellés de Canteperdes qui sont transporte{s} en Ytalie par la mer. <Il se transporte de bledz bien souvant. Le pasturaige est en telle abondance en ce pais et principallement en Lauragoix quil est transporté tant du cousté de la mer> occeane <que Mediteranee> par toutes les provinces de la Chrestienté. C'est de quoy il se faict plus d'argent que de l'autre.

Il y croict du safran principallement en Albigeois en fort grand abondance. Il ya aussi {grand} abondance d'oliviers, d'oranges, cistronies, limons et grandiers[c] mais non pas tant qu'en Provence.

[22v] Le salins d'Aiguesmortes, du Peray et de Narbonne apportent grande comodicté au dict pays. On le transporte par tout le Languedoc jusques à Grenade qui est trois lieues par dessoubz Tholouze et s'il passe plus bas il est confisqué. De l'autre cousté on le se transporte contremont le Rosne jusques à Lion. Le {dict} sel {de Languedoc} est {dissemblable de celuy de Guienne, c'est à dire des Isles marenes pource qu'il est} plus gros, plus noir {et plus sec} <que celuy de Guyenne>.

  [a] (B): La Corrette.
  [b] (B): Habondance.
  [c] (B): grenadines.

[160] Henri de Montmorency was gov. of Languedoc after his f. from 1563 (d. 1614).
[161] Guillaume, vicomte de Joyeuse (d. 1592); lieut. gen. in 1561 under Anne de Montmorency; appointed again in 1575 at the time of Damville's participation in the Malcontent movement.
[162] François du Puy du Val, baron de Rieux (k. 1592); gov. of Narbonne and maréchal de camp; conseiller au conseil privé.
[163] A sr de Barri is mentioned as gov. of Leucate (Aude); LCM, VI, p. 57.

Il y a aussy en Languedoc grand quantité de laynes qui sont transportés par toute la France. Bref j'ose dire que le Languedoc est le plus abondante et le plus fertille province de France. <Il y a quelques mines d'argeant aux montaignes de Foix mais à cause de leur peu de valleur ont esté abandonnés>.

Incomodités

Ce pays de Languedoc est mervilleusement chaud et subject à beaucoup de maladies à cause du vent de midy qu'il est cause qu'il est fort subject à la peste aultant ou plus que autres pays de la France. Le langaige tire sur le Gascon quome celluy de Guienne. La guerre civille a quontrainct beaucoup de [23r] personnes de quiter le pays et à cause des querelles particuliers qui y sont {soutnees entre les grands.}

Aultres alliances

La baron du Rieux gouverneur de Narbonne et Mr le Mareschal de Biron sont beaufreres ayans espousés les deulx filles du sr. de St Blancard.[a,164]

Le sr de Forquevaux est son nepveu pour ce que madame de Forquevaux estoict seur dudict du Rieux.

La comte d'Aubigeon {qui fut tué en Italie} a espousé es premieres nopces l'unique seur du conte de Vantadour, et en seconde une seur[b] de feu Mons. de La Palisse, gendre du Connestable.[165]

---

[a] (A): Bilancourt.
[b] (B): fille.

[164] See Guyenne, n. 114.
[165] Louis d'Amboise, sr d'Aubijoux; m. Blanche de Levis, presumably the only surviving sis. of Gilbert III de Levis-Ventadour (he had two other sis.); m. (2) Marie de Chabannes-Langheac. The word order is faulty here since it was Ventadour who was the Constable de Montmorency's s.-in-law. It is more likely that a member of the La Guiche (comtes de La Palice) family is meant rather than the Chabannes. Aubijoux lived until 1614 and his second s., Jacques, was k. at Coutras in 1587. The youngest, François, *chev. de Malte*, is the most likely to have been k. in Italy (Anselme, VII, pp. 127–129).

LE GOUVERNEMENT DE NORMANDIE

La Normandie est la plus grande province de France apres la Guyenne. Elle confronte d'occident avec *la mer oceane* et avec le gouvernement de *Bretaigne, de midi*[a] d'Orleans et de levant avec l'Isle de France et de septentrion avec la Picardie.

[*23v*]   **Bailliages**

Roan, Parlement, Evreux, Caen, Caux, Gisors, Coustatin, Alençon.

Grands seigneurs

Monsieur frere du Roy, duc d'Alançon {mort}.[166]
    Madame de Toutteville est grande dame en ce pais de Grandville.[167]
    Mons. de Guise est grand seigneur en ce pays, estant comte d'Eu à cause de sa femme.[168]
    Mons. d'Aumale, <à cause d'>Anet maison de plaisance basti<r> par la duchesse de Valentinois sa grand{e} mere.[169]

---

[a] Interlineated.

[166] The King's bro., François, duc d'Alençon and Anjou, d. 10 June 1584 at Château-Thierry.

[167] Marie de Bourbon, duchesse d'Estouteville and comtesse de St-Pol; principal heiress of the uncle of Antoine de Bourbon, King of Navarre, François comte de St-Pol (1491–1545), for whom the duchy of Estouteville in Normandy had been created by Francis I in 1534. He m. one of the richest heiresses of Normandy, Adrienne d'Estouteville. See C. de La Morandière, *Histoire de la maison d'Estouteville en Normandie* (Paris, 1903). Marie de Bourbon's 3rd husband (1563) was the duc de Longueville. Granville is in the Cotentin, where she also held the baronnie of Hambye.

[168] Henri de Lorraine, 3rd duc de Guise; m.(1570) Catherine de Clèves, comtesse d'Eu (1542–1633), dau. of François, duc de Nevers and comte d'Eu in Normandy. Eu, one of the chief fiefs of Normandy, was inherited from the house of Burgundy by the Clèves family by the m. in 1455 of Elisabeth de Bourgogne and Jean I de Clèves. Another Guise bro., René, marquis d'Elbeuf inherited the Harcourt domains in Normandy through his m. to Louise de Rieux.

[169] The mo. of Charles de Lorraine, duc d'Aumale (1555–1631) was Louise de Brezé, dame d'Anet, dau. of Diane de Poitiers, *grande-sénéchale* of Normandy, who had created the palace of Anet during her period of power as Henri II's mistress.

L'evesque de Coustance a grand{e} auctorité en la Basse Normandie.[170]

Matignon,[171] La Roche Guion,[172] {Carrouges,[173] Homefleur}, Sainct Luc,[174] Do,[175] La Meilleray,[176] Mongomery.[177]

Alliances

Matignon est beaufrere de Ruffec governeur d'Angoulmois,[178] La Roche Guion est beaufrere <de Biron[a] frere du conte de Charny.[179]

[a] *recte*: Brion.

[170] The Bishop of Coutances from 1561 to 1587 was Artus, *bâtard* de Cossé, s. of Charles de Cossé, marshal (d. 1563). He was legitimated in 1571 and *aumônier* to Henri III as duc d'Anjou.

[171] See Part 1, n. 25.

[172] Henri de Silly, comte de La Roche-Guyon; capt. of 100 *hommes d'armes*.

[173] Tanneguy Le Veneur, sr de Carrouges, comte de Tillières (d. 1592); s. of Jean, sr de Carrouges. His s. by Madeleine de Pompadour, Jean-Jacques, m. (1578) Charlotte Chabot, dau. of Léonor, comte de Charny.

[174] François d'Espinay, sr de St-Luc (1554–1597); gov. of Brouage, December 1578; lieut. gen. of Brittany, 1592–1596 (*DBF*, XIII, pp. 14–16; see also Part 1, n. 91); favourite of Henri III and Henri IV, k. Amiens, 1597; s. of Waleran d'Espinay, capt. of Louviers (k. 1557) and Marguerite de Grouches. The elder line, based in Evrecin, were represented by Martin, baron de Boisgéroult and Trubleville, capt. of Louviers and *bailli* of Gisors (m. 1577 Anne de Rochefort). Other branches of this family based in Eure descended from Waleran's brothers, Ambroise, sr de Mézières, capt. of Louviers, and Magdelon, sr de Ligneris (d. 1559), (Anselme, VII, p. 479).

[175] See Part 1, n. 88.

[176] The branch of the lineage of Moy or Mouy established in Normandy by the m. of Jacques de Moy (1477–1520) to Jacqueline d'Estouteville-Torcy, and descended from their s., Charles, sr de La Meilleraye (d. 1567); vice-adml; capt of Le Havre (1560) and Honfleur; lieut. gen. in Normandy. His s., Jean de Moy, sr de La Meilleraye; *conseiller d'état* (1572–1581); vice-adml of Normandy, 1562; lieut. gen. of Normandy (1563–1591); gov. (1574–1583); d. unm. 1591; see R. de La Rodière, *La maison de Moy*, 3 vols (Le Mans, 1928), II, pp. 240– ; S. Carroll, *Noble Power During the French Wars of Religion: The Guise Affinity and the Catholic Cause in Normandy* (Cambridge, 1998), pp. 151–159.

[177] The celebrated Gabriel I de Lorges, comte de Montgommery, involved in the fatal jousting accident of Henri II in June 1559, became a leading Prot. in Normandy during the following years but was finally captured in the troubles towards the end of Charles IX's reign and exec. at Paris in June 1574. See A. Landurant, *Montgommery le régicide* (Paris, 1988). His s. were Jacques II comte de M. (1551–1590); gov. of Castres; Gédéon, sr de Roches (d. 1596); Gilles, baron de Lorges (1558–1596); and Gabriel II comte de M (1565–1635). His dau. m. Champernown, the English vice-adl, and Gabriel I's s., Jacques, m. Péronelle, dau. of the Prot., La Suze, in Champagne.

[178] See Guyenne, n. 30.

[179] François Chabot, sr de Brion and marquis de Mirebeau; m. (1565) Catherine de Silly, dau. of Louis de Silly, sr de La Roche-Guyon.

[*32r*] Sainct Luc est frere> du gouverneur de Peronne, Mondider et Roye à cause de sa seur et à cause de sa femme beaufrere <du conte> de Brissac et nepveu de Mareschal de Cossé.[180]

D'O est beaufrere de Maintenon grand mareschal de logis du Roy, conseiller d'estat. Monsr D'O afiance[a] la fille de Mons. de Villequier premier gentilhomme de la chambre du Roy.[181]

{Feu Montgomery est nepveu de Mons. de Sainct Fale governeur de Troyes en Champagne à cause de la soeur de son pere}.[182]

Monsieur d'Aumalle est allié avec la maison de Bouillon, mareschal Danville, Clermont Talary en Dauphiné.[183] La duchesse de Valentinoys qui estoict in delitiis[b] du Roy Henry {de la faveur duquel elle usa tant qu'il est possible} eust deulx filles, l'une marié avec le duc de Bouillons et l'autre avec Monsieur d'Aumalle. De celle de Bouillon est sorty {feu} mr Bouillon gendre {du feu sieur} de Monpensier, sieur d'Esdon,[c] Madame Danville et la dame de Clermont Talary. De madame d'Aumalle est sorty Mons. d'Aumalle et ses freres.[d]

Villes frontieres

d'Eu, Dieppe, Le Havre de Grace, Harfleu, Homfleu, Caen, Cherbourg, le Pont Belanger, [*32v*] Carenten, Grandville.

---

[a] (B): a espouze.
[b] (B): celle qui estoit favorie.
[c] [*sic*] *recte*: de Sedan.
[d] (B): filles.

[180] St-Luc m. Jeanne de Cossé, dau. of marshal Charles de Brissac, sis. of Timoléon, comte de Brissac, and niece of marshal Artus de Cossé. His sis., Antoinette d'Espinay, m. Michel d'Estourmel, gov. of Péronne.

[181] D'O's sis., Françoise, m. Maintenon (see Ile-de-France n. 23 and Part I, nn. 41, 76), and his wife was Charlotte-Catherine de Villequier.

[182] Anne de Vaudrey, sr de St-Phalle, a Guise client, was *bailli* of Troyes. He was followed in 1581 by his s., Georges, a royalist (see L. Bourquin, *Noblesse seconde et pouvoir en Champagne aux XVIe et XVIIe siècles* (Paris, 1994), pp. 85–87; see also under Champagne). The connection was presumably a sister of Gabriel I de Lorges, comte de Montgommery.

[183] The connections were even closer. Diane de Poitiers' dau. Françoise m. (1538) Robert IV duc de Bouillon, and her other dau., Louise, m. (1547) Claude, duc d'Aumale. Robert IV's s. Henri-Robert (1537–1574) was s.-in-law to Montpensier, his sis. Antoinette m. Damville and Diane m. (1558) Henri, comte de Clermont-Tallard, whose mo. was Diane's sis., Françoise.

Gouverneurs

Le gouvernement de Normandie est divisé en trois. A Roan et en la haute Normandie est Mr de Carouges,[184] en basse Normandie depuis que Mr Matignon estoict mareschal Mr Do[185] et le pais de Ceaux Mr de La Milleray qui est vice admiral.[186] Maintenant Mr le duc de Joyeuse est gouveneur en chef, l'an 1583, et Mr Carouges et Mr de La Milleray ses lieutenans.[187]

Monsr de Longonné[188] lieutenant en l'absence de Monsr Do.

A Dieppe, Cigognes [marg:] <Cigonnes morut lan 1583[189] et un des parens de Mr Joyeuse est gouverneur>.[a]

Le Havre de Grace, Sarlabous.[b,190]

Au chasteau de Caen, Monsr de Haucourt.[c,191]

Au Pont Bellanger pour Mons. Do, le seigneur de La Son.

Mons. de Matignon est{oit} governeur de tous les fortz qui sont entre Havre de Grace et Sainct Malo où il mett{oyt} cappitaines à sa devotion. {A cest heure Mons. de Joyeuse}.

---

[a] (B): commandeur La Chatte, substituted.

[b] (B): Item de La Chatte.

[c] (B): Do.

[184] This tripartite division commenced in December 1574 after the death of the duc de Bouillon and ended in 1583 with the appointment of Joyeuse.

[185] François d'O, lieut. gen. in lower Normandy.

[186] Jean de Moy-La Meilleraye was vice-adml (1 September 1562–1578); gov. of Caux (1567–), where he was succ. by his bro., Jacques, sr de Pierrecourt.

[187] Joyeuse was appointed 24 February 1583. La Meilleraye and Carrouges continued as lieuts gen. under him, but d'O was forced to give up his govship, which was divided between the other two. In January 1586, after the 1585 crisis, d'O was restored as lieut. gen. in Lower Normandy.

[188] Hervé de Longaunay, sr de Fresne and Damigny (k. Ivry, 1590), *chev. de l'ordre*, and *gent. de la chambre*, was a royalist; had been lieut. under Matignon since 1575 and remained so throughout the 1580s; Leboucq, 'L'administration provinciale' (see Part 1, n. 88), p. 361.

[189] René de Beauxoncles, sr de Sigogne, vice-adml of Normandy. The gov. of Dieppe in 1589 was Aymard de Clermont-Chatte, sr de Geyssans, called the commandeur de Chatte.

[190] Corbeyran de Cardaillac, baron de Sarlabous (d. 1584), had also been gov. of Dumbarton or Dunbar castle during the French occupation. See E. Forestié, *Un capitaine gascon du XVIe siècle: Corbeyran de Cardaillac-Sarlabous, mestre de camp, gouverneur de Dunbar et du Havre-de-grace* (Paris, 1897). He had been gov. of Le Havre since 1563 and resigned through age in June 1584.

[191] François I de Mailly, sr de Haucourt, *guidon* of the Rhinegrave's company in 1563, was k. at La Fère in 1580; this may have been his s., François II de Mailly-Haucourt (d. 1621). See A. Ledru, *Histoire de la maison de Mailly*, 3 vols (Paris, 1893), I, pp. 491–495. There may also be a mistranscription of the name. The capt. of the castle at Caen under d'O was throughout this period Jean d'Ocké, sr d'Isancourt.

{Mons. de la Milleray visamirall en Normandy et governeur de Caux}.

[*33ʳ*]   **Comodités**

La pays de Normandie est grandement abondant en bledz de toutes sortes lesquelz [s]ont transporté <par la mer> hors du royaume et par la riviere de Seine à Paris contremont. Il fault que toutes marchandizes qui vienent par la mer occeane à Paris et pays circonvoisins passent par Roan.

Il est aussy abondant en poires et pomes de quoy ils font grand faict,[a] les transportent hors le royaume par le mer et font venir à Paris {par ladicte riviere de Seyne}. Ilz en font de bon cydre pour leur boisson. Il y a aussi du sel en Normandie en la generalité de Caen et pays[b] de Coustantin.

Il y a deux generalités en Normandie, celle de Rouen et celle de Caen.

Il{s} ne laissent pas de boires de bon vin en Normandie {encores qu'ils n'en recueillent poinct} à cause de l'apporte {tant de la mer que rivieres} et en sont les Normandz bien frians. La ville de Rouen est une des plus marchandes villes de France. Il y ont plusieurs marchans estrangers leurs botiques et facteurs.

[*33ᵛ*]   **Incomodités**

En Normandie ne croict poinct de vin fors du costé de l'Isle de France et encores {est il bien} petit vin et verd. Au lieu de vin ils usent de cidre {bure et} bouillon qui est un bruvage qu'il font <de leur froment>, {assavoir: le cidre de pommes et de poires et la reste de son de froment, mais ce n'est que pour lusage des pauvres gens.}

Les Normans sont grands plaideurs, chicaneurs et trompeurs tellement quil a passé en proverbe: {il} se desdict quome ung {grand} Norman.

---

[a] (B): traffic.
[b] (B): balliage.

LE GOUVERNEMENT DE BRETAIGNE

Bailliages

Rennes, Vannes, Nantes, Quimpercorantin, ces quatre sont {les Parlement et} les <quatre> sieges presidiaulx de Bretaigne. Sainct Malo, Morlei, Crais[a] sont sieges particuliers qui vont[b] aux presidiaulx en cas de l'edict. Si le differend passe[c] deux cens cinquante livres ilz ressortent par appel à la Court de Parlement.

[*341*] Le Parlement est seant à Rennes qui est {de}dans le plat pays. Il est semestre comme le grand {ou privé} conseil, un{e} partie des conseillers servent six moys et les autres les autres six mois {et ceux du grand et privé conseill ne servent que 3 mois}.

Grand{s} seigneur{s} et maisons nobles

Roan,[192] Laval,[193] <les Tournemines autrement La Hunauday>,[194] Assigné,[195] Chasteauneuf,[196] marquis d'Espinay,[197] du Pont premier

---

[a] (B): Bray.
[b] (B): ressortissent.
[c] (B): excede.

[192] The house of Rohan was represented by a number of branches: the main line extinct in 1527 with Jacques, vicomte de Rohan, comte de Porhoet, and sire de Leon; the princes de Guemené descended from Jean I (d. 1395), and represented by Louis VI, with interests in Maine and Anjou; the sires de Gyé descended from Louis I de Rohan-Guemené (d. 1462); the later vicomtes and ducs de Rohan (inherited by m. with the heiress of the senior line in 1517) descended from Pierre de Rohan-Gyé (d. 1513), and represented by René II vicomte de Rohan (d. 1586).

[193] The fief of Laval was in Maine, though its holders had extensive interests in Brittany, most notably the baronnie of Vitré. By this time the interests of the house of Laval had been taken over by those of the Coligny-Andelot family in the person of Guy XIX comte de Laval (Paul de Châtillon), a Prot., d. 1586. See M. Walsby, 'The comtes de Laval, 1427–1605: land, lineage and patronage in late medieval and Renaissance France' (Ph.D., University of Kent at Canterbury, 2001).

[194] The Tournemines were represented by René, baron de La Hunaudaye and Jacques, marquis de Coetmur.

[195] Jean VIII sire d'Acigné, de Fontenay, de Guer, baron de Coetman had d. in 1573, his bro. François, baron de Montejean, a Prot., k. in 1569 (see *DBF*, I, 333; Anselme, IV, p. 323.).

[196] Guy de Rieux, sr de Châteauneuf.

[197] Jean, marquis d'Espinay (1528–1591) was baron de Mathefelon and comte de Duretal; his bro. was Antoine, sr de Broons.

baron de Bretaigne,[198] Marquis de Consquient,[199] Vieux Chastel,[200] Dinam,[201] conte de Caimour,[202] conte de Plouier.[203]

Alliances

Messieurs de Rouan sont sorty du costé maternel de la maison de Navarre, le plus proche parent du Roy de Navarre de ce cousté. En advenant que si ledict Roy et madame la princesse sa seur decedassent sans hairs il{s} sont les {plus} habilles à succeder.[204]

Deffunct Monsieur de Roan avoict espouzé la fille de Hunauday. [*34v*] Roan d'aujourdhuy est marié avec la vefve du feu baron de Pont fille de Mons. de Soubize.[205]

Mons. de Chasteauneuf avec la fille aine{e} du marquis d'Espinay, le comte de Plouer avec l'aultre fille.[206]

La fille d'Assigné est marie{e} avec le conte de Brissac.[207]

Le filz aisné du marquis d'Espinay[208] a espouzé la fille et heritier du mareschal de Vielville conte de Durtal.[a]

[a] (B): avec la fille aisne de mons. Barbezieux lieutenant de Champagne.

[198] Charles de Quellenec, baron du Pont, vicomte du Faou (Finistère), was k. in 1572. This may have been his son.

[199] Jean de Coetgen, comte de Combour, marquis de Coetgen, *chev. de l'ordre*, captain of 50 lances, d. 1612.

[200] ?

[201] The family of Dinan seems to have been extinct in the main line by this time. See PRO SP78/31, fo. 240, 'The seynoryes in Brittany' (13 July 1593): 'est aujourd'huy à monsieur le comte de Chemillé, à cause de sa femme, qui est heritiere du chastel'.

[202] Presumably Jacques Tournemine, marquis de Coetmur.

[203] The *comté* of Plouer was at this time held by Charles Goyon, baron de La Moussaye (d. 1593); (see Anselme, V, p. 396).

[204] René I vicomte de Rohan (k. 1552); m. (1534) Isabelle d'Albret, s. of Henri II d'Albret, King of Navarre. The title to Béarn and Navarre would go to her descendants in the event of the death without heirs of Henri IV and his sis., Catherine de Bourbon.

[205] René I's eldest s., Henri I vicomte de Rohan (d. 1573); m. (1566) Françoise de Tournemine, dau. of René, sr de La Hunaudaye, who abjured Protestantism in 1585; their children predeceased them. The second s., René II vicomte de Rohan, m. (1575) Catherine de Parthenay, dame de Soubize, who m. (1) Charles de Quellenec, baron du Pont.

[206] Guy de Rieux, sr de Châteauneuf, m. the dau. of Jean, marquis d'Espinay. At this time the comte de Ploer was Charles Goyon, sr de La Moussaye (d. 1593), s. of Amaury Goyon and Claude d'Acigné; m. Claude du Chastel, vicomtesse de Pommerith (Anselme, V, p. 396).

[207] Judith d'Acigné (d. 1598), dau. of Jean, sire d'Acigné (Ile-et-Vilaine), baron de Coetman; m. Charles II de Cossé, comte (1611, duc) de Brissac.

[208] Marguerite de Scépeaux, dau. of the marshal de Vieilleville; m. Jean, marquis d'Espinay. Jeanne de Scépeaux m. (2) Antoine d'Espinay, sr de Broons. The town and castle of Durtal (Maine-et-Loire) had belonged to Vieilleville, through his wife Marguerite de La Jaille.

Le sieur de Pont premier baron de Bretaigne est marié avec la fille du sieur de Limoislan heritiere.[209]

Le filz du marquis de Consquien nommé le conte de Combourg[210] est marié avec la fille du prince de Guyminé en Angiou.

Mons. de Laval n'est poinct marié en Bretaigne. [*351*] Il est proche <parant du sieur de Pont du cousté du pere. Il est> allié de Mons. Le prince de Condé estant la premiere femme de feu monsr le prince <de Condé> niepce de son pere. <Il est> cousin germain de Messieurs de Chastilhon cousin remue <de germain> de messieurs de Momorency.[211]

<Le comte de Coymer espousa la fille du prince de Guiminé en Anjou>.

Villes frontieres

Nantes, Brest, Le Conquest, Sainct Malo, Morlay, St Brieu, Quimpercorantin, Dinain.

Gouverneurs

Mons de <Montpensier>[a] est gouverneur en general de toute la Bretaigne. [*Marg:*] l'an 1583, le duc de Mercure fut faict gouverneur en chef.[212]

Fontaines, lietenant general en la haulte Bretaigne.[213]

---

[a] (B): Mercure.

· [209] Charles de Quellenec-du Pont was the first husband of Catherine de Parthenay-Soubise, the heiress of Limoelan.

[210] Jean de Coetgen, comte de Combour (d. 1602); m. Renée de Rohan, dau. of Louis VI de Rohan-Guemené.

[211] The Montfort comtes de Laval had ended with Guy XVII in 1547. His eldest sis., Catherine, m. Charles de Rieux, and their dau., Claude, m. François de Coligny-Andelot (d. 1569). Their s., Paul de Coligny, a Prot., took the name Guy XIX de Laval. As the sons of Andelot and Coligny, they were second cousins to the Montmorencys.

[212] Philippe-Emmanuel de Lorraine, duc de Mercoeur (1558–1602); s. of Nicolas, 1st duke (d. 1577) and grands. of Antoine, Duke of Lorraine; bro.-in-law of Henri III but a last diehard of the League. He claimed the duchy of Brittany in the right of his wife Marie, duchesse de Penthièvre, and bought the *gouvernement* of Brittany from Montpensier in September 1582.

[213] Honorat du Bueil, sr de Fontaines-Guérin, lieut. gen. in Brittany, capt. of St-Malo, where he was k. by the League in March 1590.

La Hunauday en la Basse.[214]

A Rennes, Merizeaulme, breton.

<Le mareschal de Retz[215] gouverneur de la ville conté de Nantes, au chateau Chambourg et Gratian semestres>.[a,216]

[*35v*] A St Malo, Mons. de Fontaines y met cappitaine. Il y a grande quantité de chiens qui gardent ledict lieu.

Morlaye, Lauonne[b] aultrement le jeune Bordiziere de Touraine.[217]

Dinam, le sieur de Penteroix, Breton.[218]

Comodités

Il y a tresgrand{e} quantité de thoilles de toutes sortes et mesmes de la sorte de quelle ils font voilles; et de bledz qui comunement se transporte en Espaigne et Portugal et en plusieurs autres provinces.

Grande quantité de bestails de toutes sortes qui nourrissent les provinces prochaines principallement <de beuf jusques à Paris. Il y a grand quantité de laitage, fromaige et beurre qu'il transportent aussy principallement> à Bourdeaulx.

{Incomodités}

La principalle incomodité de ce pais là est du langaige de la basse[c] Bretaigne qui n'a rien de commung au langaige françois ny au Gascon.

---

[a] (B): Nantes, le viel Launay.

[b] [*sic*]; *recte*: Sagonne.

[c] (B): haulte.

[214] René II de Tournemine, baron de La Hunaudaye; *chev. de l'ordre*; lieut. gen. in Brittany; . d. 1590, regretted by Henri IV; m. Marie de Coetlogen. His sis., Françoise (who abjured Calvinism in 1585), m. the eldest Rohan bro., Henri, comte de Porhoet (d. 1575); (La Chesnaye-Dubois, XIX, col. 118).

[215] Albert de Gondi (see Part 1, n. 17). The dukedom of Retz was a fief of Brittany. (B) (i), fo. 243v gives the figure of '8000m livres de rente' for the *comté* of Retz. (B) (ii), fo. 248 says that Retz had in all '120m escus de rente'. In addition, (B) (i), fo. 242v gives 'le comte de Sanzai' for Nantes, i.e. René de Sanzay, capt. of the castle and vicomte *héréditaire* of Poitou (*LCM*, III, p. 140n).

[216] François du Camboust, sr de Coislin (through his mo., Françoise de Baye); baron of Pontchâteau; gov. of Nantes; chancellor of the Order of St-Michel; *gent. de la chambre*; m. Louise du Plessis de Richelieu.

[217] Jean II Babou de La Bourdaisière, comte de Sagonne; s. of Jean I and Françoise Robertet; *bailli* of Touraine; gov. of Brest.

[218] Uncertain. The Breton family of Dinan was extinct in the male line in the 15th c. The duchy of Penthièvre was recreated for Sébastien de Luxembourg in 1569.

Les Bretons, chassés de leur pays par les Anglois occuperent le pais et en ont retenu la langaige. [*36r*] Il n'y croict poinct sinon quelques petit vin à l'entour de Renes. Et encores qu'il n'en croissent, ils ne laissent pas d'en boire, voire de s'enyvrer le plus souvant. Ilz usent fort de vin de Canaries, de Gascoigne et d'Anjou {lesquelles sont tresbonnes et excellens}.

LE GOUVERNEMENT D'ORLEANS

Ce gouvernement confronte avec celluy de Guyenne avec l'Isle de France, avec la Bourgongne et Lionois.

Bailliages

Bailliage d'Orleans et duché de Berry, Touraine, la Perche, le Mayne, Anjou, Soloigne, La Beausse, le pays chartrin, Estampes, Vendomois, Lodunois, Montargis, Gien, Poictou, tous ces bailliages sont dans le gouvernement d'Orleans.

Grand{s} seigneurs

La Chastre,[219] Vaten,[220] {Chevreux} <Chateauroux,[221] en Berry>. La Tour,[222] <comte de St Aignan[223] en Touraine.

---

[219] Claude II de la Chastre, baron de Maisonfort, later marshal.
[220] Pierre du Puy, sr de Vatan.
[221] Jean de La Tour-Landry was comte de Châteauroux in Berry (Anselme, V, p. 610), as was his 2nd cousin, Jean VI d'Aumont (*ibid.*, IV, p. 875). They held the fief jointly as descended from Antoinette de Chauvigny (the heiress) and Hardouin IX de Maillé La Tour Landry. (B) (ii), fo. 248v adds that 'auquel conté y peut avoir mil gentilshommes vassaux'.
[222] Maillé de La Tour-Landry (Indre-et-Loire).
[223] Claude II de Beauvilliers, comte de St-Aignan; *chev. de l'ordre; conseiller et chambellan* to the duc d'Alençon; accompanied him to Flanders and was k. Antwerp (1583); see Anselme, IV, p. 716.

Le duc de Rouennoys,[224] comte Brissac,[225] Anjou, Malicorne,[226] Guyminé, prince d'Anjou,[227] Lavardin,[228] Clermont d'Amboise,[229] Rendan,[230] Lude.>[231]

{En Touraine} [*36v*] Mons. de Monpensier y a ses plus belles terres comme Champigny et aultres, [*marg.*: <Le mareschal de Cossé>]] Brezé,[232] Anjou, Mortmar,[233] Soubize,[234] La Bordiziere,[235] Chavigny,[236] le visconte de La Guerche.[237]

Le Roy de Navarre est duc de Vendosme, maison de ses predecesseurs de Bourbon.

La Royne mere qui est duchesse d'Orleans est dame de Gien.

Montargis maison royal{e}, qui apartient à present à madame de Nemours à cause de madame de Ferrare sa mere.[238] {Lad. maison est dans la ville.}

<La Palisse.>

[224] Gilbert Gouffier de Boisy, duc de Rouannois (d. October 1582); succ. by his s., Louis (1575–1642).

[225] Charles II de Cossé, comte de Brissac (duc, 1611, d. 1621); his f. and uncle were both marshals, and he in turn became marshal and *grand fauconnier de France*.

[226] Jean de Chaourses, sr de Malicorne; gov. of Poitou.

[227] Louis VI de Rohan (d. before 1588), prince de Guemené and comte de Montbazon from 1547; capt. of 30 lances; *chev. de l'ordre*; descended from Jean I vicomte de Rohan (d. 1395). His s., Louis, was created duc de Montbazon (1588) (Anselme, IV, p. 61).

[228] Jean III de Beaumanoir, marquis de Lavardin (Sarthe); marshal 1595; Prot. but turned Cath. after 1572.

[229] There were a number of branches of the Clermont-Gallerande family. One took the name Clermont d'Amboise after the m. of Louis III (d. 1545) to Renée, sis. of the cardinal Georges d'Amboise. The Prots included Georges II, sr de Clermont-d'Amboise, marquis de Gallerande, *conseiller du roi* (1581–1585), who fought at Moncontour, Coutras, and Ivry, and was made *maréchal de camp* by Henri IV in 1591–1592. His cousin was Louis de Clermont d'Amboise, baron de Bussy (k. 1579).

[230] Jean-Louis de La Rochefoucauld, comte de Randan; League gov. of Auvergne; k. Issoire (1590).

[231] Guy de Daillon, comte du Lude (see Guyenne, n. 106). Le Lude (Sarthe) was a fief of Anjou.

[232] Artus de Maillé, sr de Brézé; capt. of the guards; gov. of Angers.

[233] René de Rochechouart, sr de Mortmart, Montpipeau etc. (1528–1587); *chev. de l'ordre du St Esprit*, 1580; Cath. commander (Anselme, IV, p. 679).

[234] The *baronnie* of Soubize was brought by the Prot. Catherine de Parthenay in m. to René, vicomte de Rohan (d. 1586), and it passed to his childless s., Benjamin (1583–1640) before passing to another branch (Anselme, IV, pp. 66, 72).

[235] Jean I Babou de La Bourdaisière, s. of Philibert, royal sec. under Francis I; gov. to the Duke of Alençon; *grand maître de l'artillerie*; m. Françoise Robertet. Had two s.: Georges II (1531–1607), gov. of Chartres, and Jean II Babou de la Bourdaisière, comte de Sagonne, sr de Germigny (1541–1589).

[236] François Le Roy, sr de Chavigny; lieut. gen. of Anjou, Maine, and Touraine.

[237] Georges de Villequier, vicomte de La Guerche; s. of Claude and bro. of René (see Part 1, no. 39), *guidon* of Anjou's company (k. 1592).

[238] Anne d'Este, duchesse de Nemours, had been duchesse de Guise as the wife of the 2nd duke (k. 1563). In her own right, as the dau. of Renée de France, Duchess of Ferrara, she was comtesse de Gisors and dame de Montargis.

Alliances

La Castre, gouverneur de Berry pour Monseigneur, est alié de Vauten.

<La Tour et Chateauroux sont cousin de Monsieur d'Aumont[239]; la Beaucanery de Chateauroux est le plus beau fyef de Berry. Il espouza la seur de Madame de Guyminé>.[240]

[*37r*] Le comte de Sainct Aignan est{oit} beufrere de La Bordiziere.[241] Le mareschal de Cossé a{voit} trois filles, l'eune mariee à Mons. de Meru {fils du Conestable} <maintenant appellé Danville>, la seconde au <marquis de Boissy>, duc de Rouannois, <fils du deffunct Grand Escuyer. La troisiesme est mariee avec le comte de Foissy>.[a],[242]

Brissac son nepveu filz de son frere a marié sa seur avec Sainct Luc. Il avoict marié un autre avec le comte Charles de Mansfele mais elle est decedee[b] sans hoires. Il a à present espouzé l'heritiere d'Assigné en Bretaigne.[243]

Guyminé qu'on dict prince au pays d'Anjou est allié avec le marquis de Consquien de Bretaigne ayant marié sa fille avec le filz dud. marquis qu'on appelle le comte de Combourg <et une autre avec le comte de Guoimen>.[244]

---

[a] [*sic*]; *recte*: Choisy.
[b] (A): decellé.

[239] Françoise de Maillé, dame de Châteauroux in Berry, dau. of Hardouin de Maillé, *dit* de La Tour-Landry; m. (1480) Jean V sire d'Aumont, grandf. of Jean VI, comte de Châteauroux (see above, n. 221). Jean VI was therefore 2nd cousin to Jean de Maillé de la Tour-Landry, also comte de Châteauroux.

[240] In this period, Madame de Guemené was Madeleine de Lenoncourt, dau. of Henri II sr de Lenoncourt, but it seems the m. was never consummated (Anselme, IV, p. 61); the reference is to the wife of Louis VI de Rohan-Guemené, Léonore de Rohan-Gyé, whose sis., Françoise, *dite* Diane, m. 1564 François de La Tour-Landry, comte de Châteauroux (*ibid.*, p. 70).

[241] Claude II de Beauvillier-St-Aignan; m. (1559) Marie Babou (d. 1582), dau. of Jean sr de la Bourdaisière.

[242] The three daus of Artus de Cossé (d. 1582) were: Renée (d. 1622), comtesse de Secondigny, m. Charles de Montmorency (1537–1612), duc de Damville (1610); Jeanne, dame de Gonnor, m. (1572) Gilbert Gouffier, duc de Rouannais; Madeleine, m. (1578) Jacques de L'Hospital, marquis de Choisy, of the nobility of Champagne, gov. and sen. of Auvergne, *gent. de la chambre* (1572).

[243] The sis. of Charles II de Cossé were: Diane, m. Charles count of Mansfeld, who murdered her when he found her in bed with her lover; Jeanne (d. 1602), m. François d'Epinay, sr de St-Luc, *grand maître de l'artillerie*. Cossé himself m. Judith, dame d'Acigné (d. 1598) (Anselme, IV, p. 325).

[244] Louis VI de Rohan-Guemené's daughters were: Renée, m. Jean de Coetquen, comte de Combour, *chev. de l'ordre* (d. 1602); Lucrèce, m. Jacques Tournemine, marquis de Coetmur,

Chavigny, lietenant de la compaignie de {Mons. de} Monpensier et cappitaine de cent gentilhomes {de la maison} [37v] du Roy, est allié avec Turenne et Tournon à cause de sa femme. {Il a esté tuteur et administrateur des biens de Monsieur de Turesne jusques à present}.[245]

La Bourdeziere est allié avec le comte Sainct Aignan {de Berry} et avec d'Estre{e} gouverneur de Boloigne sur la mer à cause de sa seur.[a,246]

Soubize est allié avec la maison de Roan en Bretaigne. [*Marg:*] Le prince de Roan espousa une fille de Soubize en [...].[247]

La Palisse estoict gendre du Connestable estant madame de La Palisse sa femme, fille dudict Connestable. Il n'y a que de fille en ceste maison.[248]

Le visconte de La Gueuche est nepveu de Villequer gouverneur du Roy.[249]

Mortemar est beaufrere de Tavannes à cause de sa femme et beaufrere de Lansac à cause de sa seur {la femme du Lansac}.[250]

Ceulx de Rendan sont cousin germains de La Rochefoucault à cause de leur pere, frere de feu Monsieur de Randan, coronel general de l'infanterie françoise. Il morreust à la bataille de D{r}eux. Leur mere est [38r] partie de la Mirando en Italie.[251]

---

[a] (B): sa femme.

s. of François Tournemine; Isabelle, m. Nicolas de Pellevé, comte de Flers; Silvie, m. François d'Epinay, baron de Broon; Marguerite, m. Charles, marquis d'Epinay, comte de Duretal.

[245] François le Roy, sr de Chavigny; m. (1545) Antoinette de La Tour, aunt of Henri de La Tour, vicomte de Turenne (1555–1623); Antoinette's sis. Claude (*dame d'honneur* to Catherine) m. Just II sr de Tournon (d. 1568) and was mo. of Just III de Tournon.

[246] Claude de Beauvillier-St-Aignan; m. (1559) Marie, dau. of Jean I Babou, sr de La Bourdaisière. Her sis., Francoise, m. (1559) Antoine d'Estrées, gov. and sen. of Boulogne; she was Ronsard's 'Astrée' and a notable fast woman. Her dau., Gabrielle, was, of course, Henri IV's mistress; see A. Desclozeau, *Gabrielle d'Estrées* (Paris, 1899).

[247] The m. of Catherine de Parthenay to René de Rohan took place in 1575 (Anselme, IV, p. 72).

[248] The error is repeatedly made that Charles de Chabannes, sr de La Palice (d. 1552) m. the Constable's dau. It is the fact that he left only daus (one of whom, Eléonore, m. Philibert de La Guiche).

[249] Georges de Villequier, vicomte de La Guerche, was indeed the neph. of René de Villequier (see above, n. 237); he m. Louise Jay de Boisseguin.

[250] René de Rochecouart-Mortmart m. (1570) Jeanne de Saulx-Tavannes, dau. of Gaspard de Tavannes, marshal. Gabrielle de Rochechouart m. (1565) Louis, sr de Lansac.

[251] The elder Randan, Charles de La Rochefoucauld, comte de Randan; m. Fulvia Pico de La Mirandola, dau. of Galeotto I Pico, count of La Mirandola (d. 1551) and Hippolita di Gonzaga-Sabionetta; he was actually k. at Rouen in 1562. He was bro. of François III comte de La Rochefoucauld and prince de Marcillac, the Prot. chief (k. 1572; *France prot.*, VI, p. 352), whose first wife was Silvia, sis. to Fulvia. Charles's s., 'Ceulx de Randan', Jean-Louis, cardinal François, Charles, and Alexandre were determined Caths.

Malicorne est oncle de Lavardin à cause de sa seur, femme du pere de Lavardin.[252]

Clermont d'Amboise de mesme nom et armes que Bussy d'Amboise.

Le duc de Rouannes beaufrere de Charny est gendre du mareschal de Cossé.[253]

Gouverneurs

La plus part de ce gouvernement comme Berry, Tourain{e}s, et Anjou ont esté baillés en apanage à Monseigneur le duc. Despuis la mort de Bussy[a] il n'a poinct pourveu au gouvernement d'Anjou et de Touraine.[254] <Mais maintenant le comte de Sainct Aignan est gouverneur d'Anjou. Depuis sa mort l'an 1582, Monsieur de La Rochepot a esté gouverneur>. {a ceste heure Monsr de Bouchages}.[255]

La Chatre est governeur de Berry.

D'Entragues est gouverneur d'Orleans.[256]

Lude est gouverneur de Poictou <et seneschal d'Anjou>.

[38v] Il n'y a poinct de villes frontiers en ce gouvernement.

---

[a] (A): places de stop here rather after 'duc', clearly an error in meaning.

[252] Malicorne's sis., Marguerite de Chaourses, m. Charles de Beaumanoir (k. 1572), f. of the marquis de Lavardin.

[253] Gilbert Gouffier de Boisy, duc de Rouannais; m. (1572) Jeanne de Cossé, dau. of Artus de Cossé, the marshal. His half sis., Claude Gouffier, m. (1549) Léonor Chabot, comte de Charny (see Burgundy, n. 39).

[254] Louis de Clermont d'Amboise, sr de Bussy, the infamous Bussy d'Amboise, had been k. at the château of La Coutancière in Anjou on 19 August 1579; see *DBF*, VII, pp. 724–725. (B) (i), fo. 242v gives d'Equille as gov. of Chartres, M. de Reilly as gov. of Amboise, [René de] Rochefort, sr de la Croisette [see *LCM*, III, p. 86] as gov. of Blois and Touraine, Rambouillet as gov. of Maine.

[255] Claude II de Beauvilliers, comte de St-Aignan; k. at the very start of 1583 (see above, nn. 223, 246). Antoine de Silly, comte de La Rochepot. M. du Bouchage is the bro. of the *mignon* Joyeuse, s. of Guillaume de Joyeuse and Marie de Batarnay, Henri de Batarnay (1563–1608). He was known at first as the comte du Bouchage, at one period as père Ange, a Capuchin friar, and another as marshal of France. The Joyeuse bros inherited the Batarnay estates of Montrésor and Bridoré in Touraine. Bouchage was gov. of Touraine, Maine, and Le Perche from 8 July 1584 and of Anjou from 20 October 1584.

[256] François de Balsac, comte d'Entragues, husband of Charles IX's mistress, Marie Touchet. (B) (i), fo. 242v gives Entragues of Orleans and Chancellor Cheverny of the *pays* d'Orléans.

Comodités

Ce gouvernement est enclavé au milieu de la France tellement que par ce moyen il est appellé le <coeur ou> noyau de la France. Il est grandement abondant en vins, bledz et {bonnes} fruicts.

La Beausse qui est de ce gouvernement on l'appelle comunement la Fromentiere {a cause de la grande quantite de froment quelle apporte}.

Touraine est appellé le jardrin de France à cause de l'abondance de bons fruicts {qu'elle produict et porte}. <Les vins d'Orleans et Anjou sont recommandables>.

Le Berry est fort recomandé à cause {de l'abondance} des bons moutons et de draps qui se font. [*marg.*: <Adroux est cappitaine des grosse tour de Bourges>.]

La riviere de Loyre y entretient le commerce estant navigable depuis Roanne [*39r*] sur la Loyre {douze lieues dessous de Lyon} jusqu'à Nantes, qui est plus de cent cinquante lieues d'estendu. Elle a source en montaignes du Puis en Vellay.

Les incomodités

Les plus grands incomodités de ce gouvernement est [*sic*] la despense qu'ilz font pour entretenir les lendes[a] qui defendent le desbordement de ceste riviere et toutefois sy ne sçauroict on faire sy bien qu'elle ne sorte[b] quelque fois et bien souvant et quelle ne face une merveilleux domaige. La Beausse n'apporte poinct de vin. Elle est si grasse que pour si peut de pluie qu'il face les chemins sont sy difficilles qu'il est presque impossible d'y cheminer.[c]

LE GOUVERNEMENT DE LA PICARDIE

La Picardie confronte avec la mer, avec les Flandres, avec l'Isle de France, avec la Champaigne et Normandie.

---

[a] (B): lieus.
[b] (B): se debourde.
[c] (B): aller soit a pied ou a cheval.

[*39v*]   **Bailliages**

Amiens, {Seneschaucé Ponthieu}, conté et seneschaussee de Bouloigne, <Laon, duché et evesché et court presidicelle> Callais et pays circonvoisin,ᵃ Peronne, Mondidier, Roye, <Sainct Lis>ᵇ et Chaumont en Vexin, Beauvais et Clairemonᶜ en Beauvoisin.²⁵⁷

Grands seigneurs

Pienne,²⁵⁸ Crevecueur,²⁵⁹ Senarpon,²⁶⁰ Humieres,²⁶¹ Quyrquy autrement Canaples,²⁶² Janlis,²⁶³ Cany,ᵈ,²⁶⁴ Piqueny aultrement vidameᵉ

ᵃ (B): reconquis.
ᵇ *recte*: Senlis.
ᶜ (B): has 'Chaumont', *recte* Clermont.
ᵈ (A): Carcy.
ᵉ (A): veasme.

²⁵⁷ The compiler seems to envisage Picardy as including the northern sections of the *gouvernement* of Ile-de-France, and the Ardennes as far east as Rocroi – much closer, in fact, to the modern region of Picardy.

²⁵⁸ Charles de Hallewin, sr de Piennes, duc de Hallewin (Part 1, n. 33).

²⁵⁹ François Gouffier, sr de Crèvecoeur (see Part 1, n. 34). The Gouffier had inherited the Crèvecoeur holdings (including the inheritance of the marshal d'Esquerdes's bro., Antoine) in Picardy by the m. (1517) of Guillaume Gouffier de Bonnivet (adml) to Louise de Crèvecoeur.

²⁶⁰ A branch of the lineage of Monchy: Jean de Monchy-Sénarpont (Vimeu); sen. of Boulogne (1552); lieut. gen. of Picardy from 1559; his s., Antoine, sr de Sénarpont; Sidrach, sr. de Moimont; and Gédéon, sr de Mons, were Prots (Anselme, VII, pp. 554⁻).

²⁶¹ The Monchy-Humières owed their prominence to the success of Jean II (d. 1549), both as a friend of the Constable de Montmorency (whose bro., La Rochepot, m. his dau., Charlotte) and as trusted gov. to Henri II's children. Jacques d'Humières became gov. of Péronne (1560) and was instrumental in the creation of the League of 1576; d. 1579, being succ. by Estourmel.

²⁶² The lands of the house of Créqui, including the principality of Poix, had passed by agreement of the last Créqui, cardinal Antoine (d. 1574), to the children of his sis. Marie, who m. (1543) Gilbert de Blanchefort (of Limousin). They took the name and arms of Créqui. The eldest was Antoine, sr de Créqui and Canaples and prince de Poix. Abbé Delgove, 'Poix et ses seigneurs', *Mémoires de la Société des Antiquaires de Picardie*, 25, p. 469, suggests the date of 1600 for his death, but this must have been very much earlier, certainly before 1583.

²⁶³ Hangest-Genlis, Prot., descended from Adrien (d. 1532), *grand échanson de France*. His s. François, sr de Hangest (d .1569), gov. of Chauny, and Jean, sr d'Argentlieu both fought for the Prot. cause in the 1560s (*France prot.*, V, pp. 425–429).

²⁶⁴ Barbançon srs de Cany, descended from Michel, sr de Cany (d. 1547); briefly lieut. gen. of Picardy, 1541–1542, and his s. Jean, sr de Cany (k. St-Denis, 1567), and François, sr

d'Amiens,[265] d'Estré,[266] Morveilliers,[267] Gamaches,[268] Maylye,[269] Rubempré,[270] d'Estournel,[271] Liancourt {premier escuyer du Roy, tiercelet de mignon, il est d'aupres Senlis}.[272]

Alliances

Pienne et Crevecueur sont beaufreres pource que la femme de Mons. de Pienne est seur de Mons. de Crevecueur.[273]

de Cany. They were firmly Prot. and allied closely to the Pisseleu-Heilly family (*France prot.*, I, pp. 229–231; *France prot. 2*, I, p. 767).

[265] The holders of the fief of Ailly-le-haut-clocher, near Abbeville, inherited the lands of the Picquigny in the 14th century, and thus became hereditary *vidames* of Amiens and leading members of the Picard nobility. The s. of Antoine d'Ailly (d. 1548) were Prots, though close to the Duke of Guise. Charles and the *vidame* Louis were k. at St-Denis in 1567. It was the s. of Charles, Philibert-Emmanuel (d. 1619) who was *vidame* at this time. The family was allied to the Coligny, Ognies, Laval, Warty; see F.J. Darsy, *Picquigny et ses seigneurs, vidames d'Amiens* (Abbeville, 1860).

[266] Antoine IV d'Estrées (1516–1609) (see Part 1, no. 79); s. of Jean, *grand maître de l'artillerie*; gov. and sen. of Boulogne (see under Brittany, and *DBF*, XIII, p. 143).

[267] Lannoy de Morvillier, semi-hereditary govs of Amiens in the 16th century (until 1561). Jean de Lannoy, sr de Morvillier was also gov. of Boulogne; see A. de La Morlière, *Recueil de plusieurs nobles et illustres maisons [. . .] du diocèse d'Amiens* (Amiens, 1630), p. 185; *France prot.*, VI, pp. 278–279).

[268] Rouault de Gamaches, descended from Joachim Rouault (d. 1478), marshal of France under Louis XI; Nicolas Rouault, sr de Gamaches (d. 1583) was, with most of his family, firmly Prot., allied to the Saveuse and Montmorency-Bours families. See M. Darsy, 'Gamaches et ses seigneurs', *Mémoires de la Société des Antiquaires de Picardie*, 13 and 14; Anselme, VII, pp. 97–.

[269] One of the most important families of Picardy, based at Mailly-Maillet, NW of Péronne (other branches included the Mailly-Auchy and Mailly-Rumaisnil); like the Duprats it was allied to the Allègre family of Auvergne in the later 16th century. René I baron de Mailly d. in May 1572, leaving his wife, Marie de Hangart (d. 1583); Gilles VII baron, later marquis de Mailly (d. after 1590) m. Marie de Créqui-Blanchefort. See Ledru, *Maison de Mailly*, I, pp. 185–202; A. Gosselin, *Mailly et ses seigneurs* (Péronne, 1876).

[270] Claude de Bourbon-Rubempré, sr. de Ligny; gov. of Doullens, d. 1595; his bro. André, sr de Rubempré, gov. of Abbeville 1577.

[271] Ancient family of the Cambrésis, the eldest branch of which (Vendville) was in Habsburg service, and the younger distinguished by Jean III sr d'Estournel, who defended Péronne against the Habsburgs in 1536. His s., Antoine (*général des finances de Picardie*, d. 1569), and Jean IV, sr de Guyencourt, founded several branches of the house. Michel, sr d'Estournel, Templeux, Guyencourt etc., s. of Jean IV, *gent. de la chambre*, signed the League in February 1577 with his bros. See P. Cagny, *Notice historique sur le château de Suzanne en Santerre et sur la maison et marquisat d'Estourmel* (Péronne, 1857).

[272] Charles du Plessis, sr de Liancourt, *premier éc.* to Henri III.

[273] Strictly speaking, Charles de Hallewin-Piennes and François Gouffier de Crèvecoeur were uterine bros, both s. of Louise de Crèvecoeur. In addition Claude, François Gouffier's

{Madame de Piqqueny est tante de messieurs de Querqui et de Canaples partant Mons. le vidame d'Amiens et lesdicts sieurs de Querquy sont cousins germains}.[274]

D'Estournel est beaufrere de St Luc sa femme estant seur de St Luc.[275]

Cany[a] aultrement Barbaconne ont marié leur seur avec le Prevost de Paris {nommé} Nantouillet.[276]

D'Estree est beaufrere de {La} Bourdeziers pour avoir espouzé leur seur.[277]

[40r] Messieurs de Quircy ont marié leur seur avec le comte de Sault, provensal.[278]

Villes frontieres

Calays, Boulongne, Montreul, Abbleville, Rue, St Vallery, Peronne, Roye et Mondidier, Laon, St Quentin, <La Fere>, Corbie, Rocroy.[279]

Gouverneurs

Mons. le prince de Condé gouverneur general.[280]

---

[a] (A): has 'Carcy'.

dau., m. (1562) Antoine de Hallewin d'Esclebecq, Piennes' cousin. Her bro., Henri Gouffier, was bro.-in-law to Esclebecq (Anselme, III, pp. 911–915; IV, pp. 571–572).

[274] The 'Madame de Picquigny' here is Louise d'Ognies, dau. of Marie de Créquy-Blanchefort and cousin of Charles, sr de Créquy and Canaples; m. Philibert-Emmanuel d'Ailly, *vidame* d'Amiens.

[275] Michel d'Estourmel m. (1) (1565) Antoinette d'Espinay-St-Luc, dau. of Valeran d'Espinay; his bro., Antoine d'Estourmel-Plainville m. her sis.; m. (2) Françoise de Pellevé, widow of the sr d'Heilly.

[276] Françoise de Barbançon, dau. of François, sr de Cany; m. Antoine IV Duprat (see Ile-de-France, n. 21), separated from him (1588).

[277] Antoine IV d'Estrées, m. Françoise Babou de La Bourdaizière (La Chesnaye-Dubois, VII, cols 593–598).

[278] Strictly speaking, this m. was between Chrétienne d'Aguerre (d. 1611), widow of Antoine de Créqui-Blanchefort, and François-Louis, comte de Sault in Provence. Her s., Charles de Créqui, would have been quite young at this time but eventually inherited his stepf.'s Provençal lands (Anselme, IV, pp. 289–291, Delgove, 'Poix et ses seigneurs', p. 469). In 1578, he was under the *tutelle* of Gilles VII de Mailly (Ledru, *Maison de Mailly*, I, p. 196).

[279] Technically Rocroi was under the *gouvernement* of Champagne.

[280] Henri de Bourbon inherited the claim to the governorship of Picardy from his f., Louis, 1st prince de Condé. The political situation naturally made this difficult to enjoy and royal

Mons. de Crevecueur, lietenant general.[281]
Gourdan de Calais;[282] d'Estré de Boullongne.[283]
<Ninie[*sic*]ᵃ de> Montreil,[284] <Huyneville[285] d'> Ableville,
d'Estourneau de Peronne.[286] Il est aussy gouverneur de Roye et
Mondidier. A Sainct Quentin, Mr de Mouy.[b,287] La Fere, le sieur
d'Aroy.[288] Cest place est au Roy de Navarre.
Corbye, le sieur de Queilly.[c,289]

ᵃ *recte*: Mailly.
ᵇ (B): le sieur de Chiba [*sic*].
ᶜ (B): Reilly; *recte*: Heilly.

lieuts gen. were usually substituted (Sénarpont, Chaulnes, Piennes, or Crèvecoeur). Condé briefly exercised the post in 1574 before his flight to Germany, and his reinstatement was a condition of the Peace of Monsieur (1576). The League of Péronne was formed to frustrate this. Condé had occupied his family fortress of La Fère again in 1579.

[281] François Gouffier was lieut. gen. (1577–1586); broadly speaking royalist, following Charles de Hallewin-Piennes.

[282] Girault de Mauléon, sr de Gourdan (1508–1593); relative of Estienne Pasquier (Thickett, *Estienne Pasquier*, (London/New York, 1975), p. 17); capt. of Fronsac in Comminges (1547); *maître de camp* in November 1558 (Sansac to Humières, 7 November 1558; BN fr. 3149, fo. 69); gov. of Calais after the death of the *vidame* de Chartres in December 1560 (though possibly appointed May 1559; BN fr. 15872, fo. 65); rumoured to have been replaced by Morvillier in October 1560 (*CSPF Elizabeth*, 1560–1561, no. 666.6), but still in office in November 1561 when he was again rumoured to be in danger of replacement by a Guise man (*ibid.*, 1561–1562, no. 659.20); wrote to Henri III as gov. of Calais, 17 January 1576 (BN fr. 15560, fo. 51). Gourdan, a southerner, co-operated with Epernon in opposing the League in 1585–1587. He was thus one of the longest serving town govs in the region; see also nn. 95, 118 on entry in (C).

[283] Antoine IV d'Estrées, marquis de Coeuvres; succ. his f., Jean, as sen. in 1567; gov. from 1576. He had been gov. of La Fère in 1562, and also Ile-de-France, but exchanged La Fère for Boulogne in 1576.

[284] René I de Mailly was gov. of Montreuil from c.1555 until he d. 1572; his s., Gilles VII, immediately succ. him and remained gov. until he d. 1592 (Ledru, *Maison de Mailly*, I, pp. 195–196).

[285] (C), n. 59 makes clear that Huyneville represents 'Hugoville', another name for the baron de Pont St-Pierre of Normandy; André de Bourbon-Rubempré had been his lieut. as gov. since 1577.

[286] Michel d'Estourmel was appointed by Henri III as *gouverneur-bailli* of Péronne, Montdider, and Roye in 1579 and retained the post until 1603 (Cagny, *Notice historique sur le château de Suzanne en Santerre*, pp. 45–48).

[287] Charles de Moy (1540–1604), marquis de Moy. The governorship of St-Quentin had been quasi-hereditary in the Moy-Chin family since Colart de Moy in the reign of Louis XI. (See De la Rodière, *La maison de Moy*).

[288] For a sieur d'Avoye, see *LCM*, II, p. 274. La Fère had been seized by the prince of Condé in November 1579 (De Foix, *Lettres de Henri III*, IV, pp. 306, 321) and not retaken by the royal army under Matignon until September 1580.

[289] Jean II de Pisseleu, s. of Adrien (d. 1558); gov. of Corbie, 1568; d. 1584. See Friant, 'Lettres de plusieurs personnages trouvées au château de Heilly', *Mémoires de la Société des Antiuiares de Picardie*, XI, pp. 171–180; J. Garnier, 'Inventaire de quelques papiers provenant du château d'Heilly', *ibid.*, IX, pp. 311–355.

A Rocroi, Chambry de Limousin.[290]

Comodités

Les comodités de Picardie sont grande [40v] quantité de bledz, de bestial et de laitage.

Le commerce de la mer par où ils transportent ce qu'ilz ont de trop et recouvrent ce qu'ilz ont de besoing.[a]

Les rivieres de Some et de Aine, l'une passe par Amiens et l'aultre vient de Soissons et se rendent en Seine à Pontoise par où l'on transporte le boys et vivres à Paris.

Incomodités

La froideur y es trop grande, poinct de vins fors que Laonnois qui est plus voisine de l'Isle de France et Champaigne.

LE GOUVERNEMENT DE BRIE, CHAMPAIGNE ET PAYS MEXIN[b]

Brie et Champaigne confronte avec la Lorraine et Ardennes du cousté de septentrion et avec le bas du levant avec la Bourgongne, d'occident avec la Picardie et avec l'Isle de France du mydy.[c]

[41r]   ## Baillages

Troyes, Chaumont en Bassigné, Vitry en Partois,[d] Meaulx, Provins, <Sezanne, Sens>, Chasteau Thier{y}.

---

^a (B): veullent et en recoibvent ce quils ont besoing.
^b (A): PAYS VESSIN.
^c (B): du coste de levant et avec le Pays Bas et le Picardie et septentrion, de loccident avec Lisle de France et la Beausse et de midy avec la Bourgogne.
^d (B): Vitry le Francois pour par toies.

²⁹⁰ Chambéry, a Cath. capt. k. at Rocroi, 1586 (LCM, IX, p. 100).

Grandz seigneurs[291]

Conte de Brienne <autrement de Luxembourg,[292] Bussy d'Amboise,[293] d'Inteville,[294] Espernay,[295] Florigny,[296] la Suze,[297] Lenoncourt,[298] St Fale,[299] Rumigny,[300] Barbezieulx>.[301]

<**Alliances**

Le conte de Brienne> est allié avec le duc de Marcure à cause que la femme dudict Marcure est fille de Martigues qui estoict de ceste maison qui ont le {sur}nom de Luxembours. Ils disent qu'ils sont dessenduz des empereurs.[302]

---

[291] In general terms, see Bourquin, *Noblesse seconde*.

[292] The comtes de Brienne were a branch of the Luxembourgs in France. Jean, comte de Brienne, d. 1576; succ. by his s., Charles II (d. 1605), later duc de Brienne (unregistered, 1587); gov. of Metz; royalist who fought against the League.

[293] Louis de Clermont d'Amboise (k. 1579); (see Orléans, n. 229); on Bussy d'Amboise's role in Champagne, see Bourquin, *Noblesse seconde*, p. 102.

[294] Most of the s. of Gaucher de Dinteville, *bailli* of Troyes (d. 1531), bishops and ambassadors, were d. by the end of the 1550s. Gaucher II de Dinteville's dau., Marguerite, m. Joachim de Dinteville, sr de Vanlay and Chenets, of a junior branch of the family, and it was he who became lieut. gen. in Champagne.

[295] Epernay; this may be an error for the Raguier, srs d'Esternay.

[296] Uncertain but possibly a corruption of the 'comte de Joigni', who 'vault 14000 li de rente' in (B) (i).

[297] La Suze was a fief in Maine which came into the Champagne family in 1562 with Nicolas de Champagne, comte (1566) de La Suze (k. St-Denis, 1567, f.-in-law of Jacques de Montgommery-Courbouzon – see Normandy). His s., Louis, comte de La Suze, was k. at Coutras, 1587 (*France protestante* 2, III, p. 1041).

[298] Henri III marquis de Lenoncourt, sr de Vignory; *chev. de St Michel* (1568), *du St Esprit* (1580); *gent. de la chambre; maréchal de camp* (Bourquin, *Noblesse seconde*, pp. 79–81, 238).

[299] Anne de Vaudrey, sr de St-Phalle; *bailli* of Troyes (1572); *gent. de la chambre*; ensign of Aumale's company 1546–1551; capt. of 50 lances, 1553; client of the Guise; d. 1579. His s. was Georges, marquis de St-Phalle; *bailli* 1581–1589; *gent. ordinaire de la chambre* (see Bourquin, *Noblesse seconde*, pp. 85–87). See also H. d'Arbois de Jubainville, 'Notes généalogiques contenues dans le livre d'heures de la maison de Vaudrey-St-Phal', *Annuaire administratif, statistique et commercial du Département de l'Aube*, (1873), p. 71; and C. Binet, 'Une vieille famille franc-comtoise; les Vaudrey', *Jura français*, 87 (1960), pp. 143–145.

[300] Rumigny (Ardennes) was a fief held by the house of Lorraine in the 16th century (Abbott, *Provinces, Pays and Seigneuries of France*, p. 84).

[301] Charles de La Rochefoucauld (d. June 1583), *gent. de la chambre*; gov. of Ile-de-France, 1532; grand sen. of Guyenne, 1544; lieut. gen. of Champagne, 1568; (descended from François Ier comte de La Rochefoucauld).

[302] Marie de Luxembourg, dau. of Sébastien, marquis de Martigues (d. 1569); m. Philippe-Emanuel, duc de Mercoeur (d. 1602). Charles II de Brienne's sis. m. the Breton comte de

La Suze a espouzé la fille de madame de Jumigny ª et du Plessis aux Tournelles, femme de Monsieur de La Noue.³⁰³

Sainct Fale est beaufrere du {feu comte de} Montgomery à cause que sa femme estoict seur dudict comte.³⁰⁴

Monsieur de Guise est la plus grand seigneur [*41v*] en ceste province.³⁰⁵ Il est de la maison de Lorraine. Messieurs d'Aumale et marquis d'Elbeuf sont ses cousins germains du cousté de leur pere, Mons. de Nevers son beaufrere, le duc de Ferrare et cardinal d'Este sont ses oncles maternelz, Mons. de Nemours son beaupere. Il est allié et parant <avec la maison d'Escosse et> de Bourbon {à cause que} son ayeulle {Antoinette de Bourbon} estoict seur de l'ayeul du Roy de Navarre et le prince de Condé. De mesme, le duc de Mayne e{s}t à cause de sa femme, marié en premiers nopces avec le sieur de Monpezat en Quercy, fille de l'Admiral. Il est allié de Messieurs de Momorency, Candalle et Turenne, <Vantadour et de Joyeuse, car sa femme est cousine germaine de Mr de Momorency et remuee de germain de> Mr de Turenne, cousine germaine de Madame de Vantadour et {de} Candale et cousine remuee <de> germain de Joyeuse et de Mons. de Savoye comme / [*42r*] nous avons dict parlant de l'Admiral {son pere}.

{Madame de Luvigny est femme de Mons. de La Noue}.

Bussy d'Amboise est cousin germain de Clermont d'Amboise proche parant du conte d'Aubigeon en Languedoc,³⁰⁶ tous trois de mesme nom et armes dont Bussy est le chef.

{Villes de frontier}

Sainct Diziere, Chalons, Troyes, {Sainct Menoue},³⁰⁷ Mezieres, Chaumont en Bassayny, Langres {sont villes en nombre de sept qui sont de frontiere}.

ª (B): Lavigny.

Kerman and the comte d'Aubijoux. This branch of the Luxembourgs descended from Waleran, count of Ligny (d. 1288), bro. of Henry III of Luxembourg, the f. of Emperor Henry VII (d. 1313).

³⁰³ François de La Noue's first wife, Marguerite de Teligny, d. 1571; m. (2) Marie de Juré (1574), widow of Artus de Vaudrey, sr de Mouy, k. (1569) by Maurevert; see P. de Vaissière, *Récits du temps de troubles (XVIe siècle). De quelques assassins* (Paris, 1912).

³⁰⁴ Anne de Vaudrey, sr de St-Phalle (see above, n. 299). Nicolas de Champagne, sr de La Suze was also f.-in-law of Jacques de Montgommery-Courbouzon. This made the links between the comte de La Suze and the Vaudrey even closer.

³⁰⁵ Through the principality of Joinville (Haute-Marne) which had come into the house of Lorraine in the mid-14th century and was erected as a principality in the mid-16th.

³⁰⁶ Louis d'Amboise, comte d'Aubijoux (1536–1614); (Anselme, VII, pp. 127–129).

³⁰⁷ St-Menehould.

Gouverneurs

Mons. de Guise est gouverneur en chef, Barbesieux[a] lieutenant general.[308]

Troyes, Sainct Fale.[309]

St Diziere, La Mauvisiere ambassadeur en Angleterre,[310] le capitaine Johannes son lietenant.

{A Chalons, d'Espaulx.[311]

A Remige, Mons. de La Brosse.[312]

A Senes, Mr de Cheny}.[313]

Comodités

Ce pays est merveilleuzement abondant en bledz, vins, foines de quoy ils font argeant. Les meilleurs vins sont ceulx qu'on appelle d'huy est[b] {à} Espernay et vin de Bar sur Aube.

[42v] Les rivieres de la Seine et Marne enrich{iss}ent le pays passant tous de long la Seine qui vient de Bourgongne, passe à Troyes, à Provins et a Corbeille et à Paris. {La} Marne passe à Vitrix le François, à Chalons, à Espernay, à Chasteautierri, à Meaulx, à Lagny et de là se vient rendre dans {la} Seine au Pont de Charenton.

Les principalle{s} villes sont Reims, Troyes et Chalons. L'on dict eau[c] de Reims, garnier de Chalons et bourre[d] de Troyes.

---

[a] (B): Touteville.

[b] (B): qui croisse a Say.

[c] (B): cave.

[d] (B): bourse.

[308] Henri de Lorraine was gov. (1563–1588) in succ. to his father, the 2nd duke. Barbezieux was lieut. gen. (1572–1579), and then replaced by Joachim de Dinteville (1579–1607), a royalist (see Bourquin, *Noblesse seconde*, p. 91–101). (B) (i), fo. 242v gives 'Tinteville' as lieutenant.

[309] Georges I de Vaudrey, marquis de St-Phalle; *bailli* of Troyes, 1581–1589.

[310] Michel de Castelnau, sr de Mauvissière.

[311] Adolphe de Lyon, sr d'Espaulx; see IIe-de-France, n. 25.

[312] Reims, Jacques de La Brosse, a Guise client, was k. at Dreux in 1562 (see J. de La Brosse, *Histoire d'un capitaine bourbonnais au XVIe siècle: Jacques de La Brosse, 1485–1562* (Paris, 1929). This is presumably his son.

[313] ?Possibly a Choiseul, sr de Chéry or Chevigny.

Incomodités

Lincomodité {de ceste province} est qu'estant la Champaigne fort froid et presque tout descouvert de bois et y sont les villageois fort mal bastis et sont contrainctz {le peuple} se chauffer le four de chaume et et de paille et en fayre cuyre leur manger.

{Aussi ont ils grande necessité de tuille pour couvrir les maisons à faulte desquelles ils les couvrent dudict chaulme et paille.}

Pais Messin[a]

<Le pays Vessins> c'est un gouvernement à part qui contient trois villes, assavoir: [43r] Metz, Thoul et Verdun qui furent prins lors du voiaige d'Allemaigne que le Roy Henry alloict secourir Maurice duc de Saxe et le marquis de Brendebourge contre l'Empereur Charles cinquiesme. Mr de Piennes est gouverneur de ce pays là ayant joinct le gouvernement de Thoul en ses mains.[314]

Celuy de Verdun est demuré à Losse filz à feu Losse capitaine de la garde escossoise.[315]

LE GOUVERNEMENT DE DAULPHINÉ

Le Daulphiné confronte avec le Piedmont et la Savoye avec {le} Provence et Lionois.

---

[a] (A): Vessins.

[314] Charles de Hallewin-Piennes (d. after 1598) (see Part 1, n. 33); gov. of Metz after Picardy (1574–1582) when he resigned in favour of Nicolas d'Angennes-Rambouillet, duc de Maignelay. The latter was replaced by Epernon in February 1583. (B) (i), fo. 242v gives Epernon as gov. of Metz. Jean de St-Lary, sr de Montastruc, was gov. of the city of Metz (d. 1586) (see Anselme, IV, p. 307). Bertrand de Montesquiou *dit* Ste-Colombe, sr de Strailles, was gov. of the citadel from 1578 (Anselme, VII, p. 283, says from August 1582), but dismissed by Epernon in March 1583 and replaced by his cousin, Jean de Moncassin. Epernon also replaced the existing (from 1578) lieut. of the *gouvernement*, La Verrière, by Moncassin in December 1585, and Roger de Comminges-Saubole, another Epernon cousin (Le Roux, *La faveur du roi*, pp. 547–551).

[315] Jean de Losses, sr de Banes, succ. his f., Jean, marquis de Losses (gov. of Lyon) as gov. of Toul and Verdun in 1580 but Epernon was made titular gov. in February 1583 with his uncle, the marquis de Termes, as lieut.

Seneschaussees

Vienne, Grenoble, Parlement, Valentinois, Gac, Charmes, {Briançon}, Ambrin, Alar', Marquisat de Salusse.

Ce pais est advenu à la couronne de [*43v*] France par le testament d'un Daulphin sr du pais à la charge que le premier filz de France porteroict le nom de Daulphin de Viennois.

Valence université bon exercisé du droict.

Grand{s} seigneurs

Le prince d'Orange, sa principauté est en Daulphiné et portant subject au Roy, Gordes,[316] Maugeron,[317] Clermont Thalery,[318] le Baron des Adrets,[a,319] le conte de Suze,[320] Tournon,[321] St Vallier, Vieilleville,[322] {Sasenage[323]} Alepins[b] frere de Maugiron,[324] Montesoyn, {Claveson}.

[a] (A): Aldreins.
[b] (B): Alexine; *recte*: Leysseins.

[316] Gordes (Vaucluse) was technically in Provence. Bertrand III Raimbault de Simiane, baron de Gordes, lieut. gen. in Dauphiné, a well-known Cath. commander, d. at an uncertain date. His s., Balthazar, d. after 1588.

[317] Laurent de Maugiron, sr d'Ampuis (see Part 1, n. 36); s. of Guy de Maugiron, also gov. of Dauphiné.

[318] Clermont, fief of Dauphiné (Isère). The vicomtes de Clermont had acquired the *vicomté* of Tallard through the m. of Antoine (d. 1531), and the *comté* of Tonnerre through that of Bernardin (d. 1522) to their heiresses. Henri, comte de Clermont and Tonnerre, vicomte de Tallard (k. 1573), was often referred to as Clermont-Tallard.

[319] François de Beaumont, baron des Adrets (1512–1587); Prot. chief who seized Lyon in 1562. His s. predeceased him. See P. de Vaissière, *Le baron des Adrets* (Paris, 1930).

[320] François de La Baume, comte de Suze; gov. of Provence until 1579; an associate of the League in 1585 (see René de Lucinge, *Lettres sur les débuts de la Ligue (1585)* (Geneva, 1994), pp. 25–26).

[321] Tournon was technically in Vivarais-Languedoc on the west bank of the Rhone, one of the leading houses of the region with interests in Dauphiné. Just IV (great-neph. of cardinal François de Tournon), baron de Tournon, was *bailli* du Vivarais and sen. d'Auvergne; *gent. d'honneur* to Catherine de Medici in 1585. His elder bro., Just III (d. 1568), m. Eléonore de Chabannes and was f. of Françoise, m. to Timoléon de Maugiron, and Anne m. to François de la Guiche de St-Geran (see Burgundy).

[322] François de Scepeaux de Vieilleville (1509–1571); gov. of Metz (1553) and marshal (1562). On the tendentious memoirs in his name published by Vincent Carloix, see C. Marchand, *Vieilleville et ses mémoires* (Paris, 1892).

[323] The Sassenage family held the second *baronnie* of Dauphiné, and one branch had acquired the *vicomté* of Tallard. They were connected with Clermont-Tallard. In this period: Laurent (d. 1578) and Antoine de Sassenage (d. 1622).

[324] Anne de Maugiron, sr de Leysseins; *bailli* de Vienne; lieut. of the Nevers co. (1572); younger bro. of Laurent Maugiron, amb. to Rome, 1580. (B) (i), fo. 283 adds that Leysseins was gov. of Valence. Another bro. was Aymar, Bishop of Glandèves (d. 1564).

Lesdiguieres[325] est{oit} beaufrere de Gac avec[a] ses frere{s}. Il porte et faict office de chef envers ceux de la Religion. Il a telle auctorité au pays et principallement aux montaignes qu'on l'appelle souvant Roy <des montaignes. C'est celluy à qui la Royne mere s'adresse pour entrer> en conferance avec ceulx de la Religion de Dauphiné.

[*44ʳ*]   **Alliances**

Clermont Thalery qui morut à La Rochelle avoict espousé une fille[b] de feu Mr de Bouillon. Il y a des enfans de ce mariage qui sont nepveuz du Mareschal Danville à cause de la femme dudict Mareschal <et de la femme de Mr d'Uzes le mort et celluy d'aujourdhuy qui sont dessenduz de ceste maison>.[c,326] Tournon est cousin germain de Mr de Turene et nepveu de Chavigny à cause de sa mere seur de feu Mr de Turenne.[327]

St Vallier est oncle de madame la mareschalle[d] de Bellegarde, lequel est de la maison de Gordes[e] en Piedmont, marié en premieres nopces avec le Mareschal de Termes oncle maternel dudict Bellegarde.[328]

Maugeron et Alepins sont freres.

Suze et Ventadour sont cousin germains à cause de leurs mere{s} qui estoient seurs.[329]

---

[a] (A): Gascande.

[b] (B): soeur.

[c] (B): Mons Duzes et ceulx sont proches parens a cause de sa femme. Mons Ducs decedent celles qui vivent de present sont descendues de ceste maison.

[d] (A): le feu mareschal.

[e] *recte*: Cardé.

[325] François IV de Bonne, sr de Lesdiguières (1543–1626); duke, 1611; constable of France, 1622–1626. Protestant who later converted to Catholicism. His first wife, Claudine Bérenger, sis. of the sr du Guast or Gua (presumably the meaning of 'Gac' here) m. 1566, d. 1611. Lesdiguieres had no bros or sis. (Anselme, IV, p. 284). See L. Videl, *Histoire de la vie du Connestable de Lesdiguières* (Grenoble, 1650), and comte Douglas and J. Roman, *Actes et correspondance du connétable de Lesdiguières*, 3 vols (Grenoble, 1878–1884).

[326] Henri, comte de Clermont-Tallart; m. Diane de La Marck, dau. of Robert IV duc de Bouillon; her sis., Antoinette, m. Damville in 1558. Both Antoine and Jacques de Crussol, duc d'Uzès, m. members of the Clermont-Tallard family.

[327] Just II de Tournon (d. 1568); m. Claudine, dau. of François II vicomte de Turenne, and sis. of Henri, vicomte de Turenne (see Guyenne). Antoinette, sis. of François II de La Tour had m. François Le Roy de Chavigny, gov. of Anjou (see Part 1, n. 69).

[328] Termes was great-uncle to Bellegarde through his mo. (see Part 1, nn. 21–22). Bellegarde m. Termes' widow, Marguerite de Saluces, dau. of Jean-François, sr de Cardé. Her uncle was Jean de La Croix, sr de Chevrières, comte de St-Vallier, president of the *Parlement* of Grenoble and later Bishop of Grenoble.

[329] Strictly speaking, the aunt of Gilbert III de Levis-Ventadour (d. 1591), Françoise de Levis, m. François de La Baume, comte de Suse.

[*44v*]   **Villes frontiere**

Il n'y a gueres de villes frontieres à cause que le marquisat de Salusses
deffend ce pays là. Grenoble, Parlement,[a] Briançon.

Gouverneurs

Le prince daulphin gouverneur general.[330]
    Mr de Maugiron lietenant general par le deces de Gordes.[331]
    {Mons. de La Valette à Salluces}.[332]
    La baron des Adrens gouverneur à Grenoble.[333]
    Le sieur d'Alepins gouverneur du duché de Valentinois soubs son
frere.[334]
    Le prince d'Orange tient ung gouverneur en sa province et
principauté.

{Comodités}

Ce pays est fort abondant le long de la riviere de Rosne mais le
reste/[*45r*] est pays montaigneux et merveilleuzement abondant en
chastaignes comme le Perigord et Limosin en Guyenne d'où vient
qu'il y a grand quantité de pourceaulx, de chevaulx et bestes à corne.
Il y a grand abondance de bledz et vins le long du Rosne à cause aussi
du commerce de ladict riviere.

---

  [a] (A): Aulenauc.

[330] François de Bourbon, prince dauphin d'Auvergne and duc de Montpensier (see Part 1,
n. 6).
  [331] Laurent de Maugiron succ. Gordes in 1579.
  [332] Bernard de la Valette, gov. of Saluzzo from 1581, was in command of royal troops in
Dauphiné from 1584.
  [333] Adrets, who had returned to Catholicism after the first civil war, and rehabilitated
after arrest in 1571, was operating with royal forces at this time; d. 1587.
  [334] The sr de Leysseins was *bailli* of Vienne.

{LE MARQUISAT DE SALUCES}

Je metz met soubz ce gouvernment la Marquisat de Salusse{s} pource qu'il ressort au Parlement de Grenoble. Il est assiz au biau milieu {de} Piemont, là où il n'y a que trois places d'importance, assavoir: Salusse{s} où il y a chasteau, Cormagnolle où il y a {aussi} chasteau, Rauet, forteresse.

Gouverneurs

Mons. de Nevers[a] en est gouverneur[335] et son lietenant Carlo de Biragues frere du Chancellier {deffunct}.[336]

Le filz de Bellegarde est gouverneur de Carmagnolle[337] [45v] et le sieur de Montestruc oncle paternel dudict Bellegard est gouverneur de Rauet.[338]

<Maintenant La Valette[339] frere aigné du duc d'Epernon est gouverneur du Marquizat>. A present tout ledict Marquisat est entre les mains de <Bellegarde>.[b]

Il y a dans Carmagnolle pour deux millions d'or de pieces d'artillerie y aiant <esté> transporté toutes celles qui estoient en Piedmont lors que le Roy le tenoit.

Ledict pais est bon en ce qu'il contient comme le reste de Piedmont.

---

[a] (B): La Valette.
[b] (B): La Valette.

[335] Louis de Gonzague-Nevers was made gov. of French Piedmont in 1565 and of the marquisate of Saluzzo in 1567. He became gov. of Picardy in 1589 (Anselme, III, pp. 712–713).

[336] Charles de Birague, *gent. de la chambre*; succ. his bro., Ludovico, as gov. of Saluzzo in 1572, naturalized 1585. He was the cousin of Chancellor de Birague (d. 1583).

[337] César de St-Lary (k. Coutras, 1587), s. of Roger, sr de Bellegarde (see Part 1, n. 21) seized the *gouvernement* of Saluzzo in December 1579 on his f.'s death; on the promotion of Epernon there he was given the governorship of Saintonge (Anselme, IV, p. 306).

[338] Jean de St Lary, sr de Montastruc (d. 1586); instituted as heir of his great-uncle, the marshal de Termes (see Part 1, n. 22) when he took his name.

[339] Bernard de Nogaret, sr de La Valette (d. 1592); adml of France, also gov. of Provence. Nominated to Saluzzo in December 1579, he was not able to gain control of it until March 1581.

LE GOUVERNEMENT DE LIONOIS

Seneschaucees

Lion, Bourbonnoys, duché, <St Pierre le Moustrier>, Nivernois, Baujelois, {Forests, conté}, <hautte et basse Marche>, d'Auvergne, {Rouannois}.

[46r]   **Grandz seigneurs**

Le duc de Nevers,[340] Mr de La Guiche,[341] d'Achon,[342] Montaret,[343] le marquis de Courton.[344] Mr de Turenne[345] est grand sr en Auverne. Le marquis de Camillan,[a][346] le visconte de Lavendan,[347] St Heran,[348]

---

[a] *recte*: Canillac.

[340] Louis de Gonzague, duc de Nevers (see Part 1, n. 12).

[341] Philibert, sr de La Guiche and Chaumont, *bailli* of Macon; gov. of Lyonnais; *grand maître de l'artillerie*, 1578–1596.

[342] The Comptours d'Apchon were first barons of Haute Auvergne. This is either Artaud de St-Germain, sr d'Apchon (who m. the sis. of St-André, gov. of Auvergne), or his s., the *chev. d'Apchon*, a fierce persecutor of the Huguenots; A. Serre, *Issoire pendant les guerres de religion par Julien Blauf* (Clermont-Ferrand, 1977), p. 55; *DBF*, I, 101–106, art. by M. Prevost.

[343] Jacques de Montmorin, sr de Montaret; capt. of Moulins; bro. of the srs de La Bastie (*LCM*, I, p. 324).

[344] François de Chabannes, 2nd marquis de Curton (d. 1596); s. of Joachim (d. 1559) and Catherine-Claude de La Rochefoucauld. The family was one of the most powerful of Auvergne and held Charlus in Limousin, Curton in Bordelais, as well as Rochefort and Mardic in Auvergne. Lieut. gen. in Auvergne under Henri IV. Curton purchased Tinières in Auvergne from Catherine de Medici for 3,500 écus in 1583; H. de Chabannes, *Histoire de la maison de Chabannes*, 4 vols in 9 parts (Dijon, 1892–1901), II, pp. 120–121, 126–129.

[345] See under Guyenne, n. 84.

[346] Jean-Timoléon de Beaufort-Montboisier, marquis de Canillac (k. 1589); s. of Marc, marquis de Canillac, comte d'Alais, premier baron of Languedoc. Lieut. gen. in Haute-Auvergne under St-Herem from 1576 (Serre, *Issoire*, p. 100). His s., Jean Canillac le jeune, replaced Randan as leader of the League in Auvergne but rallied to Henri IV in 1592.

[347] Probably Anne de Bourbon, vicomte de Lavedan; descended from bastards of Bourbon and Anjou; test. November 1584, codicil 1585; m. Jeanne d'Abzac (*LCM*, VI, pp. 78n, 390n; X, p. 438; Anselme, I, pp. 367–372). Less likely, Jean IV de Beaumanoir, marquis de Lavardin, whose f., Charles, a Prot., was k. in 1572. He turned Cath. but supported Navarre and became marshal in 1595 (Anselme, VII, p. 385).

[348] Gaspard de Montmorin, sr de St-Herem (d. 1582); chief residence, Auzon on the Allier; m. Louise d'Urfé, dame de Balzac, two daus. Imprisoned by the Protestants and

Lafayette,[349] un des plus anciens cappitaine de la France.[a] {Mons. de Raues,[350] Sainct Ferand,[351] la Royne mere comtesse de Lauvergne}.[b,352] {En Lyonnois: Sainct Chaumont,[353] Sainct Forgent nommé Dalbots,[354] d'Espinac,[355] de Gadaigne seneschal de Lyon,[356] Mons. de Nevers, baron damplepuis[357] et Ranchat.[358]

En Bourbonnois: De Levis, baron de Cousan,[359] Ragny qui a eu puis le deceds de monsr le duc frere du Roy moityé de sa compaignie.

---

[a] This passage displaced in (B) to after the entry of Bourbonnais with the following additions.

[b] (B) begins here.

released after Dreux (1562), succeeded Nemours as gov. of Auvergne 1563–1579; lieut. of the Constable's co., 1566–1567; capt. of his own co., 1569– ; Fleury Vindry, *Dictionnaire de l'état-major français au XVI siècle* (Paris, 1901), pp. 178, 185. His bro. was the sr de Préaux and his s., Gaspard II, succ. his uncle. (See Serre, *Issoire* pp. 57–59, 212; G.M. Chabrol, *Coutumes générales et locales de la province d'Auvergne*, 4 vols (Riom, 1784–1786), IV).

[349] House of Motier de La Fayette, also srs of St-Romain, Pont-Gibault, Hautefeuille, long associated with the Bourbons in Auvergne; descended from Gilbert III, sr de La Fayette, marshal in 1444 (d. 1463). Louis Motier de La Fayette had been present at the siege of Thérouanne in 1513 (while his f., Antoine (d. 1531), was gov. of Boulogne). His neph. was Claude, sr de Hautefeuille, and his cousin Claude, sr de St-Romain.

[350] Likely to be an error for 'Randan', i.e. Jean-Louis de La Rochefoucauld, comte de Randan, gov. of Auvergne from 1581.

[351] Montferrand?

[352] Catherine de Medici had inherited the *comté* d'Auvergne (as opposed to the duchy) from her La Tour d'Auvergne ancestors. She left it in 1589 to Charles IX's illegitimate s. by Marie Touchet, Charles 'Monsieur'. The *comté* passed to Marguerite de Valois in 1606.

[353] St-Chamond (Loire). Christophe de St-Chamond was gov. of Vivarais. His s.-in-law was Jacques Mitte, sr de St-Chaumond, comte de Miolans, Cath. capt., later lieut. gen. in Lyonnais (see Burel, *Mémoires*, p. 132).

[354] Bertrand d'Albon, sr de St-Forgeux; cousin in the 8th degree of marshal St-André, *gent. de la chambre*, *chev. de St Michel*, commander of the Duke of Savoy's company in France, uncle of St-Vidal, gov. of Le Puy (see Burel, *Mémoires*, p. 258; Anselme, VII, pp. 199–).

[355] Pierre d'Espinac, Archbishop of Lyon; a leading counsellor of the House of Lorraine and active in the League, he wrote a well-known memorandum of advice to Guise in 1589. Related to the Albon, St-Chamond, and St-Vidal families.

[356] Guillaume Guadaigne (Guadagni) (1560–1594); baron de Verdun in Chalonnais (1593); sen. of Lyon and lieut. gen. in Lyonnais; *gent. de la chambre* etc.; member of a Florentine banking family which, like the Gondi, had definitively entered the French nobility (see Dubost, *La France italienne*, pp. 245–246).

[357] ?

[358] ?

[359] Claude de Levis, sr de Cousan and Lugny (d. c.1586); *chev. de l'ordre*; *guidon* of La Guiche company (1552); lieut. of Montpezat company.

Les d'Achons nepveux du feu mareshal de Sainct André. Ils sont sept freres touts grands. La Bastye,[360] du Palaix,[361] Antragues}.[362]

{Alliances}

Mons. de Nevers[a] Ludovic de Gonzague n'a poinct d'alliance en France que à cause de[b] sa femme. Il y a messieurs de Guise et prince de Condé pour beaufrere.[363] La femme du prince de Condé est morte[c] n'ayant qu'une fille[364] qui est en la garde noble de Monsieur <le cardinal de Bourbon> {prince de Condé, nourrie avecq madame de Bouillon à Sedan}. Les filles de Nevers sont cousines germains du Roy de Navarre et Mr le prince à cause de leur mere seurs de leur pere. Elles sont de la maison de Cleves ayant esté un prince de Cleves marié à Nevers.

[46v] Mons. de La Guiche a espouzé l'herittiere de la Palisse et marie sa seur avec Pompadour en Limosin.

D'Achon sont encores beaucoup de freres[d] nepveux du feu mareschal de Sainct André à cause de leur mere sa seur, aux biens duquel ilz ont succedé.[e] {Lung desquelles et qui porte le nom et joist de St André a espousé la soeur de Sainct Megrin. Une aultre une fille de la maison de Frencs de Lorraine, une aultre a espousé une fille de Gadagne seneschal de Lyon. L'aisné desd. freres marié en Auvergne a laissé un fils riche de 4 vingt mille livres de rent. Les autres ne sont pas mariés pour estre d'esglise. Une autre estoit marié avec une fille de Luppé cousine de Mons. de Joyeuse.[365]

---

[a] (A): Nemours.
[b] (A): has 'qu'au sans de'.
[c] (B): marie.
[d] (B): sept freres de treise quils ont este. Ils sont [...].
[e] (B): Ils ont succede promedia au mareschal avec madame de Caumont.

[360] A branch of the house of Montmorin; Hector and Jacques, both srs de La Bastie; Louis, s. of Jacques, m. dau. of the marquis de Canillac; Jacques, sr de Montaret, capt. of Moulins.
[361] ?.
[362] The Balsac-d'Entragues held lands in Auvergne, Agenais, and Orléanais, held the govship of the latter, and were related to the Humières of Picardy (Le Roux, *La faveur du roi*, pp. 213–216). Charles de Balsac d'Entragues was a capt. under the command of Mandelot, gov. of Lyon (see Part 1, n. 43).
[363] Louis de Gonzague, Henri I de Guise, and Henri, prince de Condé all married daus of François de Clèves, duc de Nevers (d. 1562).
[364] Marie de Clèves was m. in 1572 and d. in October 1574.
[365] Artaud de St-Germain, inheritor of the lands of Aimé d'Apchon; m. Marguerite d'Albon, sis. of marshal St-André (gov. of Auvergne). They had 10 children incl. Antoine, sr

Le sieur de Levy baron de Cousan porte mesme nom et armes que le sieur de Mirepoix en Languedoc. Il est fort viel. Il a marié une de ses fils à la cousine dud. sr. de Joieuse fille de lad. Luppé}.[366]

Le marquis de Courton dict quil est parant de la Royne {mere} à cause de la maison de Bouloigne où une de Medicis fut mariee {et} <un> de Bouloigne {à} Courton. Il a espouzé une seur au prevost de Paris Nantouillet.[367]

Le marquis de Camillon a espouzé une fille de Mons. de St Heran duquel il a receu le governement d'Auvergne.[368]

La Fayete a marié sa fille avec le conte de Lude gouverneur de Poictou.[369]

{Chevrieres a espousé la fille de Mons. de Sct Chaumont qui estoit abesse de deux abbayes et a esté devoillee par authorité du Pape.[370] Sct Chaumont et Achon sont tresanciennes maisons}.

[47ʳ]   **Gouverneurs**

Mons. de Nevers[a] gouverneur general.[371]

Mons. de Mandelot lieutenant et gouverneur de Lion. Cestuy cy est beaufrere de Piennes.[372]

---

[a] (B): Nemours.

de Sérézat, abbé de Fenier; Charles sr de Grézieu, *chev. de Malte.* Mlle. de Lupé was dau. of Françoise de Joyeuse and Antoine de Gaste, sr de Lupé (in Forez). Henri d'Apchon, sr de St-André m. Marguerite, sis. of Paul Estuer de Causade, sr de St-Mégrin, *mignon* of Henri III.

[366] Cousan m. Hilaire des Prez, dau. of the sr de Montpezat, marshal; his s., Jacques m. (1584) Paule de Gaste, dau. of the sr de Lupé (Anselme, IV, pp. 41–42).

[367] Gilbert de Chabannes-Curton (great-great-f. of Curton), 2nd s. of Jacques I de Chabannes; m. Françoise de La Tour d'Auvergne, aunt of Catherine de Medici's mo. François, marquis de Curton had m. Renée Duprat, dau. of Antoine IV Duprat.

[368] One of St-Herem's daus m. the vicomte de Polignac, sen. of Velay, the other Canillac. Canillac's mo., Charlotte de Vienne, m. (2) the baron de Chabannes de Curton. He m. (2) (1585) Gilberte de Chabannes-Curton, *dame d'honneur* to Marguerite de Valois (see Serre, *Issoire*, p. 179).

[369] Louis de La Fayette's dau., Jacqueline, heiress of La Fayette; m. Guy de Daillon, comte du Lude; gov. of Poitou.

[370] Jacques Mitte, comte de Miolans was sr de Chevrières and St-Chaumond as a result of his m. (1577) to Gabrielle de St-Chamond.

[371] The overall govship was held by Jacques de Savoie, duc de Nemours, 1562–1571, then Mandelot, and Charles-Emmanuel de Savoie-Nemours, 1588–1595 (Harding, *Anatomy of a Power Elite* (New Haven, CT/London, 1978), p. 225). Mandelot also held the local *gouvernements* of Lyon, Beaujolais. and Forez.

[372] François de Mandelot (see Part 1, n. 37) was appointed gov. of Lyon in August 1568. The relationship with Piennes was convoluted. He m. Eléonore de Robertet, sis. of Florimond

Le syeur de Mante[a] nepveu du Cardinal de Biragues Piedmontois, gouverneur de la citadelle de Lyon.[373]

La marquis de Camillan gouverneur d'Auvergne par la resignation de St Heran.[374]

{Le governeur de Forests – Rouannois[375] – e[s]t le sieur de Mandelot}.

Le sieur de La Guiche gouverneur de Bourbonois.[376]

Villequier gouverneur de la haute et basse Marche.[377]

Ville de frontiere

Lion seullement à la cause de la Bresse en Savoye.

Comodités

Le principal de ce gouvernement est la ville de Lyon <sur la Sone et sur le Rosne>, la plus marchande, autant [*47v*] frequenté des marchans estrangers.[b] C'est le passaige de France en Ytalie. Tous les draps de soye et passament passent par là. La bancque y est exercee. Par là on faict tenir argeant à Rome pour les bulles. {Et lesd. banquieres de

---

[a] (B): la Ment.

[b] (B): Ceste la plus marchande et plus riche de France pour estre frequente de la plus part estrangieres soit seigneurs, marchans ou aultres.

Robertet d'Alluye, who m. Jeanne, sis. of Charles de Hallewin-Piennes. Mandelot's dau. and heiress, Marguerite, m. Charles de Neufville, marquis de Villeroy, with whom he was in close relations. Mandelot strenuously resisted Epernon's attempts to gain control in his territory, to the extent of allowing the populace to storm and destroy the citadel.

[373] There was only one true 'nephew' of Chancellor Birague in France, Galéas, marquis de Malaspina, *gent. de la chambre* to Henri III. Otherwise, possibly his cousin, Charles Birague, lieut. gen. of Saluzzo from 1572, also known as his nephew (see Dubost, *La France italienne*, p. 189).

[374] Canillac was lieut. gen. of Haute-Auvergne (*bailli des Montagnes*) only, under St-Herem, and then from 1581 under Jean-Louis de La Rochefoucauld, comte de Randan; (Serres, *Issoire*, p. 172). He was appointed amb. to Constantinople and replaced by François-Robert, baron de Lignerac, during his absence, but never left for the east and lost the govship.

[375] The *comté* of Forez and the little *pays* to the north around the town of Roanne (Loire), seat of the Gouffier duchy, formed part of the *gouvernement* of Lyon proper.

[376] Philibert, sr de La Guiche and Chaumont, *grand maître de l'artillerie* (1578–1596), comte de La Palice by right of his wife, Eléonore de Chabannes.

[377] Claude de Villequier, bro. of the courtier René (see Part 1, n. 39); lieut. gen. of La Marche, 1576.

Lyon les principaux sont les Bandini de Bonvisy par le moyen desquels on peult faire tenir argent par tout le monde}.

Les Bourbonois à cause de la riviere d'Allier qui vient d'Auvergne est moyenement bon.

Les {Forests} <Beauuilois[*sic*]>,[a] Nivernois et bailliage de St Pierre le Moustrier sont asses bons à cause de la riviere de Loyre {et aultres}.

L'Auvergne est bon en la Limagne,[b] qui est un petit pays de quatre ou cincq[c] lieus de largeur et dix où douze[d] en longueur ou sont assiezes les villes de Clermont, {Ryon, Billon}, Montferrand, Yssoire, {Aigueperse}. Le pays qu'on appelle le Limaigne {d'Auvergne} est [*29r*] un des meilleurs et plus abondans {en vins, bles et pres} pais de la France.[e]

Tout le reste {dudict pays d'Auvergne} est montaigneux et mauvais pais {et mauvaises gens} où il y a grand bestial, laictage. Il s'y faict de bon fromage, qui est avec le bestial {comme vaches, jumens, brebis, chievres du laict} le principal revenu du pays. {Il s'y nourrist les plus beaux grands et bonnes mullets et mulles de France. Il y a plusieurs gentilshommes quy ont des chasteaux forts imprenables et entre aultres y a Mousun [*sic*]}.

<Forests est une autre province qui est toute pays de montaignes, comme est bien la haute et basse Marche. Je croy que ce gouvernement hors la ville de Lion est le moindre abondant et fertil de France>.

La royne mere est contesse d'Auvergne.

{Incomodités

Les incomodités de Lyon sont le desbourdement du Rosne, tourrent impetueux et de la Saune. De Forests et aultres pays, la riviere de Loyre. En Auvergne la grande froideur, la neige y estant tousiours fort qu'environ deux moys cela est au haultes montagnes}.

LE GOUVERNEMENT DE PROVENCES

Provence confronte avec le Languedoc du midy, avec la mer Mediterranee du levant, avec Daulphiné de septentrion et avec le Languedoc d'occidant.

---

[a] *recte*: Beauiolois.
[b] (A): lalemaigne.
[c] (B): sept ou huict.
[d] (B): un peu davantage.
[e] (B): has 'que pais de France'.

Seneschaucees

Aix, Parlement, Tarascon, Marseille, Arles.

[*29v*]   **Grandz seigneurs**

Carces, conté,[378] Sault,[379] des Baulx,[380] de Vins,[381] Tende ou Somerive,[382] le baron des Arcques, de Sental, Montcarre, La Merliere,[383] La Mole,[384] Beaujeu,[385] d'Allain,[386] de Vers.[387]

[378] Jean de Pontevès (d. 1582), created comte de Carcès in 1571; grand sen. and lieut. gen. of Provence; his s. was Gaspard (1567–1610). The Carcès were one of the major faction leaders in Provence in the struggle of the Carcistes and Razats. The Pontevès were a lineage prolific in branches: Flassans, Carcès, Buous, Bargème, Sillans, Amirat, and St-André. See in particular S. Kettering, 'Clientage during the French Wars of Religion', *Sixteenth-Century Journal*, 20 (1989), pp. 220–239, esp. 225–231.

[379] The comté de Sault (Vaucluse) was created in 1551 for François d'Agoult de Montauban, Prot. (k. St Denis, 1567); lieut. gen. of Lyonnais. His s. was François-Louis, comte de Sault, listed as a client of Carcès, 1579; (see Kettering, 'Clientage during the French Wars of Religion', p. 226). A *chev. de l'ordre* and capt. of a *compagnie d'ordonnance*, he joined the League but left it to follow Epernon; d. 1586 (Le Roux, *La faveur du roi*, pp. 568–570).

[380] The baronnie des Baux (Bouches-du-Rhône) had been seized by the crown in the 15th century. At this time it was held by Jacques des Boches, sr de Vers, sen. of Beaucaire and Nîmes.

[381] Hubert de Garde, sr de Vins, nephew of Carcès, lieut. gen. of Provence and leader of the League interest in Provence from 1582 to his d. in battle in 1589.

[382] The comtés de Tende and Sommerive (strictly speaking fiefs of the Savoyard county of Nice) had been held by the eldest s. of René, *bâtard* de Savoie (d. 1525), Claude, and then by his s., Honorat II comte de Sommerive (d. 1572). He was succ. by his uncle, Honorat III marquis de Villars, comte de Tende and Sommerive (gov. of Languedoc etc.).

[383] Possibly an error for 'La Verdière', Jean-Baptiste de Castellane, sr de La Verdière, who m. a daughter of Carcès.

[384] Joseph de Boniface, sr de La Mole, was the notorious lover of Marguerite de Valois, exec. with the Savoyard comte de Coconas in 1574. He was a Cath. gentleman of Provence but client of the duc d'Alençon. See F. Decrue, *Le parti des politiques au lendemain de la Saint-Barthélemy. La Molle et Coconat* (Paris, 1892), pp. 92–94. His bro. was Antoine, sr de La Mole (*LCM*, V, pp. 205, 229, 236–237), used as a messenger for the affairs of Provence by Henri III (M. François *et al.* (eds), *Lettres de Henri III roi de France*, 5 vols (Paris, 1959–), IV, p. 138).

[385] For a sr de Beaujeu, éc. see *LCM*, VII, pp. 13, 39, 44n.

[386] Jean de Reynaud, sr d'Alleins, and his s., Guillaume, capts of Provence (*LCM*, VII, pp. 7, 127n).

[387] See above, des Baux, n. 380.

Alliances

Mons. le conte de Sault a espouzés madame de Vienne seur du sieur de Canaples de Quirquy de Picardie. Son pere et le sr de St André son oncle furent tués à la bataille de Sainct Denis tenant la partie de ceulx de la Relligion.[388]

Le sieur de Vins a espouzé la seur dud. conte de Sault.[389]

Le sr de Carces et de Joyeuse ont espousés les deux seurs filles du sieur du Bouchiages et d'une seur de l'Admiral et de madame la Connestable.[390]

{Le sieur de Vers est nepveu du sieur des Vaux. Led. de Vers s'est marié à Paris; a prins la fille de Delbene qui estoit general des finances du Roy hors le Royaulme de France. Led. sieur de Vers est seneschal de Nismes, Beaucaire et Tarascon}.[391]

Comodités

Grandz bledz mais non pas tant qu'en [30r] Languedoc. Il est bon tout du long du Rosne.

Grand quantité d'oliviers et d'huille d'olive, des figues, citrons, oranges, {limons} et grenadiers.

La ville de Marseille est le plus beau port de ceste mer là où le Roy tient son maguasin, {ses galleres et tout son equipage de mer}. Mais à present on a mesprizé tout cella pour entendre aulx guerres civilles. De ce port vien{nen}t toutes drogues de Levant {bonnes} pour les medicins et appotiquaires, tout ce que nous avons besoing de Levant.

---

[388] François-Louis, comte de Sault in fact m. the widow of Antoine de Créqui-Blanchefort (see Picardy, n. 262), and on the d. of her s. by de Sault (d. 1609), the comté de Sault passed to the Créqui-Lesdigières. The battle meant is that of Dreux (1562).

[389] Hubert de Garde, sr de Vins, m. Marguerite d'Agoult, sis. of Sault; his f., Gaspard de Garde, had m. Honorée, sis. of Jean I de Pontevès-Carcès. An early associate of the League in 1585 (see Lucinge, *Lettres sur les débuts de la Ligue (1585)*, pp. 25–26).

[390] Marie de Batarnay m. Guillaume II de Joyeuse in 1560; the other sis., Anne and Gabrielle, m. Bernard de La Valette and Gaspard de La Châtre. The sis. were daughters of René de Batarnay-Bouchage (d. 1580) and Isabelle de Savoie-Villars, sis. of Honorat de Savoie and the duchesse de Montmorency. The wife of the comte de Carcès was Marguerite de Brancas.

[391] Jacques Boches/Bouchon, sr de Vers and baron des Baux; m. (1578) Geneviève d'Elbène, dau. of Albisse del Bene, *surintendant des finances de France* in Italy (d. 1563); (see Dubost, *La France italienne*, pp. 283, 398).

Incomodités

La chaud y est extreme plus qu'en autre province de France. La Durance y porte une grande incomodité à cause que changeant souvent de canal par sa rapidité pert une grande partie du pays.

Villes frontieres

Il n'y a pas de villes frontieres que sur la mer ou à cause de Nise que le duc de Savoye tient.

[*30v*] Marseille, Tarascon, Briançon, chasteau St Pol, la tour de Boue, le chasteau d'Ist, Tholon, le fort d'Antibe, casteau d'Entrevaue.

Gouverneurs

Mons. le grand prieur, gouverneur general, Mons. de Carces lietenant, mais la lieutenance est en debat entre Mons. de Suze et luy.[392]

Marseille dem{e}ure sans garnison mais il y a une citadelle ou fort nommé Nostre Dame de la Garde tout sur le port,[a] duquel le baron de Millau est cappitaine.[393]

Mons. de Bellegarde gouverneur de Tarascon et en son absence le seigneur de St Estienne en est cappitaine.[394]

Au chasteau de Tholon le capitaine Ansac.

---

[a] (A): has 'la porte'.

[392] Henri, chev. d'Angoulême (see Part 1, n. 53), gov. of Provence, 1579 (d. 1586). The struggle over the lieutenance was between Carcès and François de La Baume, comte de Suze, adml du Levant (d. 1587). Suze was nominated as gov. in the teeth of local opposition in 1578 and was replaced as nominal gov. by Angoulême in 1579 (Le Roux, *La faveur du roi*, p. 565).

[393] Possibly Yves III d'Alègre, baron de Meilhaud (see De Vaissière, 'Une vendetta au XVIe siècle').

[394] For Roger de St-Lary de Bellegarde, also gov. of Saluzzo until the end of 1579 (see Part 1, n. 21). St-Etienne could be Daniel Cauchet *dit* de Beaumont, or Jean-François Jouche, chev. de St-Etienne.

[*31r*] A Briançon, Mr de La Mole;[395] au fort d'Antibe, Mons. de d'Oyson; au chasteau de St Pol, Mons. de la Barriere;[396] au chasteau d'Entrevaux, le sieur de Cordes;[397] à la tour de Boue, le capitaine Bougny.

A Metz Monsieur le duc d'Espernon.

---

[395] Briançon (Hautes-Alpes) was in Dauphiné.

[396] St-Paul near Vence (Alpes-Maritimes), the nearest French fortress to Nice and still a fortified town.

[397] Entrevaux (Alpes-de-Haute-Provence) another fortified town on the Var. It is unclear whether this is Jacques de Saluces, sr de Cardes, or Amblard de Chalus, sr de Cordes, échanson to Catherine de Medici.

RICHARD COOK'S *DISCRIPTION DE TOUS LES PROVINCES DE FRANCE ET DE TOUTES LES PLUS ILLUSTRÉS ET PLUS REMARQUABLES MAISONS AVEC LEURS QUALITÉS ET RELIGION*

FRANCE

LE ROYAUME DE FRANCE *depuis que les grandes princes ont esté annexeez à la couronne*, a esté distribué en treize gouvernements en chef et subalternement en vingt sept et chascun gouvernement est devisee en generalités, bailliages, senechausseez, qui sont petites provinces ou sieges presidiaux et royaulx qui jugent en dernier resort iusques à la somme de deux cens livres tournois.

TOUTES LES PROVINCES ET LEURS PRINCIPALLES VILLES:

L'isle de France	Paris St Denis
Champaigne et Brie	Trois Reims
Orleans Touraine Aniou Mayne	Orleans Tours Angiers Mayne
Languedoc	Tholouze Narbonne Le Puy
[*87*] Guienne et Gascoigne Poictou et Lymosin	Bourdeaux La Rochelle Poictiers Peregueux Lymoges
Bretaigne	Reines Nantes Brest St Malo
Normandie	Rouen Caen
Picardie	Amiens Ableville Calais

Lionois Beauzjoulois Forest et Auvergne	{	Lion Rion Beauieu Auvergne
Bourgogne	{	Dijon Auxerre
Provence	{	Marseille Arles
Dauphiné		Grenoble
Le marquisat de Saluze		Carmoignolles

[*88*]

L'ISLE DE FRANCE

LE GOUVERNEMENT de l'Isle de France est composé de la prevosté et viconté de Paris. Le prevosté comprent la ville les faulxbourgs et quelques villages alentour de Paris. La viconté s'estende iusques à la Bourgogne et contient, du costé de Normandie, Mante et Meulan, du costé d'Orleans la Ferty et Montfort, du costé de Picardie, Valois, Vermandois, du costé de la Brie et Champaigne etc.

Paris

Paris est la ville metropolitaine non seulement de l'Isle de France, ains de tout le royaulme. Vous voires en lad. ville une gouvernement reip: meslé de ces trois estats: Monarchie, Aristocratie et Democratie. Ascavoir, le Roy retient la souverayneté, les maiestratz leur autorité et le peuple la puissance. Ce bon et temperé meslange a maintenu par plusieurs siecles les Lacedemoniens, les Romains et Venetiens et cela voulontiers rendrerait aussi ceste ville oppulente et bien policée, si ce n'estoit pour confution et nonchalance. L'estat entier de ceste ville est repartie et distribué en quatre membres:

[*89*]   En souverain maiestrat qu'ilz nomment prevost de Paris.
En la seigneurie qui se faict de deux eschevins.
En la bourgeoisie des capitaines bourgeois.
En plusieurs commissaires et visiteurs des mestiers.

LES PRINCIPALLES FAMILLES ET LES PLUS REMARQUABLES DANS LA VILLE DE PARIS ET PREMIEREMENT:

La maison du prevost de Paris

Antoyne du Prat, [O] frere du barron de Trier et du feu barron de Vitteaux qui fut tué à Paris par le ieune Allegre pour avoir auparavant tué son pere.[1] Seigneur de Nantouille et de Viteaux, petit filz du chancellier du Prat qui du temps de Roy François au grand nez fut si fort favorisé qu'il fut chancellier de France, cardinal et legat du Pape et garde des sceaulx tout ensemble. *Il estoit descendu du petit lieu.* Cestuy-cy a un soeur mariee en la maison de Courton en Auvergne et un autre avec le sr de St Just frere de Monsr d'Allegre, *un autre avec le Sr de Santhon en Champaigne.* Il a espousé une fille de la maison de Cannis un des premiers de Picardie.[2]

Note, que tous les soeurs sont protestantes. Monsr de Laval a espousé Madamoyselle d'Allegre sa niepce.[3]

[*90*] Il a 30 mil livres de rente et le jeune barron de Tier en Auvergne, qui est filz de son frere aisné, a 25 m lt. de rente, aagé de vingt ans, non encores marié.

    Hottemans[4]
    Marcels
    Doulus[5]
    Vilcoges[6]
    Cances[7]
    Gobelins[8]
    Crochet

[1] Antoine IV du Prat (d. 1589). The k. of his bro., Guillaume, baron de Viteaux, was on 7 August 1583 (see L'Estoile, *Journal pour le règne de Henri III*, p. 334, and De Vaissière, 'Une vendetta au XVIe siècle', pp. 528–556, 637–671). Antoine du Prat's other bro., Pierre, baron de Thiers (or Thiern), had also been murdered, by Nicolas de Gonnelieu.

[2] The sis. of Antoine IV du Prat were: Antoinette, m. to Christophe d'Alègre, sr de St-Just (d. 1598); Renée, m. to François de Chabannes, marquis de Curton; Françoise, m. to François des Essars, sr de Sautour. Antoine IV, m. Anne de Barbançon, separated from him in November 1588 (Anselme, VI, pp. 454–455).

[3] Guy XIX de Laval (Paul de Coligny), d. 1586, had m. Anne d'Alègre, dau. of Christophe d'Alègre in September 1583 (Anselme, VII, p. 156).

[4] See Part 2, n. 8.

[5] For these two, see Part 2, n. 10.

[6] Vilcocq in (A), Part 2, n. 9.

[7] Channes in (A), Part 2.

[8] See Part 2, n. 11.

Ce Crochet demeurant en le rue St Deny estant marchant de soye eut 3 enfans, et laissa entre eulx 15 m lt. de revenu et 10 mil escus. L'aisné de ses filz est un des secretaires de la Chancellarie, le 2 est marchant de soye et le 3 est encores ieune.[9]

LA GENERALITÉ DE PARIS EST DISTRIBUÉ EN PLUSIEURS BAILLIAGES COMME:

Bailliage de Meulun
Bailliage de Meaulx
Bailliage de Senlis
Bailliage de Mante
Bailliage de Clermont en Beauvoisis
Bailliage de Montfort
Bailliage d'Estampes
Bailliage de Sens
Bailliage d'Auxerre

[91] MAISONS ILLUSTRÉS ET GRANDS SEIGNEURS DE L'ISLE DE FRANCE ET LEURS ALLIANCES ET REVENUS

Monsieur de Villequier [Pa] l'un des premiers gentilzhommes de la chambre du Roy est gouverneur de l'Isle de France. Il a pour heretier un seulle fille marié en Apvril dernier l'an 1584 à Monsieur Doo. Il a 60 mil livres de revenu.

Montmorency [Pa]

A cause de la duché de Montmorency et de un infinité des grands seigneuries qu'il possede dans lad. Isle comme Eccouan, Chantelly, Fere en Entrecenois[a] *et principallement à cause du Conté de Dampmartin le plus noble fief de l'Isle de France, lequel le feu* Monsieur de Guise tachoit de luy oster, car apres qu'il avoit achepté de Monsieur de Lenoncourt le Conté de Nantheuil, un tresbelle seigneurie voisine dud. Dampmartin, il faisoit estat, ou pour argent ou pour faveurs du roy *volens nolens* de

---

[a] [*sic*] *recte*: Tardenois.

[9] A Charles Croiset was sec. to Catherine de Medici and it is at least possible that this was the same family.

l'emporter. Mais apres avoir long temps querellé le feu Monsieur Connestable (*environ sur la fin du roy Henry 2*) gaigna son proces contre luy. Et note que *c'est l'occasion et commencement de la querelle d'entre la maison de Montmorency et de Guise, qui a produit et causé tant de maux et malheurs en France.* De ceste maison de Montmorency il y a encore en vie trois freres et 3 soeurs.

Les freres

Monsieur le Mareschal de Montmorency [*92*] qui n'est pas encores remarié [*Pro*].[10]

Monsieur de Meru [*O*],[11] qui espousa la fille aisné de Monsieur le Mareschal de Cossé, [*O*] mais il n'a point des enfans. Il s'appelle à cest heure Monsieur d'Anville.

Monsieur de Torré [*O*].[12] Il a espousé la fille de la Contesse d'Ostande flamende, laquelle est grosse.

Les soeurs

Madame de Vantadour qui a des enfans [*Pro*].[13]

Madame la Comtesse de Theurenne. Elle a aussi des enfans [*Pro*].[14]

Madame la Contesse de Candale. Elle a aussi plusieurs enfans [*Pro*].[15]

Note qu'il y a en ceste maison 300 mil livres de revenu entre les trois freres.

Alliances de Montmorency

Ilz sont aliez au duc de Savoye à cause de leur mere, soeur du feu Monsieur l'Admiral Honnorat de Savoie [*Pa*].

---

[10] Henri de Montmorency, sr de Damville and duc de Montmorency from 1579; marshal from 1566; m. (1558) Antoinette de La Marck. Her date of d. is given as 1591 in Anselme, III, p. 605. He was, of course, never a Prot., though worked closely with them in Languedoc.

[11] Charles de Montmorency, sr de Meru and later duc de Damville; m. Renée de Cossé, comtesse de Secondigny.

[12] Guillaume de Montmorency, sr de Thoré (d. 1593); m. (2) (1581) Anne de Lalaing, comtesse de Hoochstraten. The only child was Madeleine, m. (1597) Henri de Luxembourg-Piney (Anselme, III, pp. 604–605).

[13] Catherine, m. (1553) Gilbert de Levis, later duc de Ventadour.

[14] Léonor, m. (1545) François de La Tour, vicomte de Turenne (d. 1557).

[15] Marie, m. (1567) Henri de Foix, comte de Candale.

Ilz sont aliez au duc de Bouillon [Pro] à cause que Monsieur le Mareschal d'Anville espousa la soeur du duc de Bouillon, sr de Sedan et led. Sr de Sedan espousa une fille du duc de Mompensier.

Ilz sont aliez à Monsieur Mareschal de Cossé [O] à cause que Monsr de Meru espousa sa fille aisnée; et semblablement par mariage à Monsr marquis de Boissy [O] qui espousa une autre de ses filles; et à Monsr conte de Choissy qui espousa la 3; et à Monsr conte de Brissac [O] nepheu du Mareschal de Cossé, fils de son frere; et à la maison de St [93] Luc, à cause que Monsr de St Luc [Pa] espousa la soeur du Conte de Brissac.[16]

Ilz sont aliez et cousins de Monsr de Chastillon [Pro] et à Monsr de Laval [Pro] estant le feu Monsr admiral à cause de sa mere nepheu à Monsr le Connetable.

Ilz sont aliez à la maison de Vantadour [Pro], à cause que Monsr duc à present a espousé leur soeur et par elle a des enfans.

Ilz sont aliez à Monsr Conte de Theurenne [Pro] qui est leur nepheu à cause que sa mere est leur soeur.

Ilz sont aliez à Monsr conte de Candalle [O] à cause que sa mere aussi est leur soeur. Le conte de Candalle le pere fut tué.[17]

La maison de secretaire Villeroy

Monsr de Villeroy [Pa] le pere aagé de 60 ans, de 50 lt. de revenue, espousa l'heretiere de Monsr de Gendre,[18] de Hailancourt en Normandie de 8 m lt. de rente, à la charge qu'il se laissast nommer en ses escriptz ou autrement par le nom de Gendre, ce qu'il a tousiours faict. Il fust premierement prevost des marchans et apres secretaire d'estat. Il avoit par lad. femme un seul filz aagé de 40 ans appellé communement Monsr de Villeroy, mais en tous ses escriptz Monsr de Neufville. Il est conseiller du Roy, chevalier du Saint Esprit et premier secretaire d'estat, *homme de bon esprit* sensible et le mieux [94] experimenté de son estat, discret et gracieux, et fort affable et prompt en l'expedicion des affaires. Son departement

---

[16] For these ms of the daughters of Artus de Cossé, marshal of France (d. 1582), see Anselme, IV, p. 322. Renée m. Charles de Montmorency; Jeanne m. (1572) Gilbert Gouffier de Boisy; Madeleine m. (1578) Jacques de l'Hopital, marquis de Choisy, gov. of Auvergne; St-Luc m. Jeanne de Cossé (d. 1602).

[17] The house of Foix-Candalle was represented by the two daus of Henri de Foix (k. 1572) who had m. Marie de Montmorency. This error is repeated from (A).

[18] On this connection, see D. Hervier, *Pierre Le Gendre et son inventaire après décès: étude historique et méthodologique* (Paris, 1977). (See Part 1, n. 30).

est Espaigne, Portugal, les Indes, Guienne, Goscogne, Languedoc, Bretaigne, Poictou, Mayne, Aniou, un partie de Champaigne.

Il a 30 m lt de revenu tout de fief noble. Il espousa la fille de Monsr L'Obepine autrefois secrettaire d'estat. Il a un filz en Espaigne aagé de vingt ans, fiancé comme l'on dict à l'une des soeurs de Monsr duc de Longueville.[19]

Alliances

> À la maison de Bourbon
> À la maison de Longueville
> À la maison du conte de Soissons
> À la maison de Pynart
> À la maison de L'Obepine

Leurs maisons plus signales sont Villeroy en Champaigne, Haillancourt en Normandie, Conflance en Hurpois, pres de Paris.

La maison de Breuillart

Monsr de Breuillart [*Pa*] aagé de 45 ans, conseiller du Roy et secretaire d'estat, homme discret et de peu de parolles, mais assez soigneux en ses affaires et de grand expedition. Il est [*sic*] filz nommé Breuillart en Languedoc. Il espousa la fille du president Brouillart à Paris. Il en a 20 m lt de [*95*] revenu.

Sa maison principalle est à Crone, 6 lieux de Paris. Il a plusieurs petit enfans. Son departement est Italie, Allemaigne, les Cantons des Suisses, Provence, Dauphiné, Bourgogne, et une partie de Champaigne.

Alliances

Au president Brouillart.

---

[19] This s., Charles de Neufville (1566–1642) in fact m. Marguerite de Mandelot, dau. and heiress of François de Mandelot, gov. of Lyon.

La maison de secrettaire Pynart

Monsieur de Pynart [*Pa*] aagé de 44 ans, conseiller du Roy et secretaire d'estat, premier barron de Vallois, filz d'un honnest homme qui faisoit taverne à la Teste Noir à Blois. Il est aucunement farouche et colleré, non pas si expedatif comme les autres mais au reste honnest sr et fort riche. Il a 30 m lt de revenu de terres meslees, cestascavoir nobles et autres. Il espousa l'une des filles de Monsr de L'Obepine et a par elle un filz et une fille. Son filz aagé de 20 ans non encore marié a esté en Angleterre, Espaigne et en Flandres. Sa fille est marié à Monsr conte de [...] en Picardie. Son departement est Angleterre, Escosse, Dennemarc, Suede, Normandie, Picardie et Lisle de France.

Alliances

Villeroy
L'Obepine

Sa maison principalle et Creumaille en Vallois.

[*96*]   ## La maison de Shomberg Alleman [*Pa*]

À cause de Nantheuil une tresbelle seigneurie qu'il a achepté nouvellement de Monsr de Guise pour 40 m escus.[20]
   Il espousa la vefve de Monsr de Villeparisis, soeur de Monsr d'Aulbin. Il est conseiller du Roy en son conseil d'estat et corronel general des reistres. Il a 30 m lt de revenu en France.
   Il est alié par led. mariage à Monsr de Rochepozay en Poictou.

La maison de Cheverny

Monsr de Cheverny [*Pa*] aagé de 57 ans, conseiller au privé conseil du Roy, chancellier et garde des sceaux de France, chevallier du Saint Esprit, homme bien experimenté es affaires d'estat et asses subtil et fin. Espousa la fille de Monsr de Tou premier president de Paris et a

---

[20] See (A), Part 2, n. 18; (B) and (B) (ii), fo. 250v give the figure of 130,000 écus.

par elle plusieurs enfans. Il a 40 m lt de revenu.
[*97*]

NORMANDIE

NORMANDIE est distribué en deux gouvernemens: de la haute Normandie de laquelle Monsr de Milleraye et Monsr de Carrouges sont gouverneurs et de la basse Normandie, laquelle le Roy osta de Monsr de Matignon pour donner à Monsr Doo et en recompence, il donné à Monsr Matignon l'office d'un des mareschaux de France et le gouvernement de Bourdeaux et depuis l'an 1582 le Roy a donné l'entier gouvernement en chef à Monsr duc de Joyeuse, admiral de France, et les autres retiennent leurs gouvernemens soubz luy.[21]

TOUT LE PAIS de Normandie tant hault que bas est distribué en plusieurs bailliages comme:

1 Bailliage de Rouen
2 de Caux bailliage
3 de Gysors bailliage
4 d'Evreulx bailliage
5 d'Allencon bailliage
6 de Caen bailliage
7 de Coustentin bailliage

ROUEN est la ville capitalle où il y a Parlement et Chambre des Comptes.

NORMANDIE est la plus grande province de France apres Guienne.

[*98*] GRAND SEIGNEURS ET LEURS ALLIANCES EN NORMANDIE

Monsr de Joyeuse[22] beau frere du Roy [*Pa*], grand admiral de France apres Strosse et un des 12 pairs, chevallier du St Esprit et gouverneur

---

[21] The regime of three provincial lieuts gen. – La Meilleraye, Carrouges, and Matignon, had emerged in 1562–1563 as a result of the fact that the duc de Bouillon, gov. of Normandy was a Prot. They continued as govs after Bouillon's d. in 1574. When Matignon was promoted marshal in 1580, his govship of Lower Normandy was not filled, but François d'O was gov. of Caen. Joyeuse was created sole gov. in February 1583 with the other two as his lieuts gen. See S. Carroll, *Noble Power During the French Wars of Religion: The Guise Affinity and the Catholic Cause in Normandy* (Cambridge, 1998), pp. 146–147, 195–196.

[22] Anne duc de Joyeuse (see Part 1, n. 89). Note that this family is listed under Languedoc in Part 2.

en chef de toute la Normandie tant hault que bas, pais de Caux, *vide*
plus amplement de sa maison en Languedoc.

Il a 6 freres: Monsr conte de Bouchage,[23] maistre de la garde robe
du Roy [*Pa*], qui espousa la soeur de Monsr duc de Espernon.

Monsr cardinal de Joyeuse,[24] archevesque de Narbonne [*Pa*].

Monsr grand prieur de Tholouze[25] et chevalier de Malte [*Pa*] qui
espousa la fille heretiere de Monsr de Puis en Picardie, de 30 m lt de
rente.

Monsr de St Didier [*Pa*], qui espousa [. . .].[26]

Monsr de St Sauveur [*Pa*] aagé quelque 13 ans.[27]

Leur tante est mariee à Monsr de Lavalette frere aisné de Monsr
d'Espernon, qui est gouverneur de Saluze en Dauphiné et premier
gentilhomme de la chambre du Roy.

En ceste maison il y a 200 m lt de rente.

Alliances

	À la maison de Lorrain
	À la maison de Bourbon
[*99*]	À la maison de Montmorency
	À la maison de Brienne
	À la maison d'Espernon
	À la maison de Villars
	À la maison de Carcis
	À la maison de Puis

---

[23] Henri de Joyeuse (1563–1608), comte de Bouchage (inherited from his mo. Marie de
Batarnay), then duc de Joyeuse, 1587; *gent. de la chambre* (1579); *maître de la garde-robe du roi*
(1581); m. Catherine de Nogaret-La Valette (d. 1587), and then Capuchin friar under the
name of père Ange.

[24] François de Joyeuse (1562–1615); Archbishop of Narbonne, 1582; cardinal, 1583.

[25] Antoine-Scipion de Joyeuse, *chev. de Malte*; *grand-prieur de Toulouse*, d. 1592. It was his
bro., Georges, who m. the dau. of Moy.

[26] [*sic*] Georges de Joyeuse, vicomte de St-Didier d. of pleurisy, aged 16 or 17, on 16 April
1584, having been betrothed to Claude de Moy, dau. of the sr de Moy Bellencombre by
November 1582. She was extremely wealthy and could expect 30,000 lt. p.a. on her parents'
death; she had originally been betrothed to Epernon, but was rejected by the latter in favour
of the Queen's sis., Christine de Lorraine, still a child (see L'Estoile, *Journal pour le règne de
Henri III*, Lefevre (ed.), November 1582, p. 311; April 1584, p. 353; Lazard (ed.), IV, p. 45).
Claude was then assigned to Charles, *bâtard* d'Angoulême, but was eventually promised to
Georges de Joyeuse. P. Vaissière, *Messieurs de Joyeuse*, p. 104, says that the m. of St-Didier
and Mlle de Moy never actually took place, and Epernon was only to m. Marguerite de
Foix-Candale in 1587.

[27] Claude de Joyeuse, sr de St-Sauveur; k. Coutras, 1587.

La maison du Cardinal de Bourbon

Monsr le cardinal de Bourbon[28] [*Pa*] est archevesque de Rouen. Il est oncle au Roy de Navarre et au prince de Condé et cousin germain à Madame de Longueville. Charles de Bourbon titulaire archevesque de Rouen est son nepheu, frere de Monsr le prince de Condé. Sa maison principalle est Gallion. Il a pour le moins 100 m lt de rente.[29]

Madame de Longueville

Marie de Bourbon[30] duchesse heretiere de Touteville et contesse de St Paul, [*Pa*] espousa par dispensation du Pape Jehan de Bourbon sr d'Anguien son cousin germain et frere de monsr le cardinal de Bourbon; et apres sa mort elle a esté remariee à Charles bastard d'Orleans, duc de Longueville par qui elle a eu 2 filz et 2 fillez. L'aisné est a present duc de Longueville, le 2 est conte de St Paul, une de ses fillez est fiancé au filz aisné de Monsr secrettaire Villeroy et l'autre à Monsr marquis de Belle,[a] filz aysné de monsr mareschal de Retz.

Note qu'elle est la plus riche vefve en France. Elle a 200 m [*100*] lt de rente et en argent content fort pecunieuse.[31]

Sa maison et demourance ordinaire est au chasteau de Trie.

La maison de Longueville et du Conte de St Paul son frere[32]

Monsr le duc de Longueville et le conte de St Paul son frere [*Pa*] sont petitz enfans orphelins descenduz de Jehan bastard d'Orleans,

---

[a] [*sic*] *recte*: Belle-Isle.

[28] Charles de Bourbon (see Part 1, n. 4).

[29] A slight overestimate. In 1588 he was receiving 63,000 lt. (58 per cent of it from Norman benefices). See Carroll, *Noble Power*, p. 43.

[30] Marie de Bourbon (1539–1601); dau. of François de Bourbon, comte de St-Pol (d. 1545), and Adrienne d'Estouteville, had m. (3) (1563) Léonor, duc de Longueville.

[31] (B) (ii), fo. 248v: 'vault quarente ou cinquante mil escus l'an'.

[32] Listed under Ile-de-France in Part 2. The children of Marie de Bourbon were Henri, duc de Longueville (k. 1595); François, comte de St-Pol (d. 1631), duc de Fronsac, who m. Anne de Caumont; Antoinette (d. 1628), who m. Charles de Gondi, marquis de Belle-Isle, and other unm. daughters.

filz de Philippes[a] qui fut assassiné par les ministres de Jehan duc de Bourgogne. Ilz sont cousins germains du prince de Condé et de tous ses freres, à cause de madame la princesse de Condé soeur de leur pere, laquelle espousa Monsr le prince de Condé deffunct. *Ilz sont riches tant du costé de leur pere que de leur mere, qui est heretiere de la duchesse de Touteville et du conte de St Paul. Ilz sont descendus du costé de leur mere de la maison de Bourbon*, d'aultant que leur mere fut seule heretiere de François de Bourbon conte de St Paul et par sa femme duc de Touteville.

Note qu'*ilz portent les armoiries comme bastards de France: le fleur de liz avec une barre. Leur pere mourust au retour de La Rochelle. Il fut gouverneur de Picardie.*

Ilz sont aliez à Monsr le mareschal de Retz à cause que son filz Monsr marquis de Belisle est fyancé à l'une de ses soeurs.

[*101*] Ilz sont aliez à la maison de Villeroy, à cause que le filz aisné de Monsr secrettaire Villeroy est fiancé à leur autre soeur.[33]

Il y a en ceste maison pour le moins 200 m lt de revenu.

La maison de Guise [*Pa*]

A cause du conté d'Eu pres de Triport dont il est sr par sa femme vefve du prince de Portian et fille de Monsr duc de Nevers.[34] Ceste conté fut erigé en pairie l'an 1458 en la personne de Charles d'Artois conte d'Eu pour ses haultz exploictz contre les Angloix au temps de Charles 7, y aiant esté prisonnier 23 ans. Le conté d'Eu est tombé en la maison de Nevers à cause de Janne[b] d'Artois seur dudict Charles qui mourust sans enfans, elle estant marié à Phillippe de Bourgogne conte de Nevers 5 filz de Phillippes le Hardy.[35] Il a l'office du grand m[c] de France, lequel est un des principaux offices de la couronne et en iouit sa vie durant seullement. Mais de Champaigne il demoura seneschal heredytaire, suivant un accord des conte et contesse de Champaigne faict à Simon S[r] de Janville l'an mil 200 dix huict. Aussi il est gouverneur et lieutenant general pour le roy en Champaigne et Brie. Il est descendu de la maison de Lorrain; son pere appelé François

---

[a] [*sic*] *recte*: Louis.
[b] [*sic*] *recte*: Bonne.

[33] As noted above, this m. did not take place (see Anselme, IV, p. 641).
[34] Henri de Lorraine m. Catherine de Clèves, comtesse d'Eu, widow of Antoine de Croy, prince de Porcien in 1570.
[35] See Anselme, III, p. 325.

de Lorrain, seconde duc de Guise [*Pa*], espousa Anne de Ferrare fille de [*102*] Renee de France, fille du Roy Louis 12. Il a eu par elle 3 filz et une fille.

L'aisné est Henry de Lorraine, 3 duc de Guise aagé 36 ans [*Pa*]. Espousa la vefve du prince de Portian, laquelle est un des 3 heretiers du feu duc de Nevers et a eu par elle 2 filz et 2 fillez.

Le second frere est Charles de Lorrain duc de Mayne aagé 28 ans [*Pa*], gouverneur et lieutenant general pour le Roy en Bretaigne.[a] Il espousa la vesve de Monsr de Montperot[b] en Quercy, fille de Monsr admiral de Villars par laquelle il a des enfans.[36] Il a soixante m lt de rente.

Le 3 est François[c] de Lorraine, archevesque de Reims, cardinal de Guise, [*Pa*] conseiller du Roy, chevalier du St Esprit et pair de France, abbé de St Deny.

Il y a encores un autre frere que Madame leur mere a eu par Monsr de Nemours en second nopces qui s'appelle Monsr le prince de Gennevois, et filz heretier dud. duc de Nemours [*Pa*].[37]

Le revenu de toute ceste maison est pour le moins 300 m lt de rente entre les 4 freres, mais au reste non beaucoup fourniz d'argent content.

Parentage et alliances de Guise

      À la maison de Savoie
      À la maison de Ferrare
      À la maison de Bourbon
      À la maison de Nevers
      À la maison de Nemours
      À la maison de Joyeuse
      À la maison de Luxenbourgh
[*103*]   À la maison de Brienne
      À la maison de La Chapelle aux Ursins
      À la maison d'Aumaille
      À la maison d'Elboeuf
      À la maison de Geldres

[a] [*sic*] *recte*: Bourgogne.
[b] [*sic*] *recte*: Montpezat.
[c] [*sic*] *recte*: Louis.

[36] Charles de Lorraine m. (1576) Henriette de Savoie, marquise de Villars. She was the widow of Melchior des Prez, sr de Montpezat.
[37] Charles-Emmanuel de Savoie-Nemours (1568–1595).

La maison du duc d'Aumaille

Louis[a] de Lorrain duc d'Aumaille, conseiller du Roy et chevalier du St Esprit, [*Pa*] à cause d'Annet maison bastie par la duchesse de Valentinois sa mere grande, laquelle fut une des favorites et mignonnes de Henry 2. Il espousa la soeur et heretiere du duc d'Elleboeuf et a par elle des enfans. Il est aussi [...][b] dud. duc. Il est cousin germain au duc de Guise, filz de son oncle paternel. Il a 50 m lt de revenu.[38]

Alliances et parentages

> À la maison de Lorrain [*Pa*]
> À la maison de Guise [*Pa*]
> À la maison de Bouillon [*Pa*]
> À la maison de Montmorency [*Pa*]
> À la maison de Mercury [*Pa*]

La maison du duc d'Elleboeuf

Charles de Lorrain duc d'Ellebeuf, conseiller du Roy, chevallier du St Esprit [*Pa*], cousin germain au duc de Guise et au duc d'Aumaille à cause qu'ilz sont filz de trois freres. Il est aagé 36 ans et n'a iamais esté marié.[39] Il a 50 m lt de revenu.

[*104*]   Le seigneur de Carrouges et sa maison

Monsieur de Carrouges [*O*], conseiller du Roy, chevalier du St Esprit et gouverneur de Rouen espousa [...] et a des enfans, deux filz et

---

[a] [*sic*] *recte*: Charles.

[b] [*sic*] *recte*: cousin.

[38] This figure is accurate for landed income as far as contemporary accounts are concerned (see Carroll, *Noble Power*, p. 28).

[39] Charles de Lorraine, marquis d'Elbeuf (see *ibid.*, pp. 185–188), was b. on 18 October 1556 and was thus between the ages of 26 and 28 when this was first written. His m. to Marguerite Chabot took place in 1583 (a contract survives), though Anselme gives no date (Anselme, III, p. 493).

2 filles.[40] Son filz aisné s'appelle le conte de Tilliers aagé 30 ans, le second Monsr d'Homme, sa fille aisné fut marié à Monsr de Granville son lieutenant aud. gouvernement, l'autre à Monsr le conte de Polle d'Auvergne.[a] Ce seigneur de Carrouges a la reputation de bon justicier. Il est bien aymé de tous et grand amy des marchans Angloix. Il a 30 m lt de revenu.

La maison de Matignon

Le sieur de Matignon, [*Pa*] aagé de 50 ans descendu de pauvre lieu, fut faict l'un des trois gouverneurs de Normandie, mais son gouvernement fut naguerres donné à Monsr Doo et en recompense le Roy le faisoit marreschal de France et gouverneur de Bourdeaux.

Note, que depuis que led. Matignon fut faict gouverneur de Normandie Monsr de Carrouges et luy ont esté tousiours en pique l'un contre l'autre.[41]

Ce Matignon a 30 m lt de rente. Il espousa la soeur de Monsr de Rufec gouverneur de [...][b] et a plusieurs enfans.[42] Son filz aisné s'appelle le conte de Toligny aagé 25 ans et a donné sa fille en mariage à Monsr le baron de Brion pres Caen.

[*105*]   ## La maison de Milleraye

Monsr de La Milleraye [*Pa*] aagé de 60 ans, viceadmiral de la mer occidentale et gouverneur de Caux est de la maison de Moy

---

[a] [*sic*] for 'le comte Paul de Salm'.

[b] [*sic*] Anjou. See Part 2, Guyenne.

[40] See Carroll, *Noble Power*, pp. 146–150. Cook's information is broadly correct, except that he did not know the name of Carrouges's wife, Madeleine de Pompadour (m. 1550). The children were: Jacques, comte de Tillières (who m. a Chabot); Charles, sr. du Homme; Marie, m. Paul, comte de Salm; and Diane, m. Jacques de Rouville, sr de Grainville (Anselme, VIII; see below under Chavigny). Carrouges was exempted from the *arrière-ban* of Caen in 1552 on the grounds that he was captain of Vire and Avranches. See E. Travers, *Role du ban et arrière-ban du bailliage de Caen en 1552* [hereafter, Travers, *Ban*] (Rouen, 1901), p. 17.

[41] This rivalry is amply documented (see Carroll, *Noble Power*, pp. 149–150).

[42] Jacques II de Matignon (d. 1597); m. (1558) Françoise de Daillon du Lude. Her sis., Anne, m. Philippe de Volvire, marquis de Ruffec. Matignon's s., Odet, comte de Thorigny, predeceased him in 1595. In the 1552 survey for the *arrière-ban* he was exempted from payment in Caen because his main residence was at Thorigny in the *bailliage* of Alençon (Travers, *Ban*, p. 110).

Bellencombre et partant à la maison de Verrain, qui a esté devant Monsr marquis de Rottelin superintendant des finances de Madame de Longueville. Il n'a esté iamais marié. Il a 30 m lt de revenu. Il a un frere appellé Monsieur de Pierrecourt gouverneur de Honnefleur, qui espouse la fille heretiere de Monsr de Betteville.[43]

La maison de Doo

Monsieur Doo [*Pa*] aagé 33 ans à qui le Roy a osté le gouvernement de Caen en Normandie pour le donner ensemble avec tous les gouvernemens dud. pais à son beau frere le duc de Joyeuse pour en estre gouverneur en chef, qui a donné led. gouvernement à Monsr de Can, sr d'Issancourt son parent. Aussi led. Doo estant M^c de la garde robe du Roy fut privé dud. estat, en consideration de 40 m escus pour le donner à Monsr le conte de Bouchage, frere de l'admiral Joyeuse, qui espousa la soeur du duc d'Espernon.

Note que Monsr Doo espousa la fille et heretiere de Monsr de Villequier en juin 1584 à Paris.[44] Il a 20 m lt de revenu.

[*106*]   **La maison de Chavigny**

Monsieur de Chavigny de Touraine, [*Pa*] l'aisné de ceste maison, aagé 64 ans, chevalier du St Esprit et lieutenant de Monsr duc de

---

[43] On Jean de Moy, sr de La Meilleraye, see Carroll, *Noble Power*, pp. 150–157. His brother, Jacques, sr de Pierrecourt (c.1555–1590), m. Françoise de Bretheville. The cadet line was headed by Jean de Moy, sr de Vereins and Richebourg (c.1520–1588). See the separate unheaded entry below, n. 93.

[44] See Part 1, n. 88. The estimate of his age is broadly accurate. D'O was 43 on his death in 1594; m. Charlotte-Catherine de Villequier; d.s.p. (1594). He had been given the govt of Caen in 1578 (in succ. to M. de Laguo, 1563–1578) and in September 1578 Jacques d'Ocké, sr d'Issancourt and Bequeret, lieut. of his co., became his lieut. there. He lost his court post of *maître de la garde-robe* in October 1581. The govship of Lower Normandy (acquired by him in July 1579) was removed in February 1583, but d'O kept Caen and, in fact, retained it until 1588 (see Leboucq. 'L'administration provinciale', pp. 354–355, 368).

Mompensier.[45] Il a 30 m lt de revenu. Luy et sa femme allerent en pellerinage à Rome et tousiours à pied.

Monsr de Rouille [*Pro: Renie*] aagé 62 ans[46] de 15 m lt de revenu, espousa et a des enfans. L'aisné s'appelle Monsr de Grainville et espousa la fille de Monsr de Carrouges, gouverneur de Rouen.[47] Il a esté de la Religion mais il n'est plus.

Le feu sieur de Chartes [*Pro*],[48] demourant dans le pais de Vexin aupres de Maigny, de 6 m lt de revenu, espousa [...].

Monsr de Mers [*Pro*],[49] le 4 frere demourant aussi en Vexin espousa [...]. Il a 9 m lt de revenu.

Note que ceste maison de Chavigny est issue de la maison d'Aumonde et d'Aumaille.[50]

La maison de Guittry

Le sieur de Guittry Bertigers[51] aagé de 40 ans [*Pro*] demourant aud. seigneurie de Bertigers entre Chaumont et Gisors aupres de Trie, le chasteau et demourance de Madame de Longueville.[52] Il a 20 m lt de

---

[45] François Le Roy, sr de Chavigny, comte de Clinchamp; lieut. gen. in Anjou, Maine and Touraine; m. (1) Antoinette de La Tour, and (2) Renée d'Avagour de Bretagne; lieut. of Montpensier and persecutor of the Prots at Angers in 1562; (*Hist.eccl.*, I, p. 290, II, *passim*).

[46] There is some confusion here as a result of the fact that the Chavigny and Rouville were related only by marriage. Jean, sr de Rouville m. (1550) Madeleine Le Roy, dau. of Louis Le Roy (hence the connection with the srs de Chavigny).

[47] Jacques de Rouville, sr de Grainville, m. (1573) Dianne Le Veneur, dau. of Carouges; he was the s. of Jean de Rouville and Madeleine Le Roy; lieut. gen.; *bailli* of Rouen and Evreux under Carouges (1575–1583).

[48] Louis, sr de Chars.

[49] Philippe, sr de Menu.

[50] The only family of Chavigny listed by La Chesnaye-Dubois (François de Chavigny m. to Madeleine de Postel) does not seem to coincide with this lineage or with the François Le Roy de Chavigny, comte de Clinchamp, who m. Antoinette de La Tour (*LCM*, II, IV, VII *passim*).

[51] Jean de Chaumont, sr de Guitry or Quitry, a Prot. capt. (*LCM*, V, pp. 34, 47. 139; VI, p. 389 etc.). Guitry was certainly one of Henri de Navarre's most trusted agents, sent by him to liaise with the Germans in 1587 and apppointed his lieut. in Albret and elsewhere; M. Berger de Xivrey and J. Guadet (eds), *Recueil des lettres missives de Henri IV*, 9 vols (Paris 1843–1876), VIII, *passim*.

[52] The château of Bertichères (canton Chaumont, Oise); the château of Trie (reconstructed in the 17th century), nearer Gisors, defended the Vexin français on the Norman frontier against Gisors. Bertichères was thus technically within the Ile-de-France.

revenu et espousa une fille heretiere au pais de Beausse de 10 m lt
de revenu. Il est superintendant des affaires du Roy de Navarre et fort
de la Religion.

Le 2 frere se nomme Monsr de [*107*] Pressaigny de 6 m lt de revenu
non encore marié [*Pro*].

La maison de Rochegion

Monsr le conte de Rochegion [*O*]53 aagé de 26 ans espousa
madamoiselle de Pont. Il a 25 m lt de rente. Il est 254 frere du conte de
Charny, gouverneur de Bourgogne et grand escuir, et à Rochpot.

Monsr de La Londe55 [*Pa*] espousa [. . .]. Il a 16 m lt de revenu.
Homme fort remenant et factieux.

La maison de Rottelyn

Monsieur le marquis de Rottelin56 [*Pa*] au pais de Vexin, bastard de
Longueville, de 10 m lt de rente, est superintendant des fynances de
madame de Longueville.

53 La Roche-Guyon, town and castle in the Vexin français on the Seine below Mantes.
The *comté* was first erected into a *duché* in 1621 for François de Silly (not registered) and then
for his half-bro., Roger du Plessis-Liancourt, in 1643 (Anselme, IV, p. 738). The holder at
this time was Henri de Silly, a Prot. who was a client of Anjou in the late 1570s but gravitated
to the Guise in the 1580s.

54 [*sic*] Should read 'beau frere', as Henri de Silly, comte de La Rocheguyon's sis.,
Catherine m. (1579) François Chabot, marquis de Mirebeau; his 2nd wife was Antoinette
de Pons; his bro. was Antoine de Silly, comte de La Rochepot, lieut. gen. in Anjou.

55 Antoine de Bigars, sr de La Londe; m. (1575) Anne de Tiercelin; was an active figure
in the 1576 and 1588 Estates for the League, though was not related to La Roche-
Guyon.

56 François d'Orléans-Longueville (d. 1600), *bâtard* and marquis de Rothelin, son of
François, marquis de Rothelin (d. 1548), and Françoise Blosset, dame de Colombières.

La maison de Moy

Il y a deux de ce nom de Moy: Moy St Fallo,[57] le plus grand terrien [*Pro*]; Moy Bellencombre qui autrement s'appelle le grand Moy mais nullement parenté [*Pa*].[58]

La maison de Hugoville[a]

Pierre de Roncherolles, sr et barron de Hugoville et de Pont St Pierre [*Pa*],[59] espousa Marguerite fille et heretiere de Charles de Chastillon poictevin. Il a eu par elle 3 filz et une fille.

Son filz aisné s'appelle Pierre de Roncherolles etc. [*Pa*] comme son pere, aagé de 44 ans espousa une femme de la maison de Moy Belencombre.[60] [*108*] Il a 25 m lt de revenu. Le 2 filz se nomme Monsr

---

[a] [*sic*] *recte*: Heuqueville.

[57] What is meant here is the house of Vaudrey, srs de St Phalle and Mouy in Champagne. Artus (Louis/Claude) de Vaudrey, sr de Mouy, Prot. and gov. of Taillebourg, was assassinated by Maurevel in 1569. (The Christian name is a problem: Fleury Vindry, *Dictionnaire de l'état*, p. 70, gives it as Louis, lieut. of François de Clèves' co., 1560–1562). Anne de Vaudrey, sr de St Phalle, was a Cath. (see Part 2, n. 299). Their relationship is not explained in La Chesnaye-Dubois, and *France prot.*, IX, p. 454 admits ignorance of the genealogy of M. de Mouy. The srs de Mouy were presumably a cadet line of the srs de St-Phalle. Mouy was thus known as Mouy-St-Phalle 'à cause qu'il estoit seigneur du Mouy en Beauvoisis et puisné de la maison des seigneurs de St-Phale [...] un des grands capitaines de son temps et des plus importants du party huguenot' (Le Laboureur, *Additions aux mémoires de Castelnau*, pp. 772f). Artus's s., Claude-Louis de Vaudrey, sr de Mouy, avenged his f. in April 1583 but was k. in the act (L'Estoile, *Journal pour le règne de Henri III*, Lefevre (ed.), p. 329; Lazard (ed.), IV, pp. 88–89) If there was a relationship with the Moy-Bellencombre the latter are likely to have been the senior line.

[58] This is the senior branch of which La Meilleraye was the cadet. See La Rodière, *La maison de Moy*. The *baronnie* of Bellencombre, 'châtelenie hérédital' (II, p. 192) near Dieppe was retained by the head of the house.

[59] See J. Dewald, *Pont-St-Pierre, 1398–1789: Lordship, Community and Capitalism in Early Modern France* (Berkeley, CA, 1987) pp. 163–. For the genealogy, see La Chesnaye-Dubois under Roncherolles. This is Philippe de Roncherolles (1510–1570), who in fact m. (1) (1528) Suzanne de Guisencourt, and (2) (1558) Renée d'Espinay; (Fleury Vindry, *Dictionnaire de l'état*, p. 213).

[60] Pierre IV de Roncherolles, baron de Heuqueville and Pont-St-Pierre (d. 1621); m. (1572) Charlotte de Moy, dau. of Antoine, baron de Moy; became gov. of Abbeville (1581); was an active Leaguer and ally of the Guises. Pierre had been known by the title Heuqueville until the partage of the fiefs of his f., Philippe (d. 1570). At some time subsequent to this, the barony of Heuqueville passed to his half-bro., Charles, and Roncherolles to another half-bro., Robert. His full bro., François, was marquis de Maineville (see La Chesnaye-Dubois, XVII, cols 589–590, 595–596).

de Mainville [*Pa*],[61] aagé de 40 ans, homme bien voiagé et pour tel a esté emploié pour le Roy en plusieurs endroictz et n'aguerres en Escosse. Il espousa la fille heretiere de Monsr de Bouillet. Il a 8 m lt de revenu.

Le 3 filz s'appelle Monsr de Roncherolles [*Pa*], de 4 m lt de rente.[62]

La maison de Mongomery

Monsr de Mongomery [*Pro*] est nepheu de Monsr St Fallo[63] gouverneur de Trois en Champaigne defunct naguerres, homme de 30 m lt de revenu, à cause que la soeur de son pere fut marié aud. Monsr de St Fallo.

La maison de Collumbiers

Monsr de Collumbiers [*Pro*][64] au pais de Bessin pres Coustentin à 12 lieux de Caen fut tué à la siege de St Lo. Il espousa la fille unique et heretiere de Monsr de Luzerne de 6 m lt de revenu. Il a laissé trois filz:

> Monsr de Collumbiers [*Pro*]
> Monsr de la Luzerne aagé de 20 ans
> Monsr de Hamars aagé de 12 ans [*Pro*]

L'aisné aagé de 28 ans, fort habil homme et bien aimé et bien venu par tout tant entre les Catholiques qu'autres et grand courtesan, a

---

[61] François de Roncherolles, sr de Maineville (k. 1589); m. Hélène d'O. He signed the treaty of Joinville for cardinal de Bourbon in 1584; (Carroll, *Noble Power*, pp. 197, 246).

[62] Robert de Roncherolles (see n. 60).

[63] [*sic*] *recte*: St-Phalle. The Montgomery family had, of course, lost most of their influence in Normandy after the mid-1570s.

[64] François de Bricqueville, baron de Colombières; a Prot. k. (1574) at the siege of St-Lô; m. Gabrielle de La Luzerne. According to *Hist.eccl.*, II, p. 833, 'homme de grand coeur & fort affectionné au party de la Religion', he was also a relative of the princesse de Condé (Le Laboureur, *Additions aux Mémoires de Castelnau*, I, pp. 824–). His elder s. was Paul de Bricqueville, baron de Colombières, gov. of Montaigu for Henri de Navarre, and his younger s. Gabriel, sr de La Luzerne, adherent of Henri IV from 1589 and *gent. de la chambre*. See *DBF*, VII, pp. 344–346; J.B. Wood, *The Nobility of the Election of Bayeux* (Princeton, NJ, 1980), pp. 91, 160; *France prot.*, II, pp. 510–514; for fiefs of the family, see Travers, *Ban*, pp. 9–10, 37, 64.

longtemps faict l'amour à la fille unique de Monsr de Renouart[65] en basse Normandie, [*109*] de 15 m lt de revenu.

Les deux autres ont esté pages à son Altesse. Monsr barron de Torchy [*Pa*] est leur oncle maternel et monsr le baron de Torcy [*Pa*] chevalier de l'ordre du St Esprit aagé de 64 ans est leur grand oncle paternel.[66] Leur mere est remarié à Monsr le baron de La Marche de la maison de Pynay en Bretaigne.[67]

La maison de Bouillon

[*Pro*] Mis en Normandie à cause de la baronnie de Maulmy, 6 L par de là Rouen et de la terre de Rouveray, tirant vers le pais de Bray en Normandie. Son pere fut gouverneur en chef de Normandie.[68]

La maison de Villerests

Monsr de Villerests [*Pro*],[69] sr dud. lieu, à 7 L de Rouen vers Paris. Il a 6 m lt de revenu. Il est fort de la Religion, mais principallement

[65] Jean de Bailleul, sr de Renouard, baron de Messey; lieut. of Annebault's co., 1547–1558; gov. of Caen, 1562–1563.

[66] The mo. of François de Briquemault, baron de Columbières, was Françoise Blosset de Torcy.

[67] Louis d'Espinay (d. 1600), sr de La Marche and marquis de Vaucouleurs.

[68] Guillaume-Robert de La Marck, duc de Bouillon; d.s.p. 1587. His f., Henri-Robert, duc de Bouillon (1537–1574) had been gov. of Normandy in the 1560s but the family had no permanent base in the region and little influence by the 1580s.

[69] On the Norman house of Civille, descended from Alonce de Civille, a Spanish merchant settled in Rouen from the late 15th century, see H. de Frondeville, *Les conseillers du Parlement de Normandie au seizième siècle (1499–1594)* (Société de l'Histoire de Normandie, 1960), pp. 392–399. Alonce's grands., François de Civille, sr de St-Mards (1537–1614) was a Prot. capt. commanding at Rouen in 1562, buried alive after the assault, and rescued twice by his servants. In the 1580s he was in the service of the duchesse de Bouillon, and also an informant at Rouen for Sir Francis Walsingham. He went to England on a mission for Bouillon in 1584 and remained there for some time with his wife. See *CSPF* 1582, no. 637; XIX, pp. 10, 376 etc.). In 1610 he published *Discours des causes pour lesquelles le sieur de Civille se dit avoir été enterré et ressuscité*. His second s. was Alonce, éc. sr d'Anglequesville and Villerets; m. (c.1580) Rachel d'Estain, heiress of the sr de Villerets. Only two children are noted in Frondeville, and it is at least possible that this entry refers to Yves d'Estain and his family. Certainly a M. de Villerets is recorded as among the Prots of the pays de Caux who were refugees in England early in 1586 (*CSPF*, XX, p. 293).

sa femme, laquelle aiant 12 fillez elle a de coustume de les amener tousiours à la presche (qui se faict dans leur seigneurie) tous habillez d'un facon en accoustrements blancqs.

MONSIEUR Pierre de Charpiere autrement appellé le sr de La Riviere [*Pro*], homme fort docte demourant à 2 lieux de Roan sur la riviere de Bourdet, a esté long temps en Angleterre et est fort de la Religion. Il a mil lt de rente. Il prend plusieurs ieunes gentilzhommes estrangiers en pension. Il espousa la vefve de Monsr [*110*] de la Vallasse, fille bastarde de Monsr de Bresmetol.[70]

Monsr de St Marie du Mont,[71] de 10 m lt de rente [*Pro*].

Monsr le baron de Courtemer pres de Carrantan, de 20 m lt de revenu [*Pro*].

Monsr le baron de Courselles[72] 6 L de Caen, Bayeux, de 5 m lt de revenu. Beaufrere de Salcede, naguerres executé à Paris, aiant espousé 2 soeurs [*Pro*].[73]

Monsr de Beaumont, homme de guerre et fort vallereux. Parant de Monsr de La Collumbiere demeurant pres Bayeulx, de 8 m lt de revenu [*Pro*].[74]

Monsr barron de Carlonges pres St Lo, de 10 m lt de revenu [*Pro*].

Monsr de Terrette, pres de St Lo, de 5 m lt de revenu [*Pro*].

Monsr de Berseville au plain à 8 L de Carrantan, de 15 m lt de revenu [*Pro*].

Monsr de Aigneaux[75] pres de St Lo, de 10 m lt de revenu [*Pro*].

---

[70] See below, n. 85. See also Vic. O. de Poli, 'Les seigneurs de la Rivière-Bourdet', *Revue nobiliaire héraldique et biographique*, n.s., 4 (1868), pp. 97–108, 207–333, 260–275.

[71] In 1562, there were two Prot. capts of this name involved in the fighting in Normandy: the srs de Ste-Marie-du-Mont and de Ste-Marie-aux Agneaux, the latter presumably to be identified with the 'M. d'Aigneux' below. The sr de Ste-Marie-du-Mont was Nicolas aux Epaules, who m. Françoise, dau. of Sénarpont (*Hist.eccl.*, II, pp. 729, 840 (624, 705)). For Bonaventure de Saincte-Marie, *éc.*, s. of Barnabé, fiefs worth 234 lt. p.a. (see Travers, *Ban*, p. 101) may be the Norman captain involved in the Conspiracy of Amboise (*Hist.eccl.*, I, p. 290).

[72] Possibilities: the Barberye, srs de Courteilles; or Pierre, sr de Courcelles, *premier président* of Rouen (Frondeville, *Conseillers*, p. 396); or the Courseulles (see abbé T. Alix, 'Les seigneurs de Courseulles', *Bulletin de la Société des Antiquaires de Normandie*, 39 (1930–1931), p. 436, and entries in Travers, *Ban*, p. 8, fief of Ham worth 500 lt.p.a).

[73] On Nicolas de Salcedo's exec. in August 1582, see L'Estoile, *Journal pour le règne de Henri III*, pp. 303–304, where it is suggested that he was exec. for conspiracy to murder Anjou in the Netherlands 'et de plusieurs autres énormes crimes et capitaux', having accused the Guises of the plot.

[74] G. du Boscq de Beaumont, 'La châtellenie de Beaumont-le-Richard', *Notes, mémoires et documents publié par la Société agriculturelle du département de la Manche*, 17 (1899), p. 48.

[75] Probably the youngest of the St-Marie brothers, Jean-Jacques, sr d'Agneaux; Prot. capt. active at Bayeux in 1562; *Hist.eccl.*, II, pp. 416–417 (329–330), 833 (698), 840 (705). See E. de Laheudrie, *Recherches sur le Bessin. Histoires du Bessin des origines à la Révolution*, 2 vols (Evreux,

Monsr d'Enguerville[76] de 6 m lt de revenu [*Pro*].

Monsr de la Pontiere pres St Lo, de 5 m lt de revenu qui a naguerres achepté sa noblesse [*Pro*].

LE DOCTE Peron[77] poete natif de St Loo et filz d'un ministre de St Loo, fut premiere au Roy, apres à Monsr St Luc et à cest heure à Monsr de Joyeuse [*Pro*].

Louis de Bosc [*Pro*], sr et chastellain de Radepont[78] et Fleury sur Andelle pres Charleval, à 5 [*III*] L pres de Rouen, de 6 m lt de rente. Espousa Marie de Planches et avoit 19 enfans malles,[79] tous en aage d'hommes, dont son aisné s'appelloit:

Louis de Bosc, sr et chastellain *ut supra*, [*Pro*] de 6 m lt de revenu, espousa Jeanne Surreau fille du president Sureau.[80] Il eust plusieurs enfans dont son aisné s'appelle:

Robert de Bosc, sr et chastellain de Radepont et Fleury sur Andelle [*Pro*]. Il est à ceste heurecy communement appellé Monsr de Radepont. Il espousa la fille aisné du sr de Collumbiers qui fut tué au siege de St Loo. Il a 12 m lt de revenu. Il a 3 enfans, 2 filz et une fille. A son filz aisné Madame de Longueville fut mareine et le duc de

Caen, Bayeux, 1945), II, pp. 10–12; F. Dubosc, 'Recueil de notes historiques sur la paroisse d'Agneaux (doyenné de St-Lo) église, château et fiefs', *Notes, mémoires et documents publié par la Société agriculturelle du département de la Manche*, 1 (1851/7), pp. 65, 185.

[76] Angerville. For René d'Angerville, ensign of Esquilly at La Capelle in 1552, see Travers, *Ban*, p. 122, fief worth 110 lt p.a.; Nicolas d'Angerville, éc., *ibid.*, pp. 98–99, fiefs worth 139 lt p.a.

[77] An anomalous entry in that this is the s. of the minister, Julien Davy du Perron (b. St Lô, 1528, d. Paris, 1583), bourgeois and possibly doctor who trained at Geneva, was pastor of Dieppe or Vire in 1562, and who then fled to Jersey. His s. was the scholar, Jacques Davy du Perron (1556–1618), brought up a Prot., but who took service with Henri III around 1577 and became a leading light of the Palace Academy, though the king's reference to him in a letter to Villeroy was slightly mocking (De Foix, *Lettres de Henri III*, IV, p. 279, ?1579–1582). He was 'grand discoureur et philosophe', according to L'Estoile who, in *Journal pour le règne de Henri III*, pp. 340–341, describes his falling into royal disfavour in November 1583 over a disputation on atheism. He did, in fact, become associated in some way with the duc de Joyeuse and published a funeral eulogy for him in 1587, mocked for its tone by L'Estoile, *ibid.*, p. 506. It seems clear that he had already become a Cath. by 1580 in order to serve the king, and indeed later became Bishop of Evreux, cardinal Archbishop of Sens, a leader of the movement to win back Prots to the church under Henri IV; see *DBF*, X, pp. 397–398; XII, pp. 339–341; and P. Feret, *Le cardinal du Perron* (Paris, 1879).

[78] On the Du Bosc family, see Frondeville, *Conseillers*, pp. 7–33. Louis II du Bosc (d. 1551) m. Marie des Planches, dame de Fleur-sur-Andelle (d. 1544), leaving 14 children.

[79] The 3rd son was Jean, sr d'Emandreville, Prot. and *conseiller* of the Parlement of Rouen, exec. 1562 (*Hist. eccl.*, II, pp. 725f); the 4th was Martin du Bosc, a Cath. and later Leaguer. There were 4 daus among the children of Louis II.

[80] Louis III du Bosc, sr de Radepont (by acquisition from Louis de Teufles, c.1540) and Fleury-sur-Andelles, still living in 1560. His wife was the dau. of Robert Sureau, sr de Bondeville. 'Messieurs de Ratepont' of the pays de Caux were listed as exiled in England, January 1586 (*CSPF Elizabeth*, XX, p. 293).

Longueville parein. Au second Monsr le conte de St Paul frere du duc de Longueville et à la 2 fille dud. dame le soeur du duc de Longueville mareinne.[81]

La maison de Boudeuille

François de Pardieu, baron de Boudeville, de Ballogan [*Pro*][82] faict ordinaire residence à Boudeville. Il espousa en premier nopces la fille unique et heretiere de feu Monsr de Bresmetol appellé Monsr de Boscbenard assis entre Rouen et Honnefleur. Il a 12 m lt de revenu. Apres la mort de sa femme il fit l'amour à Madame de la Granasche duchesse de Luddenois,[a] mere de Monsr le prince de Gennevois qui est encore prisonnier à Paris,[83] et apres à la mere de Monsr de Belesbat et enfin a espousé en janvier dernier 1584 la vefve de Monsr de Hotor [*112*] en Alge[84] qui fut gouverneur de Honnefleur devant que Monsr de Pierrecourt frere de Monsr de Milleraye.

Monsr de Bresmetol appellé communement Boscbenard [*Pro*][85] assis entre Rouen et Honnefleur de 8 m lt de revenu, a laissé 2 fillez, l'une ligittimée et son heretiere marié à Monsr baron de Boudeville, l'autre bastard à Monsr de Vallasse et en 2 nopces Monsr de la Riviere homme fort docte et de la Religion.

Monsr de Sancourt,[86] demourant aud. lieu pres Gisors de 6 m lt de revenu, aagé 40 ans, homme fort de la Religion [*Pro*].

[a] [*sic*] *recte*: Loudunois.

[81] Robert du Bosc (d. c.1587–1592); m. Marie de Bricqueville, dau. of François; s., Léonor (b. 1580), was presumably the gods. of Henri, duc de Longueville, and named after the latter's f. Léonor, duc de Longueville (d. 1573); second s. Henri b. 1582; s., Gabriel, b. 1587; dau., Anne, b. 1579 (see Frondeville, *Conseillers*, p. 17).

[82] Also known as Bouteville. François de Pardieu (d. 1590) was baron de Boudeville, Escotigny, and Balingan; his was the cadet line of the Pardieu srs de Maucomble (La Chesnaye-Dubois, XV, cols 453–); m. (1550) Marie Le Lieur, dau. of Antoine, sr de Brametot; s. Centurion (d. 1614); m. (2) Jourdaine de Pellevé, sis. of cardinal Nicolas de Pellevé (La Chesnaye-Dubois; *France prot.*, VIII, cols 123–124).

[83] Henri de Savoie, Nemours' s. by Françoise de Rohan, dame de Garnache 'qu'on appelait auparavant le duc de Genevois', was imprisoned for an assault on a jeweller on 4 October 1581 and not released until January 1585 (L'Estoile, *Journal pour le règne de Henri III*, pp. 278, 372).

[84] Jacques de La Haye, sr de Hotot-en-Auge; m. (1540) Louise Tiercelin.

[85] Antoine, sr de Brametot and Bosbénard-Crescy, of a family of merchant origin, had died in 1546. His dau., Françoise, had m. Boudeville (see above). Frondeville, *Conseillers*, p. 90, makes no mention of the illegitimate daughter. The seigneuries passed eventually to Antoine's sisters Marie and Barbe.

[86] Listed as an exile from the pays de Caux in England in 1586 (*CSPF Elizabeth*, XX, p. 293).

Monsr de la Court, sr de St Aubin pres de Dieppe [O] et filz d'un riche marchant de la ville de Dieppe, a 30 m lt de rente et fort pecunieux. Il est superintendant des affaires de Monsr Admiral de Joyeuse en Normandie.

Monsr de Berseville[87] pres Carantan de 12 m lt de rente [Pa].

Monsr de Canygy entre Coustance et St Loo aagé 25 ans non marié, de 12 m lt de revenu [Pa].

Monsr de Bonfossé[88] pres St Lo de 15 m lt de revenu, aagé 30 ans [Pa].

Monsr de St Gille[89] (pronounced as we doe pronounce Gilles) pres de St Lo de 5 m lt de revenu [Pa].

Monsr de Matan [Pa], autrement appellé de Semilly,[90] chevalier de l'ordre de St Michel, de 8 m lt de rente pres St Lo. Il a un filz et une fille. Son filz est M[e] d'hostel de Madame de Longueville et un des premiers superintendants de ses affaires.

[113] Monsr de Riberpré[91] grand m[e] des eaux et forestz en Normandie. Il espousa la fille de Monsr de Jeuy frere du sieur de Sansay [Pa].

Le 2 Jacques sr de Gomeran,[92] gouverneur de Say[a] en Picardie. Il espousa la vefve du sr de Dormiller [Pa].[b]

Le 3 François de Richebourgh[93] lieutenant de la compaignie du Sr de St Luc, espousa la fille du Sr de Say, chastellain de Cousy, chasteau pres Veraynes [Pa].

---

[a] [sic] recte: Ham.

[b] [sic] recte: d'Amerval.

[87] Presumably not the same as the previous M. de Berseville listed on fo. 110.

[88] Roland de Gourfaleur, sr de Bonfossé, m. Jacqueline de Conteville; Leaguer and capt. of St Lô in 1589.

[89] The St-Gilles were srs of Fleury en Cotentin (Frondeville, Conseillers, p. 514).

[90] Georges de Mathan, sr de Semilly (vicomté of Bayeux) (1528–1595); gov. of St Lô in 1570, related to the srs de Longvillers. He had 10 children, the eldest, Adrien; a younger, Joachim, was conseiller-clerc in the Parlement of Rouen and a royalist; may have been the maître d'hôtel to the duchesse de Longueville (Frondeville, Conseillers, pp. 611–612).

[91] Of a branch of the Moy/Mouy family (see L. Lalanne, Dictionnaire historique de la France, (Paris, 1872), p. 1331; Frondeville, Conseillers, p. 482). Nicolas de Moy (s. of Jacques, sr de Vereins), sr de Riberpré (c.1541–1589); grand maître des eaux et forêts, 1578–1582; guidon and lieut. of his kinsman, Jean de Moy's co. and later an active Leaguer; m. Roberte de Pellevé, niece of cardinal de Pellevé and dau. of Jean, sr de Jouy (see Carroll, Noble Power, pp. 152, 157; La Chesnaye-Dubois, XV).

[92] Louis de Moy, sr de Gomméran (c.1543–1595); gov. of Ham (1577–1584); m. Claire d'Amerval.

[93] François de Moy, sr de Richebourg (c.1544–1589); m. Jeanne de Collan; lieut. gen. of League artillery in 1589.

Le 4 Charles sr de Bossien,[94] gentilhomme ordinaire de la chambre du Roy [*Pa*].

La maison de Gordon

Monsr de Gordon aagé 60 ans, gouverneur de Callais.[95] Il a 20 m lt de revenu [*Pa*].

La maison de Rubampré

Monsr de Rubempré[96] descendu d'un bastard de Bourbon a esté gouverneur d'Abbleville. Il est lieutenant de Monsr de La Milleraye [*Pa*].

La maison de Bacqueville

Monsr de Bacqueville l'aisné[97] espousa [. . .] et a laissé un filz aagé 8 ans de 20 m lt de rente non encores marié [*Pa*].

---

[94] Charles de Moy, sr de Boschion, capt. of Château-Gaillard for the League in 1591.

[95] Giraud de Mauléon, sr. de Gourdan (1508–1593); orig. from Béarn; capt. of 50 lances; gov. of Calais from 1559 (see Part 2, n. 282); *gent. de la chambre* under Charles IX; *conseiller d'état* (1583). The son of Espagnolet de Mauléon (La Chesnaye-Dubois, XIII, col. 430), he was extremely wealthy, leaving 30,000 lt. revenue and 600,000 lt. on his death (BN fr. 32867, p. 1177, Le Roux, *La faveur du roi*, p. 233).

[96] André de Bourbon, sr de Rubempré: m. (1560) Anne de Roncherolles, dau. of Philippe, baron de Pont-St-Pierre; *gent. de la chambre*; capt. of 50 lances; gov. of Abbeville. He d. (c. 1580), having resigned Abbeville to his kinsman Pierre de Roncherolles. His s. was Charles de Bourbon-Rubempré.

[97] Nicolas II Martel, sr de Bascqueville (d. 1569–1570), eldest s. of Charles Martel, sr de Bascqueville in the *pays* de Caux and Louise de Balsac d'Entragues; active in the Prot. cause in 1562; two of his s., including Nicolas, were Prots. See A. Hellot, *Essai historique sur les Martel de Bascqueville et sur Basqueville en Caux (1000–1789)* (Dieppe, 1879), pp. 159–198. Nicolas's wife was Jeanne de Segrestain, heiress of the Annebault estates; his s., Charles II Martel, must have been b. around 1568 and would have been 10 when these notes were first drawn up. A royalist, he was k. at Arques in 1589.

Monsr de Rains Bacqueville[98] le 2 frere gentilhomme ordinaire de la chambre du Roy [*Pa*].

Armeville Bacqueville[99] le 3 frere gentilhomme de la chambre du Roy, aagé de 40 ans non encores marié [*Pa*].

[*114*] Monsr de Cigogne aagé de 17 ans [*Pa*], filz du feu gouverneur de Dieppe qui fut naguerres noyé aupres de Dieppe.[100] Il a 25 m lt de revenu et est a la suite de Madame de Longueville.

Monsr de Bassonpierre Allemand, corronel des reistres, richement marié en France [*Pa*]. Note que le Roy luy engagea deux villes en Coustance en Normandie pour quelques deniers qu'il advanca en conduisant les reistres aux dernieres guerres, c'estascavoir la ville de St Saulveur et de St Saulveur le viconte, de 12 m lt de revenu.[101]

Seigneur de Salcedo espaignol [*Pa*], de 10 m lt de revenu, naguerres tiré à 4 chevaulx à Paris. Il fut richement marié en Normandie. Il fut beaufrere de Monsr le barron de Corselles, pour avoir espousé la soeur de sa femme, par laquelle il a des enfans.[102]

VILLES FRONTIERS de Normandie et leurs gouverneurs

Monsr le duc de Joyeuse admiral de France, gouverneur en chef.[103]

Monsr de La Milleray, gouverneur de Caux.[104]

---

[98] The order of the Martel brothers, s. of Charles I Martel, was not clear to Hellot. Charles Martel, sr de Rames, was a Cath., *conseiller* and *chambellan* to François, duc d'Anjou; m. Joachime de Rochechouart, dau. of Guillaume, *premier maître d'hotel* to Charles IX.

[99] François Martel, sr d'Hermeville, commander under Montpensier in 1589 against the Gautier rebels, d.s.p. before 1600. There were 6 brothers recorded: Nicolas and François, sr de Lindebeuf (exec. 1569) were Prots, the rest were Caths and the succession passed to Antoine, sr de Vaupalière's s., Charles III Martel, in 1589. Another bro. was Guillaume, abbé de St-Josse.

[100] René de Beauxoncles, sr de Sigogne, m. Jeanne des Essarts. He had been gov. of Dieppe since 1567 (where he had been instrumental in the exec. of François Martel de Lindebeuf) and was k. in 1585 (see Hellot, *Essai historique*, p. 194). The family were Tourangais or Angevin in origin with no local credit in Normandie.

[101] Christophe de Bassompiere (Bessenstein/Battstein in Lorraine) (1547–1596); colonel of lansquenets in the service of the crown, especially from 1568–1576; m. Louise Picart de Radeval; s. François, maréchal de Bassompierre. The *baronnie* of St-Sauveur was sometimes called the *premier baronnie* of Normandy (though this title was disputed and confirmed to the Roncherolles) and attached to the *vicomté* of Cotentin. It was frequently confiscated to the royal domain and engaged (it had been held by the Villequier family until the reign of Francis I). It was engaged by the crown to Bassompiere in 1575, resumed and engaged again to the Duke of Württemberg in 1605.

[102] See above, n. 72.

[103] Joyeuse was appointed 24 February 1583. The existing three govs were subordinated to him as lieuts gen. (d'O being removed) and their lieuts: Jacques de Rouville, sr de Grainville; Jacques Le Veneur, comte de Tillières (for Carrouges); Pierrecourt (for La Meilleraye); Hervé de Longaunay in lower Normandy retained (Carroll, *Noble Power*, p. 196, n. 12).

[104] Lieut. gen. of Caux and Gisors.

Monsr Doo, gouverneur de Caen.[105]
Monsr de Carrouges, gouverneur de Rouen.[106]
Monsr de Cerlabooz,[107] gouverneur de la Havre de Grace.
Monsr de Rubempré, gouverneur de Harfleu.[108]
Monsr de Pierrecourt, gouverneur de Honnefleu.[109]
Monsr Comander de Chatte,[110] gouverneur de Dieppe.

PICARDIE

LE GOUVERNEMENT de Picardie est distribué en bailliages et seneschaussez comme:

1 Amiens, bailliage.
2 Ponthieu, senesc: qui se tient à Abbleville.
3 Peronne, senesc:
4 Mondidier, senesc:
5 Roye, senesc:
6 Boullenois, senesc: qui se tient à Bouloigne
7 Calais et pais reconquis, il y a ung juge general.

8	St Vallery	
9	St Riquier	soubz le bailliage de
10	Montreul	Amiens
11	Corbie	

12	Abbleville	soubz le senesc:
13	Crottoy	de Ponthieu
14	Bray sur Somme[a]	

---

[a] The text has 'Saienne'.

[105] This is correct, despite the statement above that the King had removed the govship of Caen (which he held 1578–1588) from him. D'O had lost the position of lieut. gen.

[106] Gov. of Rouen and lieut. gen. of the *bailliages* of Rouen and Evreux. 'Avec 1500 ecus l'an'; (B) (i), fo. 242r).

[107] Corbeyran de Sarlabos (see Part 2, n. 190).

[108] Charles de Bourbon, sr de Rubempré (d. 1595); s. of André; see above, n. 96 (Anselme, I, pp. 378–). Pierrecourt had been gov. of Harfleur.

[109] Jacques de Moy, sr de Pierrecourt (c.1555–1590); gov. of both Honfleur and Harfleur, as well as lieut.-gen. for his brother, La Meilleraye, when the latter was gov. or lieut.-gen. of part of Upper Normandy, Caux and Gisors, 1563–1591.

[110] Aymar Clermont-Chattes, sr de Geyssans; *commandeur de l'ordre de Malte*; *vice-amiral* of Ponant; a protegé of Joyeuse, participated on the Azores expedition.

GRANDS SEIGNEURS ET LEURS ALLIANCES EN PICARDIE

La maison de Crevecoeur

Monsr de Crevecoeur [*Pa*], conseiller du Roy, chevalier de l'ordre du St Esprit, gouverneur de Picardie soubz Monsr le prince de Condé. Il espousa [...] et a 3 filz et deux filles. Le filz aisné s'appelle Monsr de Bonnevel,[a] l'autre Monsr [...] et le 3 est de l'esglise.[111]

Alliances de Crevecoeur

[*117*] Il est alié à la maison de Pienne [*Pa*] à cause que Monsr de Pienne gouverneur de Metz, homme de 40 m lt de revenu, espousa sa soeur et par elle a des enfans.

Il est alié à la maison de Lussy [*Pa*] à cause que Monsr de Lussy espousa la soeur de Monsr de Pienne.[112]

Il est alié à Monsr marquis de Conte [*Pa*] à cause qu'il espousa la fille de Madame de Lussy appellé la contesse de Montaffier.

Il est alié à Monsr Mandelot, gouverneur de Lion [*Pa*] à cause qu'il a espousé sa soeur et a par elle plusieurs enfans.

Il est alié à Monsr de de Monchy en Picardie [*Pa*] à cause qu'il espousa la soeur de Monsr de Mandelot et a par elle des enfans. Son aisné fut tué naguerres à Paris.

Il a 40 m lt de revenu et autrement fort pecunieux et riche.[113] Il a plusieurs villes à luy engagés par le Roy en Picardie pour trois cent mil escus.

---

[a] [*sic*] Possibly a mistake for 'Bonnivet' – Henri Gouffier, sr de Bonnivet (1547–1589).

[111] François Gouffier, sr de Crèvecoeur (d. 1594); m. (1544) Anne de Carnazet; 14 children; 4 s. and 3 daughters survived infancy; younger s. Timoléon, sr de Thois, Charles, abbé de Valoires, and Charles-Maximilien, sr d'Espagny (Anselme, V, pp. 616–617).

[112] These 'alliances' present some problems. François de Gouffier-Crèvecoeur was half-bro. of the sr de Piennes; m. Anne de Carnazet (Anselme, IV, p. 616). Crèvecoeur's dau. did m. Antoine de Hallewin-Esclebecq, cousin of Piennes. The m. of Jean de Coesmes, baron de Lucé (k. 1574) to a sis. of Piennes is not attested by Anselme, though Lucé's sis., Jeanne, comtesse de Montaffié, certainly did m. François de Bourbon, prince de Conty (Anselme, IV, p. 141). Mandelot m. a Robertet, and Florimond Robertet m. Piennes' aunt, Jeanne de Hallewin.

[113] (B) (i), fo. 242v adds that as gov. he received 2000 écus p.a.

La maison de Piquigny

Monsr de Piquigny [*Pro*][114] autrement appellé le vidame d'Amiens aagé 25 ans est sorty de costé de sa mere de la maison de Ouarty, deux maisons fort antiennes en Picardie et depuis long temps de la Religion. Il a 30 m lt de revenu.

[*118*] *Alliances*

Il est alié à Monsr de Chastillon [*Pro*] filz du feu Admiral Chastillon à cause que led. Chastillon espousa sa soeur par laquelle il a un enfant. Il est alié à Monsr de Laval à cause que Monsr de Laval et Monsr de Chastillon sont cousins germains et filz de deux freres.

A la maison de Senarpon [*Pro*] à cause que Madame de Senarpon, tante de Monsr Ouarty.

La maison d'Estournel

[*Pa*] Il espousa la seur de Monsr St Luc gouverneur de Brouage et a par elle des enfans. Il est gouverneur de Roye, Peronne et Mondider, homme de 20 m lt de revenu.[115]

Alliances

Il est alié à Monsr conte de Brissac [*O*] à cause qu'il est beaufrere de Monsr St Luc.

La maison de Mailly

Monsr de Mailly gouverneur de Montreul [*Pa*].[116]

---

[114] See Part 2, n. 265.
[115] See Part 2, n. 271.
[116] See Part 2, n. 269.

La maison d'Estree

Il est conseiller du Roy, chevalier du St Esprit et gouverneur de Boulogne [*Pa*]. Espousa la soeur de Monsr de La Bourdosiere et a par elle plusieurs enfans. Il a 40 m lt de revenu.

Alliances

Il est alié à Monsr conte de Sagone [*Pa*] à cause qu'il est frere de [*119*] La Bourdoisiere de 30 m lt de revenu.

Il est aussi alié à la maison de Bouillon [*Pro*] à cause que Monsr le conte de Sagone son beaufrere espousa la tante de Monsr duc de Bouillon; et par led. mariage à Monsr conte de Meulevrier [*Pa*], oncle de Monsr duc de Bouillon.[117]

Maison de Gorden

[*Pa*] Monsr de Gorden aagé de 60 ans, gouverneur de Callais.[118] Il a 20 m lt de revenu.

La maison de Rubempre[119]

[*Pa*] Il est descendu d'un bastard de la maison de Bourbon. Il espousa la soeur de Mr de Hugueville autrement appellé Monsr de Pont St Pierre en Normandie. Il est descendu de costé de sa mere de la maison de Moy Bellencombre et pour cela alié à Monsr de La Milleraye viceadmiral de France et gouverneur de Caux. Il a 30 m lt de revenu et est à ceste heure lieutenant de Monsr La Milleraye.

---

[117] See Part 2, nn. 266 and 277. La Bourdaisière's bro. was Jean II, comte de Sagonne, bailli of Touraine and gov. of Brest; m. Dianne de La Marck, sis. of Henri-Robert, duc de Bouillon and of Charles-Robert, comte de Maulevrier and Braine.
[118] See above under Normandy, n. 95.
[119] See above under Normandy, n. 96.

La maison de Monchy

[*Pa*] Il espousa la soeur de Mandelot, gouverneur de Lionnois, Beauioulois et Forrestz. Il a 40 m lt de revenu. Son filz aisné fut tué naguerres à Paris en querelle entre luy et Gersey d'Aniou.[120]

[*120*]   ## La maison de Gamaches

Monsr de Gamaches [*Pro*][121] aupres de Dieppe, aagé de 33 ans, homme bien aymé par tout. Son feu pere fut fort de la Religion et la presche se tient encores en sa maison. Il a 6 m lt de revenu.

La maison de Cannis

Le feu Monsr de Cannis [*Pro*] espousa [. . .] et eust 2 filz et une fille. Son filz aisné s'appelle Monsr de Cannis de 30 m lt de revenu et l'autre Monsr de Camry. La fille est marié à Monsr Antoine du Prat prevost de Paris. Elle est aussi de la Religion mais leur oncle Monsr de Barbaçon est fort papist.[122]

La maison de Senarpon

[*Pro*] Une maison fort antienne de 20 m lt de revenu.[123] Le feu Monsr de Senarpon espousa la soeur du feu Monsr de Ouarty, une maison en Picardie de 12 m lt de revenu.

[120] In April 1584, see L'Estoile, *Journal pour le règne de Henri III*, pp. 353–354. The family is presumably that of Monchy-Montcavrel.
[121] See Part 2, n. 268.
[122] 'Feu M. de Cannis' was François de Barbançon, sr de Canny, *bailli* of Senlis (1524–1567); converted to Calvinism by his mother, Péronne de Pisseleu; k. fighting for Condé at St-Denis; m. Antoinette de Waizières, dame de Hangest; bro., Jean, formerly Bishop of Pamiers, still alive in 1583; s. were Louis, marquis de Canny (d. 1630), and M. de Camry.
[123] See Part 2, n. 260.

Alliances

A la maison de Piquigny [*Pro*]
A la maison de Ouarty [*Pro*]
A la maison de Chastillon [*Pro*]
A la maison de Laval [*Pro*]

La maison de Puis[a]

[*Pa*] De 40 m lt de rente. Il a une fille son heretiere marié à Monsr le grand prieur de Tholouze, frere 4.[124]

[*121*]   **La maison de Allon**[125]

[*Pa*] Il espousa la soeur de Monsr de Pienne, marquis de Moncle,[b] chevalier du St Esprit et gouverneur de Metz. Il a laissé une fille son heretiere, laquelle est marié à Monsr de Fargy en Picardie [*Pa*] qui a 30 m lt de revenu.[126]

VILLES FRONTIERES de Picardie et leurs gouverneurs:

Monsr le prince de Condé gouverneur en chef

---

[a] [*sic*] *recte*: Mouy.
[b] [*sic*] *recte*: Maignelais.

[124] The only house of du Puis in Picardy at this time was a minor family of Ponthieu and Montdidier. The text must be a corruption of 'Mouy' for the following reason: Antoine-Scipion de Joyeuse, indeed the 4th Joyeuse brother, was made *grand prieur* of Toulouse (Order of Malta) in November 1582 (L'Estoile, *Journal pour le règne de Henri III*, p. 311). No m. for him is recorded before his d. in 1592 (Anselme, III, p. 839). His younger bro., Georges, vicomte de St-Didier (d. Paris, 16 April 1583), (see above, Normandy, n. 26), had been betrothed just before his d. to Claude, heiress of Charles, marquis de Mouy, a major figure in both Picardy and Normandy.

[125] This may be a corruption of Hallouin or Alluye. Jeanne de Hallewin, sis. of Charles de Hallewin, duc de Hallewin; m. Florimond Robertet, sr d'Alluye, sec. of state (d. 1569). Robertet's bro. inherited his office, but Jeanne de Hallewin his property (Sutherland, *French Secretaries*, pp. 104–106, 167). The children of Charles de Hallewin were Florimond de Hallewin and Jeanne, who m. the sr. de Fargis (Anselme, III, p. 913).

[126] Jeanne de Hallewin, sis. of Charles de Hallewin-Piennes; m. Philippe d'Argennes, sr de Fargis, s. of Rambouillet (Anselme III, pp. 913–914).

Et soubz luy:

Monsr de Crevecoeur son lieutenant general aud. gouvernement [*Pa*]
La baron de Pont St Pierre,[127] gouverneur d'Ableville [*Pa*]
Monsr de Gorden,[128] gouverneur de Callais [*Pa*]
Monsr d'Estree, gouverneur de Boulogne [*Pa*]
Monsr de Mailly, gouverneur de Montreul [*Pa*]
Monsr d'Estournel, gouverneur de Perronne, Roye et Mondidier [*Pa*]
Mnsr de Queilly, gouverneur de Corbie [*Pa*]
Monsr de Chambry, gouverneur de Crottey[a] [*Pa*]

BRETAIGNE

LE PAIS ET PROVINCE de Bretaigne est distribué en plusieurs seneschaussees, comme:

De Nantes
De Reynes
De Vannes
De Quimpercorentin
De Fougeres
De Moarlaix
De St Malo
De Denan
De St Brieuc
De Ramon
De Guerande
De Cahez

Les sieges presidiaux de Bretaigne sont Reines, Vannes et Nantes.

Les sieges particuliers qui vont aux presidiaux ou cas que la somme passe 200 lt et de là en Parlement: St Malo, Morlaix et autres.

Le Parlement se tient à Reins qui est dans le plat pais, lequel est semestre comme le grand conseil, la moitié six mois et l'autre partie six mois.

En Bretaigne il y a neuf eveschés.

---

[a] The equivalent entry in Part 2 p. 100 is 'Rocroi', of which Chambéry was certainly captain. It would seem that Le Crotoy is an understandable correction by Cook in view of the fact that Rocroi is techically in the *gouvernement* of Champagne.

[127] See above under Normandy, 'Hugueville'; (B) (i), fo. 242v, 'Huggueville'.

[128] See above under Normandy.

LES MAISON PLUS ILLUSTRES ET REMARQUABLES EN BRETAIGNE

François de Lorrain duc de Mercury [*Pa*], conseiller du Roy et chevallier du St Esprit, [*123*] frere aisné de la Royne regnante, gouverneur en chef de Bretaigne. Il a 60 m lt de rente.

La maison de Mompensier

Monsr de Mompensier [*O*],[129] aagé de 35 ans de la maison de Bourbon, prince du sang, premier pair de France, chevallier du St Esprit et gouverneur de Dauphiné apres Gordes, espousa [...] et a par elle des enfans, un filz qui s'appelle le prince de Dombes. A cest'heurcy il n'est pas marié. Il a 28 [*sic*] m lt de revenu et estimé fort riche en argent content. Il y une grande querelle entre luy et le duc de Guise pour la garde noble de la fille du prince de Condé et pour cela ilz se sont bendés ensemble à Paris en Avril dernier 1584.[130]

La maison de Roham

Monsr le baron de Leon qui à present s'appelle le sieur et viconte de Roham [*Pro*] prince du sang et l'un des plus illustres et puissans en Bretaigne et un des plus nobles familles entre tous les gentilzhommes de la monarchie françoise. *Il est sorty de costé maternelle de la maison de Navarre de sorte qu'il est le plus proche parent du Roy de Navarre de present et advenant que led. Roy et la princesse sa soeur discedent sans hoirs il est le plus proche à succeder et enheriter etc. Le feu sr de Rohan espousa la fille de Mr de la Hunauday et cestuy de present espousa la vefve du feu barron du Pont fille et heretiere de [*124*] Monsr de Subize.*
Monsr de Roham a quatre vingt mil lt de revenu.

---

[129] François de Bourbon, duc de Montpensier (d. 1592, aged 50). Succ. as duke (1583); would have therefore been just over 40 at this time; m. Renée d'Anjou (1566); their s., Henri de Bourbon, prince de Dombes, b. 1573 (see Part 1, n. 6).
[130] There is no mention of this in L'Estoile, *Journal pour le règne de Henri III.*

La maison de Laval

Monsr baron de Vitré [*Pro*] qui à present s'appelle Guy comte de Laval et sr d'Andelot, qui espousa la soeur de Monsr d'Allegre d'Auvergne. Il a 6ᵃ m ll de revenu et estimé fort pecunieux.[131]

Alliances

À Monsr de Montmorency
À Monsr du Pont
À Monsr Chastillon

La maison de Fougeres

Monsr baron de Fougeres [*Pa*] à present uny au domaine et en sa place a esté mis le sr d'Ancenis de 60 m lt de revenu.[132]

La maison de Guymynie

Claudeᵇ de Roham prince de Guymynie [*Pa*], sr de Vergier à 5 L d'Angiers espousa par dispensation du Pape Madame Elynor de Roham decedee depuis un an en ca. Il a par elle 2 filz et 5 filles. Son filz aisné s'appelle le conte de Montbazon aagé de 23 ans.[133] Il faict amour à Mademoiselle de Trimoille soeur de Monsr de Trimoille, laquelle a 30 m lt de revenu en mariage. Monsr de Guiminie le bon

---

ᵃ [*sic*] *recte*: 6 vingts [120,000] (see below under Trémoille).

ᵇ [*sic*] *recte*: Louis.

[131] (B) (i), fo. 243v, gives the *comté* of Laval in Maine as worth 14,000 lt.p.a.. (B) (ii), fo. 251v, 'peult avoir cinquante mil escus de rente' is obviously the total revenue of the house. See pp. 177, 197.

[132] The *baronnie* of Fougères returned to the royal domain in 1488 and thereafter was periodically granted out. The current sr d'Ancenis was Charles de Lorraine, duc d'Elbeuf (d. 1605), who inherited it from his mo., Louise de Rieux, comtesse d'Harcourt, and sold it to his cousin, the duc de Mercoeur, in 1599.

[133] (B) (i), fo. 243v: in Touraine 'le conté de Montbasson qui vault 18000 li de rente'.

homme est aagé 63 ans et du tout aveugle. Il a 80 m lt de rente. Monsr marquis du Quiet[a] de 36 m lt de a espousé l'une de ses filles.

Alliances

À la maison de Bourbon
[*125*] À la maison de Roham
À la maison de Laval
À la maison du conte de Combour

La maison de Tremoille

Tremoille [*Pa*]. La race de Thouars a duré en grand honneur et puissance iusques à ce que la maison tomboit en quenoille et l'heretiere marié en la maison d'Amboise, sur lesquelz srs d'Amboise y eust un arrest de confiscation et entre les troubles de la maison fut la heritiere marié à Monsr Georg de Tremoille, duquel le filz Louis de Tremoille a tant faict de services qu'il fut par Louis 12 restitué en partie es biens de la maison et par ce moien ceste maison de La Tremoille est parvenu et faicte en peu de temps un des plus puissants de France avec beaucoup des alliances et grands successions qui leur sont escheuz.[134] Il y a en comptant toute la maison 16 [*sic*] m lt de revenu. Celuy de present aagé 20 ans non ancoires marié a une soeur aagé 12 ans laquelle a pour mariage 30 m lt de revenu, non encores marié. Mais Monsr d'Armoictiere[b] son cousin germain de 40 m lt de revenu luy faict amour et aussi Monsr conte de Montbazon filz et heretier du prince de Guyminye.[135]

---

[a] [*sic*] Jeanne de Rohan m. the marquis de Coetmur, and Renée de Rohan m. Jean de Coetquen, comte de Combour. There is obviously a conflation here.

[b] [*sic*] *recte*: Noirmoustiers.

[134] Strictly speaking, the heiress of Thouars and Talmont in Poitou, Marguerite d'Amboise, m. Louis I de La Trémoille (d. 1483), s. of Georges de La Trémoille. It was their son Louis II who flourished under Louis XII.

[135] The current head of the house, Claude de La Trémoille, b. 1566 (therefore 18 to 19). His sis., Charlotte-Catherine (d. 1629), m. (1586) Henri, prince de Condé (d. 1588); (see Anselme, IV, p. 170). (B) (ii), fo. 249r: 'Mons. de la Tresmouille prince de Talmundois en Poictou a espousé une des soeurs de Memorency de laquelle il a un fils nommé le duc de Touuars en Poytou, mais bien du bailliage de Tours. En tout le Touuarois il y peut avoir bien

Alliances

À la maison de Laval de 120 m ll de revenu.
À la maison du conte de Chasteaurou de 30 m lt.
À la maison d'Armoictiere de 40 m lt de revenu.

[*126*]	**La maison de Armoitiere** [*sic*]ᵃ

Monsr d'Armoitiere [*Pa*], frere de Monsr de La Tremoille oncle de cestuy à present[136] espousa la vefve de Monsr de Chasteuneuf, soeur du conte de Chasteau Reu, laquelle a esté depuis remarié à Monsr le Grand, Angervin, duquel elle est encore vefve. Elle a 40 m lt de douaire et elle a eu par Mr d'Armoitiere un filz aagé 20 ans appellé Monsr Armoitiere qui suit la court. Il est cousin germain de Monsr de Tremoille. Il a 40 m lt de revenu non encores marié.

La maison de Monsr le Marquis d'Espynay

Monsr le marquis d'Espynay aagé de 40 ans [*Pa*][137] espousa [...]. Il a eu un filz et 2 filles. Son fils s'appelle [...]. Les filles sont toutes deux mariés, l'une à Monsr de Chasteauneuf l'autre à Monsr conte de Ploin. Il y a en ceste maison 80 m lt de revenu.

Monsr le marquis d'Espinay a deux freres, l'un se nomme Monsr de la Marche aagé de 30 ans qui espousa la vefve de Monsr de

---

ᵃ *recte*: Noirmoutier.

mille gentilhommes vassaux du duc. Ceux de ceste maison autrefois ont eu tant du credit qu'ils ont est appelees les petits roys de Poitou.' (B) (i), fo. 243v: 'bien 1200 gentilshommes vaissaux'.

[136] Claude de La Trémoille, baron de Noirmoustiers (d. 1566); m. Antoinette de La Tour Landry, dau. of the comte de Châteauroux in Berry; s. François de La Trémoille, marquis (1584) de Noirmoustiers (Anselme, IV, p. 176). Antoinette m. (1) René le Porc de la Porte, baron de Verzins, and (3) Claude Gouffier, duc de Roannois, grand écuyer de France.

[137] Jean, (1528–1591), marquis d'Espinay (1576); m. Marguerite de Scepeaux, dau. of the maréchal de Vieilleville, who brought him the comté of Duretal; he would have been 55; s. Claude d'Espinay, grands. Charles. His grand-dau. brought the marquisate by m. to Henri de Schomberg (La Chesnaye-Dubois, VII, col. 409).

Collombiers en Normandie. Il a 20 m lt de revenu. L'autre Monsr d'Eueron[a] non encores marié.[138]

La maison de Chasteauneuf

Monsr baron de Chasteauneuf [*Pa*][139] espousa la fille aisné du marquis d'Espinay. Il a 30 m lt de revenu, aagé de 40 ans.

La maison de Ploin

Le conte de Ploin [*Pa*][140] espousa l'autre fille du marquis d'Espynaie. Il a 20 m lt de revenu.

La maison de Hunauday

Monsr de la Hunauday [*Pro*][141] agé de 55 ans, gouverneur de Nantes, de 20 m lt de rente.

La maison de Assigné

Monsr d'Assigné [*Pa*] aagé de 40 ans de 30 m lt de revenu. Il a donné naguerres sa fille en mariage à Monsr conte de Brissac.[142]

---

[a] [*sic*] *recte*: de Broon.

[138] These bros were Louis, sr de La Marche (d. 1600); m. (1) Anne de Guité, dame de Vaucouleurs (*DBF*, XIII, pp. 8, 11), and must have m. (2) Gabrielle de La Luzerne; bro. Antoine, sr de Broons, baron de Mollay.

[139] Guy de Rieux, sr de Châteauneuf.

[140] The equivalent entry in Part 2 indicates that by de Ploin is meant the comte de Ploer, who was at this time Charles Goyon, sr de La Moussaye, but he was m. to Claude du Chastel (Anselme, V, p. 396) and was a Prot.

[141] René II de Tournemine (d. 1590), lieut. gen. of Brittany.

[142] Jean, sire d'Acigné and baron de Coetman's heiress was Judith d'Acigné (d. 1598), who m. Charles II de Cossé-Brissac.

APPENDICES

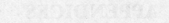
APPENDICES

APPENDIX 1

DOCUMENTS RELATED TO TEXT A

1 'THE NAMES OF THOSE COUNSAILOURS WHICH HAVE THE MANNAGING OF THE KINGES CHIEF AFFAIRES AND THEIR DISPOSITIONS AS IT IS CONCEAVED'

[*BL Cotton, Vespasian FV, fo. 304–305*]

René de Birague, cardinal and chancelloure, a millanoys, is one of the greatest ennemyes of those of the religione, a counsailoure of violent actiones and a contryver of the massacre, a chief dooer of the kynges affaires greatly favoured by the Quene Mother, but no so well lyked of the Kynge howbeit especially trusted by the Quene and a minister and advertiser of the consistory of Rome, and hath secrett intelligence with the Quene if Scottes.

Chiverny, keper of the seale, a man noted to be the subtillest and most pollit[ique] of all the counsayle, he was of long tyme chancelloure of Aniou before the Kynge came to the crowne. Towarde the publique state he is of like dispositione with the Chancelloure Birague and of so great creditte with the Kynge that many tymes he altereth that which the whole counsaile have passed and agreed on, wheron some calle the Kynge Chivernys secretarye.

Bellievre, superintendent of the finances, he is of Daulphiné, hath ben counsaillur at Grenoble and of longe tyme Ambassadoure with the Suisses, ennemy of those of the religione, and thoughe no dealer in the massacre, yet a defendour therof in a book sett forthe by him, entier with the Kynge in dyvers affaires especially those of Germany, a corrupt man, an especiall friend to those of the house of Guyse and favouringe the Sp[anish] Kynges affayres in Fraunce.

Pibrac for that he was Advocate generalle in the Parliament of Parys where was great proof made of his learnynge and eloquence, and before that was the kyngs oratoure in his counsayle, was made one of the privye counsayle, an enemy to Birague, Chiverny and Bellievre and yet a persecuter of them of the religion and a great instrument used by the Quene Mother in that behalf, with whom lately the Kynge hathe had sondry conferences. His brother is of the religion in some sorte and resident with the Kynge of Navarre and his Chancelloure.

Le mareschall de Retz noted to be a perverse man, greatly favoured of the Q. Mother, as counsalloure and contynuer of the massacre and one of the privy counsayle the therefore the more hated by them of the Religione, he now wold incurre favour with Monsieur d'Aniou and the united catholiques. He hath allways dissuaded from forrayne warre and perswaded to civill warre, favouringe as muche he may the affayres of the Kyng of Spayne.

Le duc de Nevers, a capitall ennemy of them of the Religione, a counsailour and executour of the Massacre, he is brother to the Duke of Guise by the maryage of the two systers, favoureth the affayres of the Kynge of Sapyne in Fraunce and is noted to be a very fyre brande in reysinge of civille warre.

The secretaryes

Villeroy, a parishiane who maryed the daughter of L'Aubespine the Secretarye niepce to Morvilliers and Lymoges, cousine germayne to the wyfe of Pinart, a very riche man both by himself and by his wyfe, he hath the dealinges of Spayne, Guyenne and Bretaigne. Though he be litle, and younger then the rest yet is he more ingenious and subtle and employed in the secretest and most importante affayres. He is of the privye counsaile, favouringe the affaires of K. Phillip of whom (as they saye) he receaveth pensione. He is one of these to whom the counsaile of the massacre was communicated and is ennemy to the house of Monmorency.

Brulart, nepvew to secretary Bourdin, under whom he came to advauncement, he is a reasonable man and not malitious, hath the dealinges of Almany, Switzerland, Champaigne, Brye and Bourgoigne and more inclyned to the house of Monmorency then any other, and consequently suspectid by those of Guyse, a man not easye to deale with and something froward of nature.

Pinart was fyrste secretary to the late mareschal St André, who was slayne at the battayle of Dreux, anno D° 1562, afterward he was employed by the secretary L'Aubespine, whose niepce he maryed. When Fizes was made secretary of estate he was made secretary to the Q. Mother. He is skilfull ynoughe but of an evill conscience; hathe the dealinges of Englande, Scotlande, Normandye, Picardye, the Low Countreys and Isle of France and is a Guysiane.

Monsieur d'O, one of the Kynges minyones who is continually with the Kynge in his Cabinet and serveth him for his Secretary in his most entier and privye causes, whos advise the Kynge accepteth and useth in all his moste secrett dealinges of what quality soever. He is the principall of all the Minyones and the first that retourned lately to the K.

There is one **Ruchellai**, an Italyane who bryngeth many matters to the sayd d'O and devises to make moneye.

2 ROYAL COUNCILLORS WITH ENTRY IN THE COUNCILS IN THE HOUSEHOLD ORDONNANCE OF 11 AUGUST 1578

[*BL Cotton, Vespasian F V, fo. 505*]

Conseillers des affaires:

Le Royne mere
Monseigneur son frere
La Royne regnante
Cardinal de Bourbon
Le duc de Montpensier
Le Roy de Navarre
Grand Prieur de France
Le duc de Mercurie, frere de la Royne
Le Chancellier
Le mareschal de Montmorency
Le sr de Chyverny
Le sr de Villequier le jeune
Le sr de Rostain
Le sr de Lansacq le pere
Les srs Do, St Luc, de Souvray et d'Arques

These have entry into all other councils as do:

Les six marechaux
L'Admiral
Le Chancellier
Le colonel de l'infanterie

Le Grand maistre de l'artillerie
Tous gouverneurs de province et lieutenants generaux
Gouverneurs des places
4 capitaines des gardes: Losses, Rambouillet, Larchant et Clermont

Conseillers de robe longue:

L'evesque de Valence, sr de Monluc
Le sr de Lenoncourt
Le sr de Foix
Le sr de Roissy
L'evesque d'Auxerre
L'evesque de Paris, Gondy
Le sr de Bellievre, President du Parlement de Paris
Le sr de Pybracq dict du Faur, President de Paris
Le sr evesque de Vienne
Le sr Bailly, president de comptes

Conseillers de robe courte:

Le duc d'Usez de la maison de Crussol, capitaine de 50 lances
Le sr de Chavigny, capitaine de l'une des bandes de cent gentils-
    hommes de la maison du roy
Le sr de Vaugiron, capitaine de 50 lances
Le sr de Chapelle aux Ursins, capitaine de 100 lances
Le sr de Puisgaillard, capitaine de 50 lances et mareschal de camp
Le sr de Combault, premier maistre d'hostel de Sa Majesté
Le grand prieur de Champaigne, dict chevalier de Seure
Le sr de Maintenon, capitaine de 50 lances, grand marechal de logis
    du Roy
Le sr d'Escars, capitaine de 50 lances
Le sr d'Estree, capitaine de 50 lances
Le sr de Pons capitaine de 50 lances
Le sr de La Mothe Fenelon
Le sr de Malicorne, capitaine de 50 lances

APPENDIX 2

DOCUMENTS COMPILED BY ROBERT CECIL

{···} deleted passages
<···> added passages

1 [THE TITLED NOBILITY AND OFFICE-HOLDERS OF FRANCE]

[*PRO SP 78/12, no. 84, fos 240–245v*]

Les princes du sang qui sont descendus des Roys de France directement par marrriage sont 8

1 Le Roy de Navarre
2 Le Cardinal de Bourbon
3 Le Prince de Condy
4 Le Marquis de Conty
5 Charles mons Cardinal de Vendosme
6 Le Conte de Soyssons
7 Mons de Mompensier
8 Le Prince Dauffin

Princes en France lais qui sont pour le iourd'uy

1 Le Roy de Navarre à cause de son duché de Vandomois
2 Le Prince de Condé à cause de son diché de'Anguion
3 Le Duc de Montpensier
4 Le Duc de Nevers
5 Le Duc de Guise
6 Le Duc de Mercur

7 Le Duc de Mayne
8 Le Duc d'Aumale
9 Le Duc d'Albeuf
10 Le Duc de Longueville
11 Le Duc de Montmorency
12 Le Duc de Pygney qui est mons de Luxembourg
13 Le Duc de Joyeuse
14 Le Duc d'Uzees mort depuis 4 mois soudainement à Paris
15 Le D de Raitz
16 Le D d'Espernon

Ducs et ceux qui ont terres en titre de duché

Le Roy de Navarre, duc de Vandomois
Le prince de Condé, duc d'Anguyen
Le Duc de Montpensier
Le Duc de Puissay, Prince Dauffin
Le D de Nevers
Le D de Mercur
Le D de Guise
Le D de Chevreux
Le D de Mayne
Le D d'Aumale
Le D de Nemours
Le D de Genevois
Le D de Longueville
Le D de Montmorency
Le D d'Uzees
Le D de Rouanois
Le D d'Espinois
Le D de Bouillon qui n'est que tributaire

Ceux qui tiennent terres en titre de principauté

Le Prince de Condé
Le prince Daffin[1]

---

[1] i.e. le prince Dauphin.

Le Prince de Brienne c'est mons de Luxembourg
Le Prince de Talmont c'est mons de Tremouille
Le Prince de Chabanais c'est le Vidame de Chartres
Le Prince de Carency c'est mons de la Vauguion

Ceux qui tiennent terres en titre de marquisat

1 Le Marquis de Conty	2 Le marquis de Chassein
3 La Marquis de Chaligni	4 Delbein, sr de Canilac
5 [*deficit*]	6 De Villars
7 De Mesle	8 de Bauge
9 d'Ancre	10 De Revel
11 De Bellisle	12 De Magnelers
13 De Trans	14 Le Marquis de Salusse

Ceux qui tiennent terres en titre de conté

Le Conte de Soyssons; De Rotelois; de St Paul; de Candale; d'Urfé; de Rousy; de La Rochefaucaut; De Tornon; de Charny; d'Escars; de Coligny; de La Val; de Rochefort; de Montbason; de Brisac; de Secondigny; de Montlevrier; de Vantadour; de Cailus; de St Megrin; de Sansac; de Marennes; de Montgomery; de Montluc; de Sanserre; de Rais; de Chasteauroux; de Chrichant; de Sagonne; de Lude; de Torigny; de Saulx; de Vignori; de Nanteuil; de Chasteauvillain; de Monstreul; de Bouchage; de Dampmartin; Jachet de Tilliers; de Riberac; de St Aignan; de Susle; de Choysi; de Charse; de La Mirande; de Chaure; de Crevane; de Montlor; de La Rocheguion; de Tonnerre.

Le vicontes

Le viconte de Turesne; de Joyeuze; de Touars; de Liny; de la Guierche; de Rochepozai; de Paunny; d'Auchy; de Paval; de Cadenat; de Duras; de Montluc; de Montameat; de Chaumont; de Pompadour; de Lavadan; de Brunequel.

Officiers de la couronne de robe longue

Le Chancellier qui a pour sont estat 14^m livres de gages et 12^m pour son plat afin de pouvoir avoir avoir tousiours quelque maistre des requestes pour lui servir du Conseil.

Garde des Scaux, cest estat n'est pas ordinaire mais a esté institué par les Rois quand ils ne se veulent plus servir des Chancellieres.

Les officiers de robe courte

Le Conestable cest estat icy est de grande importance pource que celui qui en est pourveu commande aux armés par tout mesmes aux Princes du sang et represente le Roy en quelque part qu'il se trouve. Comme le Chancelier aux lois tellement que quant il parle les loix de France parlent mesme. C'est lui qui faict les lois et ordonances. Ces deux icy sont les premiers officiers de la Corone de France et comme les deux bras du Roy et ont ce privilege de ne pouvoir estre demis si non par mort ou forfaiture.

Les mareschaux apres ces deux sont les premieres officiers. Ils comandent aussi aux armés ordinairement. Ils n'estoient premierement que deux apres mais auiourd'huy il y en a six, mais les deux seront surprins par mort:

Le mareschal Montmorency
ou d'Amville
Le mareschal du Rais
Le mareschal Matignon } Ils ont touts 12^m livre a piece pour gages
Le mareschal Biron
Le mareschal d'Aumont
Le mareschal de Joyeuse

L'admiral c'est mons de Joyeuse.

Grand prieur de France c'est le bastard du Roy Henri 2 qui est aussi capitaine des galeres de Marseille, capitaine de la marine du Levant. Ils ont chacun 500 ecus par mois pour l'entretenement des galeres.

Colonel General du Ban et arriere ban de France c'est le Conte de Sansay. Cest estat doibt estre surprins selon la requeste des Estats à Bloys.

Colonel de la Cavallerie legiere – Sagone frere de Bourdaziere qui l'a asheté de Bellegarde.

Colonel General della Fanterie francoise, Mons de Espernon.

Colonel des Suisses c'est Mons de Meru.

Colonel des gardes des Suisses, Mons de Bouillon.

Grand maistre de l'artillerie, Mons de la Guyche qui a 2000^{m} escus à gages et 600 li. pour extraordinaire quand il y a armés aux champs.

Maistre du camp, c'est Mons de Lenoncourt.

Grand prieurs de France il y en a 6.

Celuy de France qui est bastard du Roy Henry 2.

Celuy de Champaigne qui est le Chevalier de Lievre.

Celuy de Guienne, celuy d'Auvergne, qui e[st] M. de Vendosme.

Celuy de Provence, qui est frere de Mr de Joyeuse. Celuy de Toulouze.

Vidames

Il y a quatre vidames:

Le vidame de Chartres
Le vidame d'Amiens
Le vidame de Mans
Le vidame de Challons.

Officiers de la maison du Roy de robbe longue

Le Grand Aumonier, mons d'Aumiot, Evesque d'Auxerre.

Le maistre de la Chapelle, mons. de Marmoutier.

Le Confesseur mons de Rusé, evesque d'Angiers.

Le premier medecin du Roy est mons Miron qui a 1200 livres de gages, les autres ont que 500 li. chacun.

[Officiers de la maison du Roy de robe courte]

Grand maistre, mons de Guise
La Grand Chambellan, Mons de Mayne
Grans Escuier, le Conte de Charny
Grand veneeur, mons d'Aumale

Le Conte de Bochages, frere de mons de Joyeuse, maistre de la garde robe

Capitaines de Cent gentilshommes, Mons. de Pont et Mons. de Chavigny, Mons. Lansac.

Premieres Gentilshommes de la Chambre du Roy, Mons. de Joyeuse et Mons. d'Espernon.

Le Roy de France a sa Garde composee des Escossois, Suisses et Francois.

> D'Escossois qui est composee de 100 servants par Quartiere et chacun a 300 li. par an des Gages.

> Des Suisses qui sont aussi 100 servant tousiours et ont 15s par j[our].

> Apres il y a 400 gentilshommes Francoys du Chambre du Roy qui a chacun 600 li. par an.

Les quatre Capitaines des Gardes:

> Mons. de L'Archault, Mons. de Clermont d'Antragues, Mons. de Manon et de la garde Escossoise est Capitaine {le Chevalier de Losse}.

Grand Prevost de l'Hostel, Mons. de Richelieu
Grand Mareschal des logis, Mons. de Chemeraut

Liutenant Generaux et Gouverneurs des provinces

De l'Isle de Paris, Mons de Villequier {et mons. le baron de Torcy} <soubs la Royne mere>

De Soyssons, Mons de la Chapelle des Ursins.

De Normandie:

> {Mons. d'Aux de la basse Normandie avec 2000 escus de gages.}
> Mons. de Carrouge de Roan avec 1500 escus l'an.
> Et Mons. de Joyeuse Gouverneur en General de la Normandie.
> Mons. de la Millieray de basse Normandie.

De Picardie, Mons. le prince de Condé et en son absence Mons. de Creveceur et a 2000 escus l'an

De Bologne, Mons. de Trees

De Monstreul, Mons. de Minu[2]

D'Abbeville, c'est Mons. de Huggueville.

De Calais, Mons Gourdan

---

[2] *recte*: Mailly.

De Champaigne et Brie, Mons. de Guise et son lieutenant Mons. de Tinteville

De St Disiers, Mons de Mauvissiere emb. pour Angleterre

De Mets et pays Messin, Mons. d'Esperon

De Britagne:
Mons. de Mercure et soubs luy Mons de la Fontaine Mons. de la Hunaudois

De Nantes, le Conte de Sanzai

De Poictou, le Conte de Lude

De Maine, Mons. de Rambouillet

D'Orleans, Mons. d'Antragues et de pais d'Orleans, Chancellier Chevergny

De Chartres, Mons. d'Eguille

De Bloys, Mons. de Rochefort la Croisette

D'Amboise, Mons de Reilly

De Berry, Mons. de la Chastre

De Bourgogne, le Duc de Mayne lieutenant le Conte de Charny

D'Auxois, Mons. de Missery

D'Ausonne, le viconte de Lyny

De Lionnois, mons. de {Nemours et son lieutenant mons.} Mandelot

De Bourbonnois, Mons. de la Guiche

D'Auvergne, Mons. de St Heran

De Limousin, le Conte de Vantadour

D'Angumois, Mons. de Ruffec

De Querci, Mons. de Cailus

De Guienne, Le Roy de Navarre et Mons. de Matignon

De Blais, Mons. de Lansac

De Brouage, mons. St Luc

De Languedoc, Mons. de Momorency et la viconte Joyeuse

De Jenouday,[3] Mons. de St Vidal

De Provence, le Grand Prieur de France et mons. de Carsé son lieutenant

De Daulphiné, le D. de Montpensier et Mons. Maugyron

De Salusse, La Valette

De Rouergue, Mons. Quailus

De Valence, Mons. de Alepins

De Ausonne, le viconte de Ligny

De Narbonne, le Baron de Rieux

[3] *recte*: Gevaudan.

Les Duchés, principautés, marquisats et contés qui sont en chacun province de France:

En France

Le Duché de Montmorency
Le Duché de Chevreux
Le Conté de Montfort
Le Conté de Soissons
Le Conté de Nanteuil
Le Conté de Danpmartin

En Normandie, qui vaut au Roy deux millions des livres par an, sont:

Le Duché d'Alencon
Le Duché d'Evreux
Le Duché d'Aumale
Le Duché de Longueville
Le Conté de Dunois
Le Conté de Mortain
Le Conté de Tilliers
Le Conté d'Oeu
Le Conté de Maulevrier
Le Conté de Montgomery

En Picardie:

Le Duché d'Anguien
Le Duché d'Estouteville
La principauté de Condé
Le Marquisat de Contes
Le Marquisat de Nesle qui ne vault que 14000^{m} par an [. . .] mais il a bien mille Gentilhommes vaisseux.
Le Marquisat de Maignelers
Le Marquisat d'Ancre
Le Conté de Chaume[4]
Le viconté de Auchz[5]

---

[4] *recte*: Chaulne.
[5] ?Auxi (le-château).

En Champagne:

Le Duché de Guise
Le Duché de Bar
La Principauté de Janville
La Principauté de Portian
Le Principauté de Brienne
Le Conté de Roussy
Le Conté de Joigni vault 14000 li. de rente
Le Conté de Vignori
Le Conté de Chasteauvillain

En Brie:

Le Duché de Chasteau-Tierry
Le Conté de Meaux

En Bourgogne:

Le Conté de Charny
Dombes souveraineté en Bourgogne et Nivernois.

En Touraine:

Le Conté de Montbasson qui vault 18000^{m} li. de rente.
Le Conté de Mailé
Le viconté de Pannay

Au Blesois:

Le Conté de [. . .] issy
Le Conté de Baugé
Le Conté de Lude

Au Maine:

Le Duché de Maine
Le Conté de La Val qui vault 14000^{m} livres de rente.
Le Conté de Zuse [La Suze].[6]

---

[6] See Part 2, n. 297.

Au Britagne:

Le Duché de Pentevre
Le Duché d'Espinay
La Principauté de Guiminé
Le Conté de Rais vault 8000^m de rente.
Le Viconté de Rohan

En Poitou:

Le Duché de Touars qui a bien 1200 gentilshommes ces vaissaux.
La Principauté de la Roche Guyon
La Principaulté de Talmont
Le Conté de Sanzay
Le Conté de Hocondigny[7]
Le Conté de Bresse
Le Viconté de la Rochepozay

En Berry:

La Marquisat de Mesnieres
Le Conté de Chastelroux
Le Conté de Sancerre
Le Conté de Basances
Le Conté de St Aignan

En Limousin:

Le Conté d'Esclars
Le Conté de Vantadour
Le Viconté de Pompadour
Le Viconté de Turesne auquel il y a environ 500 gentilshommes
   vaissaux.

En Angoumois:

La Principauté de Chabanois
Le Conté de la Roche Foucault

[7] *recte*: Secondigny.

En Auvergne:

Le Duché de Montpensier
Le Duché de Mercur
La Principauté d'Auffin
Le Vicomté de Lavadan

En Forest:

Le Duché de Rouanois
Le Marquisat de Boysy
Le Conté d'Urfé

En Quercy:

Le Conté de Cailus
Le Conté de St Megrin
Le Conté de St Roussillon
Le Conté de Tournon

En Provence:

Le Marquisat de Salusse
Le Principauté d'Aurenge
Le Conté d'Avignon qui est au Pape.
Le Conté de Tende
Le Conté de Saux
Le Conté de Carsé
Le Viconnté de Cadenet

En Guienne:

Le Duché d'Albert
Le Conté d'Armignac qui a 1500 gentilsommes vaissaux.
Le Conté de Bigorre
Le Conté de Foix
Le Conté de Mirande
Le Conté de Montluc

Le Conté de Briange
Le Conté de Marenne
La Pais de Medoc

En Languedoc:

Le Duché d'Uzes
Le Marquisat de Canillac
Le Conté d'Alluis
Le Conté de Carsel
Le viconté de Joyeuse erigé à cest'heure en Duché.

Seigneurs estrangiers et principallement du Pais Bas

De la maison de Nassau issu d'Allemaigne:

Le Prince d'Aurenge, conte de Nassau souveraign de les deux terres et baron de Breda, à laquelle baronie appartient la ville et territoire de Steenberghe, la franchise de Losendal puis Osterhaut seigneurie antienne et noble, la baronie de Diest qui fust donné a ces predecesseurs par le Duc de Cleves en change de Hemsberg et la moitié de la baronie de Grinberghen. Appertient aussi au Prince Lisle de Tolen, Le Conte de Buren son fils.

De la maison de Croy:

Le D. d'Arscot prince de Chymay, Marquis de Renty en Artois. Il a herité le P. de Portian.
Le Prince de Chevre son fils.
Le Marquis de Hanriche son frere.

De la maison de Melun:

Le Prince d'Espinay viconte de Gant et Conestable hereditaire de Flandres.
Le Marquis de Rochebourg.

De la maison de Montmorency:

Le Conte de Horne et aultres.

De Mansfield qui sont Allemans:

Le Conté de Mansfield Gouverneir de Luxembourg. Le Conte son frere vit en {Allemagne} ⟨estoit en France⟩.

D'Aigmont:

Conte d'Aigmont prince de Gavre.

Les duchés et contés qui sont es pais voisins de la France s'ensuivent

En Brabant:

Le Duché d'Arscot
Le Marquisat de Berge
La Baronie de Breda
Le Conté de Horne

En Flandres:

La Principauté d'Espinoys
La Principauté de Gavre
Le viconté de Gand
Le viconté de Harlebec

En Hollande:

Le Conté d'Aigmont
Le Conté de Walckemburg qui apartient au Conte de Ligny comme
    sr de Wassenar
La Baronie de Brederode

En Hainolt:

Le Prince de Chymey, le Conté de Bossu, le Conté d'Avesnes
Le Conté de Beaumont, le Conté de Reus
Le Conté de Ligny, le Conté de Parlame, Baronie de Ghisson
Baronie de Barbanson

En Artois:

Le Marquisat de Renty
Le Conté de St Paul

En Lorraine:

Le Marquisat de Pont
Le Marquisat de Nomeny
Le Conté de Vaudemont
Le Conté d'Aspremont

Au Liegois:

Le Duché de Bouillon
Le Marquisat de Francimont
Le Conté de Hoos

En la Franche Conté:

Le Conté de Rochet
Le Conté de Monstreul
Le Conté de Neufchastel qui est entre la Franche Conté et le Pais des
    Suisses.

En Savoye:

Le Duché de Genevois
Le Conté de la Chambre

En Bresse:

Le Conté de Colligny

Parlements es pais voisins alla France qui s'ensuivents:

Malines pour le Pais Bas
Dole pour la Franche Conté
Nancy pour Lorraine
Chambery pour la Savoye
Pau pour le Pais de Bearn

Finis le 3 Octobre à Paris. Rob. Cecill.

2 [THE ALLIANCES OF THE FRENCH NOBILITY]

[*PRO SP 78/12, no. 85, fos 247r–252r*]

Les aliances de la maison de Bourbon

Le Roy de Navarre. Sa mere estoit seule heretiere de Henry d'Albert roy de Navarre. Il a espousé la soeur du Roy de France qui est auiourd'huy et n'a point des enfans.

Le Prince de Condé en Picardie a espousé la troysiesme fille de Nevers surnommé de Cleves, laquelle mourut en couche d'une fille qui vit encores, de laquelle il a garde noble. Il avoit en son partage la marquisat d'Isle, conté de Beaufort en Champagne et viconté de Sainct Florentin.

Le Prince de Conty en Picardie son frere a espousé la vefve du Conte de Montaffié Italien fille et heritiere du defunct Monsr de Luce au pais du Maine.

Le Cardinal de Vendosme aussi son frere tous trois sont de Madame de Roy niece du Conestable. Il a la survivance des benefices du Cardinal de Bourbon son oncle.

Le Conte de Soyssons le plus ieune frere, de la soeur du duc de Longeville de laquelle il a le Conté de Soyssons.

Le Duc de Montpensier en Auvergne avoit espousé Aigne Aniou fille et heretiere du Marquis de Messieres issu d'un bastard d'Aniou, laquelle mourant luy a laissé un fils nommé le Prince de Dombes qui est en la Bressy. Le fils du duc de Montpensier souloit estre appellé P. Dauffin, qui est en Auvergne. Les seurs de Montpensier sont la duchesse de Bouillon, l'abesse de la Ferté en Brie, la Princesse d'Aurenge decedé. Le duché de Montpensier en Auvergne, auquel est annexé le pais de Combrailles, oultre les autres terres en Poictou et Bresse, vault bien 8000 escus de rente. <Le Pays d'Ombes et Beaujolois peuvent valoir 14000 escus de rent.> Le sieur de Montpensier faict batre monoy à son nom et armes.

Mons de Rubempré en Pycardie et son frere sont issus du bastard de Bourbon, duquel Philip de Comines en faict mention. Leur pere estoit Governeur d'Abbeville.

De la maison de Lorraine

Ceux de Lorraine se disent estre issu de Charles magne et pour estre issu de la heritiere de la derniere maison d'Aniou ont succedé à tous les droicts d'icelle.

Le D. de Lorraine a eu plusieurs enfans de la fille de France soeur du Roy qui est auiourd'huy, entre autres le marquis de Pont qui est aisné, le Cardinal de Lorraine evesque de Mets et abbé de St Victors à Paris. Il a autres plusieurs fils et filles, come la Princesse de Lorraine qui est à la Court.

Le duc de Mercur en Auvergne, marquis de Nomini en Lorraine, conte de Vadesmont frere de la Royne de France, a espousé la fille et heritiere de Mons. de Martigues, Sebastien de Luxembourg, que luy a apporté le duché de Pontevre en Bretaigne où il est Governeur pour le Roy. Le defunct Conte de Vaudemont son pere eut 3 femmes. De la premiere il n'eust point d'enfants, de la 2. il eut ledict duc de Mercur, la royne femme du Roy, le Cardinal de Vaudemont et Madame de Joyeuse et de la 3. il a eu la marquis de Chaussin et le marquis de Chanilly, le Chevalier de Vaudemont, Sire Mons. et la dicte fiancé de Mons. d'Espernon.

Le Duc de Guise et de Chevreuse a espousé la 2. fille de Nevers vefve du Prince de Portien que luy a apporté beaucoup d'enfans et entre aultres le Prince Janville laisné. Il a eu en son partage le conté d'Eu entre Pycardie et Normandie. Le duché peult bien valoir 200,000 li. de rente.

Le D. du Maine grand Chambelan, a espousé la vefve de Mons. de Montpesat en Guienne, fille aisné et heritiere du deffunct marquis de Villars.

Le Cardinal de Guise archevesque de Reims, abbé de St Denis, de Fecamp et aultres lieux. Il a 2. cent mille livres de rente en benefices. Leur soeur est vefve de Montpensier dernier decedé, le mere est remarié à mons. de Nemours qui est fille du duc de Ferrare et de madame René fille du Roy Louis douziesme.

L'abbé de Clagny est fils bastard de feu mons. de Guise.

Le duc d'Aumale cousin germain du Duc de Guise, grand veneur de France, a espousé la soeur du duc d'Albeuf sa couzine germaine. Il peut bien avoir 20,000 escus de rent.

Mons. de St Vallier en Dauphiné, son frere.

Le Chevalier d'Aumale abbé du Bec en Normandie est aussi son frere. Leur soeur est abbesse de Chelles pres de Paris.

Le D. d'Elbeuf peult bien avoir 30,000 escus de rente.

Sa soeur est madame d'Aumale.

Leur mere estoit soeur de la mere de mons. de La Val.

Messieurs de Guise, d'Aumale et d'Elbeuf sont cousins germains enfans des trois freres. Ils sont cousins germains aussi de la Royne d'Escosse à cause de leur tante, mere de ladicte Royne. <Messieurs de Guise, d'Aumale et d'Albeuf sont cousins du Roy de Navarre et Prince de Condé à cause que leur pere grand espousa la soeur du grand pere du Roy de Navarre.>

Mons. de Nemours, cousin du D. de Savoye. Il a espousé la mere du D. de Guise dont il a eu deux fils et une fille. L'aisné s'appelle le duc de Genevois en Savoye qui est le pais autour de Geneve mais il n'a rien dedans la ville. Il eut un aultre fils par madame de Garnache soeur du viconte de Rohan.

De la maison de Gonzague

Le Duc de Nevers issu de la maison du Duc de Mantoue en Italie a espousé la fille aisné et une des heritiers du duc de Nevers que luy a apporté le duché de Nevers. Ils ont trois filles. Les enfans masles sont decedees.

De la maison de Joyeuse

Le Duc de Joyeuse fils de Mareschal de Joyeuse auparavant dict Mons. d'Arques lieutenant general pour le Roy en Languedoc et de la fille de feu conte de Bouchage a espousé l'une des seurs de la Royne de France dont on dit qu'il a eu 400,000 escus en marriage autant que les filles de France.

De la maison de Nogaret

Le D. d'Espernon ai pais de Chartres Colonel de l'infanterie francoise dict la Valette. Il est nephew de Bellegarde à cause de sa mere. Son pere à la fin de ces iours fut faict Governeur de Guienne. Cestuicy n'est que le 2. de sa maison. Il achepta la baronie d'Espernon du Roy de Navarre 140^m livres, laquelle le roy eriga en duché annexant d'autres terres. Son frere aisné est Governeur de Salusze en Piedmont.

La maison de Memorancy

M. le Mareschal d'Ampville duc de Memorancy qui est aupres Paris et conte de Daumartin aussi pres de Paris. Sa femme est soeur du feu D. de Bouillon de laquelle il a enfans. Il a deux bastards, l'un evesque der Carcasonne en Languedoc et l'autre Chevalier de Malta.

Mons. de Meru a espousé la fille aisné du feu Mareschal de Cossé.

Le 3. frere mons. de Thoré a esté deux fois marié.

Leur frere aisné avoit espousé la bastarde du Roy Henry seconde dict Madame d'Angoulesme que demeure à Bois de Vincennes.

Leurs soeurs sont la mere du Conte de Candalle, la mere du viconte de Turesne, Madame de la Tresmouille, Madame de Vantadour.

La maison de Gondy

Le Mareschal de Rets en Bretagne et marquis de Belisle qui est une Isle sur le coste de Bretaigne auparavant dict mons. de Peron est appellé Gondi, de petit lieu issu de Florence en Italie. Sa femme Catherine de Clermont fille de Madame de Dampiere en Poictou vefve de Mons. [. . .]. Il a plusieurs enfans, l'aisné s'appele mons. de Rais. Il a pres de 120^m escus de rente. L'evesque de Paris est son frere qui a pres de 4 vingt mille livres de rente en benefices.

Gondy leur parent entreteneur des Ambassadeurs a la plus belle
maison de Paris excepté celle du Roy et de la Reyne mere. <Il est en
quelque disgrace>.

La maison de Biron

Mareschal de Biron en Guienne auparavant Grand maistre de
l'artillerie et lieutenant general en Guienne. Son fils fut tué à Anvers.
Le ieune Biron son frere fut tué à la bataille de Moncontour pour
ceux de la religion.
    Sa soeur est mre de mons. de St Sulpice.

La maison de Matignon

Mareschal de Matignon, conte de Thorigny en Normandie, lieutenant
pour le Roy en Guienne. Il a premierement governé en la basse
Normandie, durant lequel temps il fist l'exploit de la prinse de
Montgomery. Il a plusieurs enfans.

D'Aumont

Le Mareschal d'Aumont, Conte de Chasteau Roux auquel conté y
peut bien avoir mil gentilshommes vassaux. Il a espousé la soeur du
Conte de Charny dont il a eu plusieurs enfans vivants et decedees
entre aultres le ieune conte Chasteaux Roux qui fut tué à Anvers.
    Une de ses filles est marié à mons. de Rochebaron d'Auvergne.

La maison de Joieuse

Le mareschal Joieuse comme s'est dict dessus a espousé la fille aisné
du feu conte de Bouchages. Le duc de Joieuse est son fils.

De la maison d'Orleans

Le duc de Longueville, le Conte de St Paul sont freres et issus d'un bastard d'Orleans. Leur mere est heritiere du Conté de St Paul qui estoit de la maison de Bourbon et marié premeierment à Conte de Anguion frere du feu Roy de Navarre et du P. de Condé. Cestuicy fut tué à la bataille de St Laurent.

En ceste maison sont les Duchés de Longeville en Normandie et toutes villes souverainetés ioignant au pais de Suisses. Le Conté de Neufchastel pres le pais de Suisses,[8] St Paul en Artois, Dunois au Balliage de Blois et Cancarville [recte Tancarville] en Normandie. Le bien seuelement de leur mere la Contesse de St Paul vault quarante ou cinquante mil escus l'an.

De la maison de La Marc

Le D. de Bouillon, titulaire seulement aux [sic] l'evesque du Liege luy retient son duché. Il est soveraine de Sedan sur les frontieres de Champaigne et de Luxemburg.

Sa mere est soeur du feu Mons. de Montpensier.

Les tantes soeurs de son pere sont Madame de Mongomery, [recte: Montmorency] la Contesse de Sagonne et madame de Chamvallon.

De la maison de Luxembourg

Le D. de [. . .] conte de Roissy en Champagne[9] estoit destiné à l'esglise mes le conte de Roissy son frere aisné estant decedé il laissa la robe et l'esglise. Le prince de Brienne en Champagne son frere, leur mere estoit l'une des [filles] des marquis de Villars.

---

[8] Evidently a copying mistake. Should probably read, 'Etouteville, le Conté de Neufchastel et souveraintés ioignant au pais des Suisses.'

[9] François de Luxembourg, comte de Roussy, created duc de Piney, 1576. His neph., Charles II, comte de Brienne, was created duc de Brienne in 1587, but this was unregistered (Anselme, III, pp. 730–731). His mo., Marguente de Savoie, was the dau. of René, *bâtard* de Savoie.

De la maison de Levi

Le D. de Vantadour en Limousin où il est governeur. Il a espousé l'une des seurs de Memorency de laquelle il a eu deux filles [*sic*] dont l'aisné nommé le jeune Vantadour fust pris avec le Viconte de Thuresne à Cambray. Il a autre fois tenu le parte de Mons. contre le Roy.

Le Conte de Queilus favory autrefois du Roy et au combat blessé à mort estoit son fils aisné. Mons. de St Sulpice a espousé sa fille.

De la maison de Cursol

Le Duc d'Uzes en Languedoc et Conte de Cursol en Auvergne. Il a long temps porté les armes contre le Roy pour ceux de la religion tellement que apres la mort de Dandelot il fust faict Colonel general de leur infanterie, mais aiant esté sauvé à St Barthelmy il a tousiours suivy mesieurs de Guise. <Il mourut depuis 5 mois> [i.e. 1586].

De la Tremouille

Mons. de la Tresmouille prince de Talmundois en Poictou a espousé une des soeurs de Memorency de laquelle il a un fils nommé le duc de Touars en Poytou mais bien du Bailliage de Tours. En tout le Touarois il y peut avoir bien mille gentilshommes vassaux du duc. Ceux de ceste maison autrefois ont eu tant de credit qu'ils ont esté appellees les petits roys de Poitou.

De la maison de Gouffier

Le D. de Rouannois et marquis de Boysy en Forest ou Rouannois. Il a espousé l'une des filles de feu Mareschal de Cossé. Il n'a qu'un frere. Mons. de Crevecoeur de Pycardie est de ceste maison qui a un fils come aussi mons. de Bonivet qui a faict le voiage de Flandres.

De la Roche Faucault

Le Conte de la Roche Faucault en Angomois, prince de Mareillac[10] en Poictou. Il a faict le voiage de Flandres avec feu Mons. Leur pere feust tué à la St Barthelmy. Leur mere estoit soeur de madame de Roy, mere du Prince de Condy, niece du feu Conestable.

Messieur de Rendan sont leur cousins germains, fils de deux freres. Ils estoit 4 freres dont l'un fust tué en duel et Cham[11] assigné par Laverdin, les deux autres sont de l'eglise, dont l'un est maistre de la chapelle du Roy.

De Rohan

Le viconte de Rohan prince de terne?[12] en Bretagne, baron de Fonteny en Poictou. Il a porté les armes contre le Roy. Sa femme est Chaterine de Partenay seule fille et heritiere de Mons. de Subize qui feust tué la St Barthelmy.

Madame de Granache mere du Prince de Loudenois qu'elle eust hors de marriage de M de Nemours, est sa soeur.

Ceste maison est bien allié d'ancienneté en la maison de Bretagne. A present ils sont les plus proches à succeder au Roy de Navarre à cause de la soeur de [. . .] d'Albeuf,[13] ayeul maternel du Roy, qui fust marié en ceste maison.

L Prince de Guimenay aveugle est de ceste maison et peult avoir plus de vingt mil escus de rente.

Le Conte de Montbason est son fils, le Conte vault bien vingt mil escus de rente.

Ces filles sont mariees au Conte de Chamborg et Queymer Bretons.

Des Ferrieres

Le vidame de Charters prince de Chatanois sur le marche d'Angoumois et Limosin, seigneur de Matigni[14] en Bourgogne, le nom

---

[10] *recte*: Marcillac.
[11] *recte*: en champ.
[12] *recte*: Leon.
[13] *recte*: Albret (Isabelle d'Albret, sister of Jeanne, Queen of Navarre).
[14] *recte*: Maligni.

duquel il portent devant les deces de Francois de Vendosme vidame de Charters, duquel il a herité. Les Francois disent que ce feu vidame de Charters vendit le Havre de Grace aux Anglois pretendant la place estre le siene.

De Fois

Les Contes de Candales sont enfans de celui qui fut tué devant Sommieres en Languedoc et de la soeur de Memorancy.

Mons. de Foix leur oncle patronel et Archevesque de Toulouze. Il a esté souvent emploié en ambassade à Rome et aultres pais.

Le marquis de Alegre

Le Marquis d'Alegre avoit espousé la soeur du prevost de Paris du Prat. Le sieur de Millout plus ieune fils de frere dudict Alegre a tué le Baron de Viteaux frere du Prevost de Paris en Combat assigné dans le pres au clercs en septembre 1583 à Paris, pource que ledict de Viteaux avoit tué le pere dudict Alegre qui estoit capitaine du Roy Charles neufiesme.

De Chabot

Le Conte de Charny en Bourgogne où il est lieutenant et grand Escuier de France. Mons. de Brion son frere a espousé la soeur de Roche Guion, leur seur est marrié au mareschal d'Aumont. Leur pere estoit l'amiral Chabot dict de Brion.

Le Conte de Charny n'a poinct des enfens masles mais il a trois filles dont l'une est marié à mons. de Tavannes l'aisné viconte de Liny, l'autre au conte de Tilliers. Il y a encores une aultre qui n'est pas marrié.

D'Amboise

Le jeune fille d'Amboyse a donné sa soeur à mons. de Baligny en Beauvoisin à condition de tuer mons. de Monsereau qui tua son pere allant voir sa femme dudict Monsereau.

Messieurs de Clermont d'Amboyse de ceste maison ont porté les armes contre le Roy mais à present ils ne bougent.

De Cossé

Le mareschal de Cossé n'a laissé que des filles, l'aisné dequelle est marié à mons. de Meru, frere de Memorency.

De Montgomery

Le Conte de Montgomery seigneur de Lorge au balliage de Blois est fils de celuy qui tua le Roy Henry 2. courant la lance. A espousé la fille de Conte de Suze au pais de Maine. Il a plusieurs freres et soeurs tous de la religion.

De la Tour

Le viconte de Turesne et conte de Montfort auparavant governeur de Perigort pour ceux de la religion fut pris prisonier devant Cambray mais il a esté delivré depuis nagueres apres avoir paié pour sa ransom 50^m escus.

Son pere fut tué à la journée de St Laurence. Sa mere est soeur de Messieurs de Memorancy.

Le Veneur

Mons. de Carrouge, Lieutenant General à Roan et au balliage d'Evreux, son fils le Conte de Tilliers en Normandie a espousé l'une des filles du Conte de Charny.

Chomberg

Le Conte de Chomberg Alleman a achepté le Conté de Nanteul aupres de Paris de Mons. de Guise, 130^m.

Diaceto

Ludovic Diaceto Italien de Florence venu en France depuis vingt ans enca c'est faict tellement riche en fermant les douannes et Gabelles de France qu'il a achepté le Conté de Chasteau Villain en Champ[agne] que luy a cousté 400 mil livres. Il a espousé madame d'Atry qui a esté aimé du Roy. Elle est issue des ducs d'Atrye au Roiaume de Naples, laquelle luy a apporté un fils et une fille. Ledict Diaceto a faict bastir une fort belle maison aupres de la rue de St Antoine qui a cousté à bastir 100^m escus. <Il est en disgrace pour quelques perles qu'il a vendu au Roy>.

De Villequier

Mons. de Villequier en Normandie, Governeur de la haute et basse Marche de Limosin, le viconte de la Guerche son fils a esté tousiours aupres du feu Mons.

Mons. de Villequier le jeune, baron d'Aubigny et Gouverneur de Paris. Il a tousiours esté en grand credit aupres du Roy. C'est luy qui a tué sa femme.

Mons. D'O a espousé une de ces filles.

D'Estrees

Mons. d'Estrees viconte de Coenes,[15] premier baron Seneschal et Governeur de Boulonois. Son pere estoit grand mr de l'artillerie et tousiours de la religion.

Hurault

Philip Hurault viconte de Cheverny, Chancelier de France, lieutenant general ou Governeur d'Orleans, Chartres, Blois et pais adiacens. Il a plusieurs enfans de la fille de feu Mons. de Tou premier president de Paris.

[15] ? Coeuvres.

De Lusignan

De la maison de Lusignan en Poictou est mons. de Lansac, Chevalier d'honeur de la Reine mere qui a esté tousiours emploié aux affaires d'etat. Le jeune Lansac son fils est visdamiral de Guienne et Governeur de Blay en Xantonge. Il a plusieurs aultres enfans.

<De maison de Lusignan sont sortis plusieurs grands personages qui ont tenu le Roiaume d'Armenie et Cypre long temps.>

De Bassac[16]

Mons. d'Antragues en Auvergne, Governeur et Bailif d'Orleans. Sa premiere femme estoit de la maison de la Val par laquelle il a eu deux enfans mais en 2. nopces il a espousé madame Touchet de laquelle le Roy Charles 9. a eu un bastard nommé Charles Mons.

Mons. de Clermont d'Antragues, Capitaine des gardes. Il a espousé la vefve de Mons. de la Tour frere de Mons. le mareshal de Rets.

Antragues le plus ieune qui combattit avec Queilus, Maugiron et autres dans la ville de Paris et aussi son frere son tous grands favorits du Duc de Guise.

Leur soeur est veufve de Mons. d'Aubigny en Berry, Duc de Lennox.

De la Guiche

Mons. de la Guiche Governeur de Bourbonois, grand mr de l'artillerie de France. Il a deux freres et une soeur marié à Mons. le viconte de Pompadour.

D'Angenes

Mons. de Rambouillet, Governeur et vidame du Mans. Il a esté autrefois Capitaine de Gardes et Governeur de Mets, fut emploié en ambassade.

---

[16] i.e. Balsac.

De Blosset

De ceste maison et le Baron de Torcy General en l'Isle de France.

De la Chastres

Mons. de la Chastre, Gouverneur et bailif de Berry. Son fils le ieune la Chastre estoit de la maison de Monsieur.

Du Prat

La maison du Prat venu d'Auvergne a esté faict grand par le Chancelier du Prat, Cardinal et legat du Pape du temps du Roy Francois premier, duquel le Prevost de Paris, c'este à dire garde de la prevosté de Paris, en est, est plus de 40^{m}.

Le Baron de Viteaux estoit son frere qui fut tué par Millaut.

Le Prevost a deux soeurs dont l'une est marié à Mons. d'Alleine en Guienne.

Des Ursins

Mons. de la Chappelle des Ursins favory de Mons. de Guise. Il a plusieurs enfans dont il y a une marié à Mons. de Palaizeau. C'est une branche de la maison des Ursins à Rome.

D'O

Mons. D'O au duché d'Alencon, lieutenant general en la basse Normandie. Sa femme est fille de Villequier le ieune. Il estoit favory du Roy mes il fut desarconné par messieurs de Joieuse et Espernon. On tient qu'il s'est retiré avec 80^{m} li de rente.

De Lenoncourt

Mons. de Lenoncourt a esté evesque de Challons puis d'Auxerre. Il est du Conseil privé du Roy. Mons. de Lenoncourt son frere mareschal du Camp des armés du Roy. Il pretend droict sur le Conté de Nanteul duquel leur pere portoit le nom pour avoir esté vendu par leur mere à messieurs de Guise.

De Moui

Mons. de la Milleray en Normandie sur Seyne au dessous de Roen, viceadmiral de Normandie est Gouverneur du Pais de Caux.

De Beauvoir

Mons. de Lavardin au Pais du Maine, grand favori du Roy de Navarre, qui le sauva à St. Barthelmy. Il porta les armes pour le Roy à la prise de Montgommery mais pour le present il est tout au Roy de Navarre.

De Courtenay

La maison de Courtenay est en Champaigne balliage de Sens. Selon que du Tilliet deduict, leur genealogie est issu directement en ligne masculine de Pierre de France fils de Louis le gros Roy de France. Il espousa l'herritiere de Courtenay dont ceste maison a tousiours porté le nom.

Le de Courtenay en Angleterre sont issus de ceste maison de Courtenay devant la marriage de Pierre de France avec l'herritiere.

Coligny

Mons. de Chastillon Conte de Colligny, Governeur de Mompelier pour ceux de la religion.

Il a deux freres et deux soeurs dont l'une fut marrié à mons. de Teligny qui estoit tué à la St Barthelmy, puis remarrié au premier[17] d'Orenge.

Le Conte de la Val au pays du Mayne peult avoir pres de cinquante mil escus de rente, le Conte.

Mons. de Rieux son frere.

Leur mere et celle du duc d'Albeuf estoit heritieres de la Val et de Rieux. L'amiral de Chastillon pere de Chastillon, d'Andelot pere de la Val et le Cardinal de Chastillon estoient freres et proches parens de ceux de Memorency.

La Val

Ceux de ceste maison sont issus directement de ligne masculine de Matthieu de Memorency Conestable de France du temps du Roy Philippe Auguste, dont ils retiennent encor les armes de Montmorency. Le Connestable avoit espousé l'herritiere de Laval et celuy des enfans qui succeda au droit de la mere, comme il estoit convenu, succeda aussi au nom.

[17] *recte*: prince.

APPENDIX 3

DOCUMENTS COLLECTED BY RICHARD COOK

I 'ROOLLE DE TOUTES LES VILLES CLOSES ET BONS BOURGS DE CE ROIAUME DE FRANCE, AVEC LA TAXE QUI FUT FAICTE SUR CHACUN D'ICEULX SUIVANT LA COMMISSION DONNÉ À BLOIS LE XVIJE DE FEBVRIER 1577 ADDRESSANTE AULX BAILLIFZ ET SENESCHAULX DES LIEUX POUR LA SUBVENTION GENERALE DES DOUZE CENS MIL LIVRES QUE LE ROY AVOIT ORDONNÉ ESTRE LEVEEZ POUR SATISFAIRE AUX FRAIZ DE LA GUERRE'[18]

[Folger, V.a. 146, fos 1–37]

Premierement le generalité de Paris

Prevosté et viconté de Paris

Les manans et habitans de la ville et faulxbourgs de Paris pour leur part et portion de lad. subvention.	iiijc m lt.
St Denis	m lt.
Argentueil	iiijc lt.
Poissy	viijc lt.
Triel	ijc lt.
Neaufle le Viel [le-Vieux]	C lt.
Ville Preux	ijc lt.
Chasteau Fort	C lt.
Chevreuse	ijc lt.

---

[18] Where place names are exact or very close to the modern forms, there is no comment, but where they are so substantially different as to require comment, this has been given in brackets.

Ville Neufve St George	C lt.
Sully en Brie	Lx lt.
Tournant [Tournan-en-Brie]	ijc lt.
Fontenay en Brie	C lt.
Corbeil	viijc lt.
Monlehery	iijc lt.
Chastres	iijc lt.
La Ferté Aleps [Alais]	ijc lt.
Brie Contrerobert [Comte-Robert]	vjc lt.
La Queue [lès-Yvelines]	Lx lt.
Mesle	C lt.
Charly	ijc lt.
La Frere au Val	iijc lt.

Bailliage de Meulun

Melun	ijm lt.
Moret [sur-Loing]	iiijc lt.
Rozay [en-Brie]	iiijc lt.
Chaulme [Chaumes-en-Brie]	iijc lt.
Milly [-la-Forêt]	iiijc lt.
St Mathurin de l'archant [Larchant]	ijc lt.
Dannemaire en Moulois	
[Donnemarie-en-Montois]	iijc lt.
Mons [-en-Montois]	Lx lt.
Soignolles [-en-Brie]	Lx lt.
Chanmpeaulx [[Champeaux]	vjxx lt.
Rampillon	C lt.
Nanges [Nangis]	ijc lt.
Herilly [Héricy?]	C lt.
Nemoux [Nemours]	xijc lt.
Flagy	Lx lt.
Pons Surgavre	iijc lt. [6200]
Dem. vj^m Ciiijxx xv lt.	

Bailliage de Meaulx

Les manans et habitans de la ville de Meaulx	ijm lt.
Laigny [Lagny-sur-Marne]	viijc lt.
Rellef	ijc lt.
Vandois	C lt.
Foresmoustier [Faremoutiers]	C lt.

Jouarre	ijc lt.
Provins	ijm lt.
Soix	L lt.
Monthereau [-fault-Yonne]	vjc lt.
Baye sur Seyne [Braye-sur-Seine]	vC lt.
Courton sur Yone	C lt.
Pinzelles	L lt.
Soignolles	C lt.
Crecy [?la-Chapelle]	iijc lt.
La Ferté Graucher [Gaucher]	iijc lt.
Columiers [Coulommiers]	viijc lt.
Jouy le Chastel	C lt.
Jouy sur Morant	Lx lt.
Ville nefve le Conte	Lx lt.
Guirard	Lx lt.
Toully	L lt.
Villenoxe [Villenauxe-le-Grand]	C lt.
Sezanne	viijc lt.
Gandele	iijc lt.

Dem. ix^m vij^c xxx lt.

Bailliage de Senlis

Les habitans et faulxbourgs de la ville de Senlis	ijm vc lt.
Compiegne	ijm vc lt.
Ponthoise	xijc lt.
Beauvais	vim lt.
Triel [Creil ?]	iijc lt.
Chambly	iijc lt.
Pont St Maxance	ijc lt.
St Cire [Cires-lès-Mello?]	C lt.
Mesle	ijc lt.
Mouy	vijxx x lt.
Mouy	C lt.
Bonoca [?]	m lt.
Buly St George [Bury ?]	m lt.
Crespy en Valois	C lt.
La Ferté Milon	vc lt.
Verbois [Verberie ?]	vc lt.
Beaumont sur Oyse	vc lt.
Chaumont de Vexin	vjc lt.
Maigny	vijxx x lt.

Dem. xvij^m ij^c lt.

Gouvernement de Clermont en Beauvoisis

La ville et faulxbourgs de Clermont en Beauvoisis	viijc lt
Boulles	iijc lt.

Bailliage de Mante

Les habitans de Mante	ijc lt.
Meulun [Meulan]	vjc lt.
Dem.	

Bailliage de Montfort L'Amauldry [L'Amaury]

Les habitans de Montfort L'Amauldry	m lt.
Hondaige [Houdan?]	vjc lt.
Espernon	ijc lt.
St Arnoult [lès-Yvelines]	ijc lt.
Ablis	ijc lt.
Neaufle Chasteau	L lt.
Dem. ij^m ij^c lt.	

Bailliage d'Estampes

Les habitans d'Estampes	xvc lt.
Estiche [Etréchy?]	C lt.
Anguerville [Angerville]	C lt.
Merauville [Meréville]	C lt.
Bourg St Pere	Lx lt.
Dem. xix^c x lt.	

Bailliage de Sens

La ville et faulxbourgs de Sens	iiijm lt.
St Martin Dourdon [d'Ordon]	Lx lt.
Les habitans d'Oigny [?Joigny]	ijc lt.
Vertilly	Lx lt.
Marigny [Marigny-le-chastel?]	C lt.
Ville Nefve le Roy	vjc lt.

Chalastre le grand	C lt.
Berieres [Ferrières?]	C lt.
Courtenay	iijc
Ferrieres	C lt.
Champignolles [Champigny?]	Lx lt.
Brizolles	Lx lt.
Monstracher [Montacher]	Lx lt.
Dolety de Gron [Gron]	L lt.
Dunon	C lt.
Serizierez [Cerisiers]	C lt.
Arces [Arces-Dilo]	C lt.
Brinon L'Archevesque [Brienon]	ijcL lt.
Maillay le Viconte [Malay-le-Grand?]	C lt.
Sarges	C lt.
Pont sur Vanne	C lt.
Chezy [?Cheroy]	C lt.
Sezy [Cézy?]	L lt.
Villenefve L'Archevesque	vC lt.
Plantes [Planty]	C lt.
Chalry	L lt.
Baigneux [Bagneux-sur-Loing]	L lt.
Boucy [Bussy-en-Othe; le-Repos?]	Lx lt.
Aix en Othe	L lt.
Vesnes	L x lt.
Fontaine de Gaillard [-la-Gaillarde]	Lx lt.
Villiers Loire [Villiers-Louis]	L lt.
Soucy	L lt.
Giry	Lx lt.
St Oronge	C lt.
Granches [Les Granges ?]	L lt.
Tongny	Lx lt.
Villiers Bonneaulx [Bonneux]	Lx lt.
Coureaulx [Courtemeaux]	Lx lt.
Sergues	L lt.
St Just [-Sauvage]	C lt.
Sainst Tigny	L lt.
Piffons [Piffonds]	L lt.
Langres	m lt.
Mont Haulgery	vc lt.
Bofle	L lt.
Mussy L'evesque	vc lt.
Tonnerre	xijc lt.
Chablis	vjc lt.
Ligny [le-Châtel]	iijc lt.

Pacy [Passy-sur-Seine]	C lt.
Argentes [Argentenay?]	vijxx x lt.
Suigny	C lt.
Rameres	iijc lt.
Daucy le Franc	vijxx x lt.
Coucy le Chastel	ijc lt.
Arley	ijc lt.
Cangey	ijc lt.
Sirgny sur Seyne	vijxx x lt.
Bugny	C lt.
Cassignolles	C lt.
Chapelle [-sur-Oreuse?]	L lt.
Vignes	L lt.
Meslumes [Molosmes]	L lt.
Duyuier	L lt.
Espinorde [Epineau?]	C lt.
Molesmes	L lt.
Pally	L lt.
Laignes	vijxx x lt.
Daussy le Serven	L lt.
Gorselles	L lt.
Potiers	L lt
Molesdy	C lt.
Molesdiers ledines	L lt.
Billon [?Bignon-Mirebeau]	L lt.
Regemont	L lt.
Asnieres [-en-Montagne]	L lt.
Cousagriel [Coussegray]	L lt.
Messy	L lt.
Jaulny	L lt.
Ducy [Disy?]	L lt.
Chaulnes [Jaulnes?]	L lt.
Sainct Bertuza [St-Usage?]	L lt.
Marelles	L lt.
Ligny en Barrois	L lt.
Conflans [-sur-Seine]	iijc lt.
La Marche	vijxx x lt.
Chenulandon	C lt.
Pont sur Yonne	Lx lt.
Charcy [?Chassy]	iijc lt.
De Bois	L lt.
Villebeon	L lt.
Mondreville	L lt.
Corballe [Corbeilles]	L lt.

Daucy [Douchy?]	L lt.
Beaumont [Les Beaumonts?]	L lt.
Gyronville	L lt.
Obsanville [Obsonville]	L lt.
Ayseville	L lt.
Chastenay [Châtenoy]	L lt.
Aigreville [Egreville]	L lt.
Vendroys	L lt.
Courgenay	L lt.
Neufville [-sur-Seine?]	L lt.
Bullien de Saulx [St-Julien-de-Sault]	iijc lt.
Dem. ix^m xl lt.	

Bailliage d'Auxerre

Les manans et habitans de Auxerre	iijm lt.
Oririens [Chevannes?]	iijc lt.
Geras	L lt.
Villenefve le Guirard [-Saint-Salves?]	L lt.
Dem. iij^m iiij^c lt.	

TOTAL de ce qui porte la generalité de Paris

Generalité de Champaigne

Bailliage de Vermandois

Les manans et habitans de le ville et faulxbourgs de Reims	xv m lt.
Chaalons [-en-Champagne]	vijm vc lt.
Laon	ijm vc lt.
Soissons	ijm vc lt.
Noyon	xvc lt.
Sainct Quentin	vjc lt.
Ribemont	iijc lt.
Chaverny [?Chauny]	vjc lt.
Couchy [-le-Château]	vc lt.
Beaumont en Argonne	iijc lt.
Han [Ham]	ijc lt.
Nesle	iiijc lt.

Fere sur Oyse [La Fère]	vc lt.
Qeilly [?Heilly]	iijc lt.
Guise	viijc lt.
Bohan [Bohain-en-Vermandois]	vijxx x lt.
Aubenton	vijxx lt.
Marle	iijc lt.
Bunieres	C lt.
Crespy [-en-Laonnois]	vijxx x lt.
Dochery [?Douchy/Dercy]	ijc lt.
Cormissy [Cormicy]	iiijc lt.
Brevyn	vc lt.
Brene [Braine]	vjc lt.
Faire en Tartenois [Fère-en-Tardenois]	viijc lt.
Visvresme [Vilbresme]	C lt.

Dem. xxxvij^m ix^c L lt.

Bailliage de Trois [Troyes]

Les habitans de la ville et faulxbourgs de Trois	ijm lt.
Nogent sur Seyne	vijc lt.
Elvy le Chastel [Ervy-le-Chastel]	vc lt.
Pons sur Seyne [Pont-sur-Seine]	iijc lt.
Charureal [Chaourse?]	vc lt.
Treguel	ijc lt.
Villemor [Villemoiron-en-Othe; Villemorien?]	ijc lt.
Coulleurs [Coulours]	C lt.
Mery sur Seine	ijc lt.
Montier Pains	ijc lt.
Montreul [Montreuil-sur-Barse]	vijxx x lt.
Dannemoine	vijxx x lt.
Sezy	vijxx x lt.
La Ferté la Loupière	C lt.
Lucy le Blois	C lt.
Contenan	C lt.
Joigny	ijm lt.
Villenefve au Chastelet [Châtelot]	ijc lt.
Coulan	C lt.
Parques [Pargues]	C lt.
Arthonnay	C lt.
Vernon	vijxx x lt.
Trichy [Trichey]	vijxx x lt.
Trancy	vijxx x lt.

Marany	vijxx a lt.
Dicory St Pierre [Dierrey-St-Pierre]	vijxx x lt.
Aillannie	vijxx x lt.
Espaulx	vijxx x lt.
Lignieres	vijxx x lt.
Bourdenay	vijxx a lt.
Dem. xxx^m vij^c lt.	

Bailliage de Chaulmont

Les manans et habitans de la ville et faulxbourgs de Chalmont en Bassigny	iijm lt.
Bar sur Aube	xvc lt.
Vuasy [Wassy]	vc lt.
Joinville	vjc lt.
Vignon [Vignory]	iiijc lt.
Chasteau Villain	iijc lt.
Binol	vijxx x lt.
Sainct Marc	vijxx x lt.
Aurelles	vijxx x lt.
Villenefve [La Villeneuve-au-roi]	C lt.
Grandy sur Ource [Grancey-sur-Ource]	vijxx x lt.
La Ferté sur Aube	ijc lt.
Aubepierre [-sur-Aube]	vijxx x lt.
Essoy [Essoyes]	vijxx x lt.
Vaucoleur [Vaucoulours]	vijxx x lt.
Dem. vij^m v^c lt.	

Bailliage de Vitry le Francois

Les manans et habitans de la ville et faulxbourgs de Vitry le Francois	xijc lt.
Chasteau Thiery	xviijc lt.
Espernay	vjc lt.
Chastel en Portien	ijc lt.
Mesieres	ijc lt.
Dem. iiij^m lt.	

Toute la generalité de Champaigne Lxxix^m v^f lt.

[Generalité de Picardie]

Bailliage d'Amiens

Les manans et habitans de la ville et faulxbourgs d'Amiens	xijm vc lt
Doulens	C lt.
Corbie	iiijc lt.
Pequegny [Picquigny]	vijxx x lt.
St Vallery	vc lt.
St Didier [Riquier]	vijxx x lt.
Monstreul	ijc lt.
Dem. xiiij^m lt.	

Seneschaussee de Ponthieu

Les manans et habitans de Abbeville	vc lt.
Crottoy	C lt.
Dem.	

Seneschaussee de Boullenois

Les manans et habitans de Boulogne	iijc lt.

Gouvernement de Peronne

Les habitans de la ville de Peronne	ijm lt.
Mondidier	xviijc lt.
Roye	m lt.
Ancre	ijc lt.
Bray sur Saonne [Somme]	C lt.

Pour toute la generalité de Picardie xxiij^m ix^c lt.

Generalité de Rouen

Bailliage de Rouen

Les habitans de la ville et faulxbourgs de Rouen	iiijxx m lt.
Louvieres	iijm lt.
Honnefleur	iijm lt.

| Pontheaudemer | xvc lt. |
| Pont de l'Arche | L lt. |

Dem. iiijxx vijm vc lt.

Bailliage de Caux

Les manans et habitans de Dieppe	vjm lt.
Les ville de Francoise de Grace [Le Havre]	ijc lt.
Harfleur	ijc lt.
Tournay	m t.
Montivillier	xvc lt.
Caudebec [-en-Caux]	xvc lt.
Neufchastel [-en-Bray]	xvc lt.

Dem. xiij^m ix^c lt.

Bailliage de Gisors

Les manans et habitans de la ville de Gisors	m lt.
Vernon	xviijc lt.
Grand et petit Andely	m lt.
Lions [Lyons-le-Forêt]	vijxx L lt.
Estrepaigny [Etrépagny]	C lt.

Dem.

Bailliage d'Evreulx

Les manans et habitans d'Evreulx	iiijm lt.
Lizieux	iijm vc lt.
Bernay	xijc lt.
Conches	vijc lt.
Sassy	vc lt.
Nonancourt	iijc lt.
Beaumont le Roger	vc lt.
Orbec	vjc lt.

Dem. xj^m iiij^c lt.

Bailliage d'Allençon

Les manans et habitans de la ville et faulxbourgs d'Allencon	iijm lt.
Argenten [Argentan]	iijm lt.
Dampfront [Domfront]	vc lt.

Verneil [Verneuil]	ijm lt.
Essay	ijc lt.
Seez [Sées]	vjc lt.
Boismolins [Bonsmoulins]	ijc lt.
Dem. ixm vjc lt.	

Total pour la generalité de Rouen.

Generalité de Caen

Bailliage de Caen

Les manans et habitans de Caen	xm lt.
Bayeulx	iijm lt.
Falaize	iiijm lt.
Vire	viijc lt.
Dem. xvij^m vij^c L lt.	

Bailliage de Costentin

Les manans et habitans de Coustance [Coutance]	m lt.
Cherbourg	vijxx x lt.
Avranches	m lt.
Pontorson	C lt.
Le Mont St Michel	L lt.
Sainct Lo	m lt.
Valloignes [Valognes]	xvc lt.
St Sauveur	vjc lt.
Granville	ijc lt.
Carenten	vc lt.
Sainct Jamen	vijxx x lt.
Dem. vj^m iij^c lt.	

Total pour la generalité de Caen, xxiiij^m L lt.

Generalité de Bourges

Bailliage de Berry

Les manans et habitans de Bourges	viijm lt.
Yssoudun [Issoudun]	iiijm lt.
Dun le Roy [-sur-Auron]	vjc lt.

Aubigny [-sur-Nère]	ijc lt.
Menu sur Yerre	vc lt.
Hubron	vijc lt.
La Chappelle d'Angillon	C lt.
Sanxerre [Sancerre]	m lt.
Sanxerre	C lt.
Beaulieu sur Loire	ijc lt.
Monfaucon	ijc lt.
Livry	ijc lt.
Ruely [Reuily]	ijc lt.
Gracey [Graçay]	C lt.
Chasteauneuf [-sur-Cher]	ijc lt.
Lignieres	C lt.
Charotz [Chârost]	C lt.
La Chastre	xvc lt.
Sainct Sevrs [St Sévère]	C lt.
St Chartier	C lt.
Chasteau Meillant	iijc lt.
Chastelet	C lt.
Aguerande [Aigurande]	C lt.
Le Bourg de Darly	C lt.
Chasteau Rouex [Châteauroux]	xvjc lt.
St Estienne d'Argenton	iiijc lt.
St Marceau [Marcel] d'Argenton	ijc lt.
Sainct Gualtar [Gaultier]	C lt.
Glace	C lt.
Prahal dict en laict	C lt.
Boussac [Bouzais?]	ijc lt.
Dem. xxiiij^m iiij^c lt.	

Bailliage de St Pierre le Moustier

Les manans et habitans de la ville et faulxbourgs dud. lieu	m lt.
Xaingoulens [Sancoins?]	ijc lt.
Nevers	iiijm lt.
Cosne [-sur-Loire]	iijc lt.
Clamecy	viijc lt.
St Leonard [-en-Augy]	iiijc lt.
Autrain [?Aurouer]	ijc lt.
Molins les Anglibetz [Engilbert]	ijc lt.
Dezizes [Decize]	ijc lt.
Poully [Pouilly-sur-Loire]	C lt.
Chivon [Chevenon?]	C lt.
Dem. vij^m v^c lt.	

Seneschaussee de Bourbonnais

Les manans et habitans de Molins sur Bourbonnois	m lt.
Sauvigny [Souvigny]	C lt.
Bourbon l'Argaubault [L'Archambault]	ijc lt.
Montineault [Montmarault]	C lt.
Montel [Le Montet]	C lt.
Mont Lucon	viijc lt.
Aisnay	vc lt.
St Amant en Hoully	vc lt.
Gavard	vc lt.
Chantelle	iijc lt.
Charroux	iijc lt.
La Palue	C lt.
Chastel Don	C lt.
Barrennes [Varennes]	ijc lt.
Vithy [Vichy]	iiijc lt.
St Germain des Fosses	ijc lt.
Sugonne	C lt.
Cosne en Bourbonnois [Cosne-d'Allier]	C lt.
Dammeral	C lt.
St. Pierre de Estreux	C lt.
Doublot	C lt.
Davorole	C lt.
Chamroche	C lt.
Bellevault [?Bellenaves]	C lt.
Nelonde	C lt.
Maliverne [?Malicorne]	C lt.
Dem.	

Generalité d'Orleans

Bailliage d'Orleans

Les manans et habitans de la ville et faulxbourgs de Orleans	xxxm lt.
Yemville [Ymonville?]	iiijc lt.
Thoury	ijc lt.
Arthenay [Artenay]	C lt.
Pithiviers	viijc lt.
Baugency [Beaugency]	m lt.
Bois Comming [Boiscommun]	ijm lt.
Lorry [Lorris]	iiijc lt.

St Gourdon [Saint-Gondon]   C lt.
Beaulne [Beaune-la-Rolande]   ijc lt.
Jeageau [Jargeau]   iiijc lt.
Chastillon sur Loyre   iijc lt.
Suilly [Sully-sur-Loire]   iijc lt.

Bailliage de Gien

Les manans et habitans de la ville et faulxbourgs de Gien   m lt.
    Dem.

Bailliage de Chartres

Les manans et habitans de la ville de Chartres   vijm lt.
Bonneval   vjc lt.
Gallardon   iijc lt.
Nogent [-le-Roi]   vjc lt.
Bressoles [Brézolles]   ijc lt.
Chasteauneuf en Thuneray [Thymerais]   vc lt.
Dreux   xvc lt.
Nozan [Nogent] le Rotrou   viijc lt.
Mortaigne [Mortagne-au-Perche]   m lt.
    Dem. xij^m v^c lt.

Bailliage de Montargis

Les manans et habitans de la ville de Montargis   xvjc lt.
Puisseaulx [Puiseaux]   iiijc lt.
Sainct Fargeau   ijc lt.
Chastillon [-Coligny]   Cx lt.
Charny   Cx lt.
Bouy [Bouhy?]   vjxx x lt.
Villiers St Bonnet [Saint-Benoît]   Lxx lt.

Generalité de Tours

Bailliage de Touraine

Les habitans de la ville et faulxbourgs de Tours   xvm lt.
Chinon   xvc lt.

Loches	xvc lt.
Beaulieu [-lès-Loches]	iiijc lt.
Mont Richard	iiijc lt.
Meulles	Lxx lt.
Peully [Preuilly-sur-Claise]	iijc lt.
Bouzancois [Buzançais]	iiijc lt.
Rochepozay	iijc lt.
Montresor	ijc lt.
Ligneul	ijc lt.
Cormoy [Cormery?]	ijc lt.
Rilly [-sur-Loire]	C lt.
Azay le Rideau	C lt.
La Haie	ijc lt.
Cande [Candes]	C lt.
Sainct Espin	C lt.
Blaire	iiijc lt.
Lisle Bouchart	vjc lt.
Chastillon [-sur-Indre]	C lt.
Mazieres [-de-Touraine]	C lt.
Sainct More [Maure]	ijc lt.
Mont Bazon	ijc lt.
Sainct Genoux [Genou]	C lt.
Paluau [Palluau-sur-Indre]	C lt.
Dem. xxij^m viij^c lt.	

Seneschaussee d'Anjou

Les manans et habitans de la ville et faulxbourgs d'Angiers	xviijm lt.
Durtal	iiijc lt.
Vandosme	ijm vc lt.
Baugé	vjc lt.
Passeves	C lt.
Faye la Vineuze	ijc lt.
Moncontour	C lt.
Montreul Belly [Bellay]	iiijc lt.
Mirebau	ijc lt.
Puy Nostre Dame	ijc lt.
Saulmieu [Saumur]	ijc lt.
Buchiere	C lt.
Chasteauneuf	C lt.
Segré	ijc lt.
Pouancé	C lt.
Brissac	ijc lt.

Chollet	ijc lt.
Chenillé [Chemillé]	ijc lt.
Beaupréau	iijc lt.
Chasteau Gontier	m lt.
Craon	iiijc lt.
Candé	ijc lt.

Dem. xxvij^m vj^c lt.

Seneschaussee du Mayne

Les manans et habitans de la ville et faulxbourgs du Mayne	viijm lt.
La Ferté Bernard	xvc lt.
Laval	ijjc lt.
Fresnay	iijc lt.
Mont Doubleau	ijc lt.
St Suzanne	C lt.

Dem. xxiiij^m lt.

Lordunnois [Loudunois]

Les manans et habitans de la ville de Lodun	xvc lt.

Bailliage d'Amboise

Les manans et habitans de la ville et faulxbourgs d'Amboise	xijc lt.

Total pour le generalité de Tours

Generalité de Poitiers

Seneschaussee de Poictou

Les manans et habitans de la ville et faulxbourgs de Poictiers	vm lt.
Niort	m lt.
Fontenay	vc lt.
Mont Morillon	vc lt.
Luzinan [Lusignan]	iijc lt.
Sainct Mairan [Maixant]	vc lt.

Touars	xijc lt.
Chaull [?Challans]	xvc lt.
Partenay	m lt.
Bresuire	vjc lt.
Vivonne	C lt.
Argenton	ijc lt.
Quervault [Airvault]	ijc lt.
St Loup	iijc lt.
Moleon [Mauléon]	iijc lt.
Vouvant	C lt.
Mareul [Mazeuil]	ijc lt.
Montagut	iijc lt.
Tifanges	C lt.
Souaches [?Des Ousches]	C lt.
Le Roche Surron [sur-Yon]	ijc lt.
Secondigny	C lt.
Voulche	C lt.
Chavigny [Chauvigny]	ijc lt.
Montemar [Morthemer]	C lt.
St Savin	ijc lt.
Le Blanc	iijc lt.
La Tonneille	C lt.
Rochechouart	iijc lt.
St Benoist du Sault	iiijc lt.
Pouerat	ijc lt.
Lussac le chasteau	ijc lt.
Montagne [Mortagne-sur-Sevre]	ijc lt.
Charroux	iiijc lt.
Civray	iiijc lt.
Mesle [Melle]	vc lt.
Aulnay	ijc lt.
Chizé	ijc lt.
Boignet	C lt.

Dem. xx^m lt.

Generalité de Limoges

[Limousin]

Les manans et habitans de la ville et conté de Limoges	xm lt.
St Julien [Junien]	iiijc lt.
St Leonard [de-Noblet]	iiijc lt.

Bellac	iiijc lt.
La Souteronne [La Souterraine]	iiijc lt.
Moutiers [?Eymoutiers]	ijc lt.
St Vavorize	ijc lt.
Doye [Dorat?]	iiijc lt.
Hault Chalny	C lt.
Pierre Buffiere	iiijc lt.
Soullongat [Solignac]	ijc lt.
St Cept	ijc lt.
St Germain [les-Belles]	ijc lt.
St Yrias [Yrieix]	vjc lt.
Tulles	xvc lt.
Berche [?Uzerche]	vjc lt.
Douzenac [Donezac]	vc lt.
Lessac	vjc lt.
Trenchac [Treignac]	vc lt.
Ussel	vc lt.
Maymac [Meymac]	iiijc lt.
Neufvic	vc lt.
Berl [Bort]	vjc lt.
Esgloutons [Egletons]	iiijc lt.
Courche [La Courtine?]	iiijc lt
Beaulieu	xvc lt.
Meissas [Meyssac?]	iiijc lt.
Thourennes [Turenne]	vjc lt.
La Roche [-Canillac]	vijxx x lt.
Argentat	iiijc lt.
La Gaulme	iiijc lt.
Servieres [Serrières-le-château]	ijc lt.
Curamoicte [Curemonte]	vjxx x lt.
Cauloges [Coullonges-la-Rouge?]	jc lt.
Sainct	vijxx x lt.
Luliac	ijc lt.
Dem.	

Seneschaussee de Xaintonge

Les manans et habitans de la ville et faulxbourgs St Onge [Saintes]	xvc lt.

Seneschaussee d'Angoulmois

Les manans et habitans de la ville d'Angoulesme	xvc lt.
Congnac	vc lt.

Jarnac	ijc lt.
Chasteauneuf [sur-Charente]	ijc lt.
Ruffect [Ruffec]	iijc lt.
Vertuel [Vertueil-sur-Charente]	ijc lt.
Confollain [Confolens]	C lt.
Chambonnois [Chabannais]	C lt.
[	ijc lt.
La] Rochefoucault	
Aubeterre	ijc lt.
Dem. ij^m v^c lt.	

Total pour la generalité de Limoges.

Generalité de Riom, pais bas d'Auvergne

Les manans et habitans de Clermont en [*recte* et] Rion	iijm lt.[19]
Montferrand	xvc lt.
Buillon [Billom]	m lt.
Aigueperce [Aigueperse]	vijc lt.
Cusset	vc lt.
Ennezat	iiijc lt.
Escurolles	ijc lt.
Sainct Pourcain [-sur-Sioule?]	viijc lt.
Brioude	xijc lt.
Auzon	ijc lt.
St Germain Lanbrain [Lembron]	C lt.
Esbraule [Ebreuil]	ijc lt.
Ardre [Ardes]	iiijc lt.
Allanchers [Allanche]	C lt.
Brasse [Brassac?]	ijc lt.
Beaumont	C lt.
Romagnac [Romagnat]	vc lt.
Aubiere	iiijc lt.
Osu [Liozu?]	ijc lt.
Neschiers	C lt.
Veudable [Vodable]	iiijc lt.

[19] It is likely that both paid 3000 lt. since both outstripped Montferrand in importance since its loss of the *bailliage royal*.

St Saulmonin [Saint Saturnin]	iijc lt.
St Amand [Amant]	C lt.
Crest [Le Crest]	vc lt.
La Roche [-Blanche]	iijc lt.
Sebazat [Cébezat]	ijc lt.
Royat	C lt.
Nonnain [Nehannet]	ijc lt.
Chambon	ijc lt.
Code [Coudes]	C lt.
Hervault [Herment]	ijc lt.
Pont Gibault [Pontgibaud]	iijc lt.
Narvingues [Maringues]	vc lt.
Riz [Ris]	iiijc lt.
Thiert [Thiers]	iiijc lt.
Corbierre [Courpière]	C lt.
Oliergues [Olliergues]	iijc lt.
Loupoux [Lezous]	iiijc lt.
Sainct Bonnet	ijc lt.
Saint Germain [-l'Herm?]	iijc lt.
Ambert	vc lt.
La Chaze Dieu [La Chaise-Dieu]	C lt.
Alegre	ijc lt.
Cheriat [Chauriat]	C lt.
Alet [Dallet]	C lt.
Pont du Chastel [Pont-du-château]	ijc lt.
Surnon [Cournon]	ijc lt.
Les habitans des lieux appellez les Mottes de Verre	Cv lt.
Vic le Ponte [Comte]	iijc lt.
Saixylanges [Sauxillanges]	vc lt.
Usson	iiijc lt.
Carveal [Chargnat]	iijc lt.
Monete [Nonette]	C lt.
Mothe Chanilhac [La Mothe-Canilhac]	ijc lt.
Vieille Brioude	iijc lt.
Chillac [Chilhac]	C lt.
La Voulte [La Voûte Chilhac]	C lt.
St Sepisse [Saint Ilpize]	iiijc lt.
Massiac	ijc lt.
Blesle	C lt.
Monton	vc lt.
Montagu sur Champaux [Champeix]	C lt.

Dem. xxvm ij^c xx lt.

Hault pais d'Auvergne

Les manans et habitans de Tour [La Tour][20]	iiijc lt.
Chaudsaignez [Chaudes-Aigues]	ijc lt.
Sainct Flour	C lt.
Aurillac	iijc lt.
Solira [Salers]	iijc lt.
Mauret [?Maurs]	vc lt.
Mauerat [?Mauriac]	vjc lt.
Murat	iijc lt.
Roquebois [Le Roquebrou]	C lt.
Marcoletz [Marcolès]	vc lt.
St Constant	iiijc lt.
Pierrefort	ijc lt.
Montebert [Montvert]	C lt.
Grevol	ijm lt.[21]
Montsaulvy [Montsalvy]	iijc lt.
Pleux [Pleaux]	C lt.
Dem. vij^m iiij^c lt.	

Hault Marche

Gueret	iijc lt.
Sepotin [?Felletin]	ijc lt.
Brisson [?Aubusson]	iijc lt.
Aun [Ahun]	ijc lt.
Dem.	

Combraille [recte et Franc Alleu]

Les habitans de Montagus [Montaigut]	iiijc lt.
Les habitans Deu ou Deur [?d'Evaux]	vijxx x lt.
Chambon [sur-Voueize]	vjxx lt.
Lespart [Lépaud?]	C lt.
Auzance [Auzances]	ijc lt.
Sermur	C lt.
Dem. mLxx lt.	

---

[20] La Tour was never considered part of the Haut pais d'Auvergne, though is close enough to explain its inclusion here.

[21] This assessment is too much for Grevol, which must have been smaller than Aurillac. It could be a corruption of Carlat, seat of a *vicomté*, though this seems improbable. The sum could be 200 rather than 2000 lt.

Fracaleu [Franc Alleu recte Basse Marche][22]

Les manans et habitans du Doras [Le Dorat]	vjc lt.
Bellac	iiijc lt.
Lacon [Lacroix]	ijc lt.
Campagnac[23]	ijc lt.
Maignac [Magnac-Laval]	viijxx x lt.
Maizieres [-sur-Issoire]	C lt.
Avalis [Availles-Limouzine?]	vijxx x lt.
Arquat [?Arnat]	C lt.
St Leger [-Magnazeix?]	C lt.
Sainct Germain [-lès-Confolens]	ijc lt.

Total pour lad. generalité d'Auvergne

Generalité de Guyenne

Les manans et habitans de Bordeau	xxm lt.
Librouer [Libourne]	C lt.
Bourge [Bourg]	iiijc lt.
Chastillon [Castillon]	C lt.
St Million [Saint Emilion]	iiijc lt.
Lespare	ijc lt.

Seneschaussee de Quercy

Les manans et habitans de Cahors	v m lt.

Seneschaussee d'Armagnac

Les villes et bons bourgs seulement du Conté de la Seneschaussee d'Armagnac la somme de	x m lt.

---

[22] It seems clear that the copyist has mistaken the headings here. 'Franc Alleu' is a small Auvergant territory around Sermur. The entry on the pays de Combraille should therefore have read 'et Franc Alleu', while that of Franc Alleu should have read 'Basse Marche', which included all the places listed under it.

[23] Name of a *châtellenie*, but without a locality corresponding to it.

Hault pais de Rouergue

Les manans et habitans et bons bourgs seullement du pais   x m lt.
   hault de Rouergue et conte de Thodes [Rhodez]

Bas pais de Rouergue

Les manans et habitans des villes et bourgs   vjm lt.
   seullement du pais de Rouergue

Jugeries de Reuuere [Rivière] et Verdun[24]

Les manans et habitans de villes et bons bourgs   vjm lt.
   seulement des jugeries de Reuies et Verdun

Conté de Comming [Comminges]

Les manans et habitans des villes et bons bourgs   x m lt.
   seullement du Conte de Comming, Vic en Cozieras
   [Couserans], Tiranc, Montrespin, Montauban et autres

Seneschaussee de Bazardois

Les manans et habitans de Bazas   ij m lt.

Total pour la generalité de Guienne Lxxiij^{m} vj^{c} lt.

Generalité de Tholouze

Seneschaussee de Tholouze

Les manans et habitans de Tholoze   xm lt.
Les autres villes et bourgs du diocesse de   xijm lt.
   Tholouze sans comprendre lad. ville

---

[24] Jugeries de Rivière et Verdun (Verdun-sur-Garonne; Tarn-et-Garonne, vicomté de Gimoès). The Juguerie was under the judicial authority of the *juge-mage*, lieut. of a sen.

Les habitans de diocesse d'Albye y comprins les villes qui sont du diocese de Carcassonne	xm lt.
Les villes du diocesse de Mirepoix, comprins ce qui est de la diocesse de Carcassonne	iijm lt.

Seneschaussee de Carcassonne

Les habitans de Carcassonne	iijm lt.
Les autres villes du diocesse de Carcassonne, la somme de	xvc lt.
Les habitans des villes d'Alletz [Alès] et Baneuf	ijm lt.

Generalité de Montpellier et diocesse de Narbonne

Les manans et habitans de Narbonne	ijm lt.
Les autres villes et bons bourgs seullement dud. diocese sans comprendre lad. ville de Narbonne	ijm lt.

Diocesse de Bezillé [Béziers]

Les manans et habitans de Beziers	ijm lt.

Total pour la generalité de Montpellier, vj^m lt.

Generalité de Lion

Les manans et habitans de la ville et faulxbourgs de Lion	xxm lt.
Les autres villes et bons bourgs seullement de lad. seneschaussee	iiijm lt.

Bailliage de Forestz

Les mannans et habitans de le ville de Montbrison	xvc lt.
St Estienne de Fuzan	xijc lt.
St Benoit le Chastel [St Bonnet-le-Château]	vijc lt.
Rouanne [Roanne]	iiijm lt.
St Germain Laval	vjc lt.

St Galmier	vjc lt.
Les manans des autres villes et bons bourgs seulement du bailliage de Forestz	xvc lt.

Bailliage de Beaujoulois

Les manans et habitans de la Ville franche	xvc lt.
Beaujeu	m lt.
Belleville	vjm lt.
Les manans et habitans des autres villes et bons bourgs seullement dud. bailliage	m lt.

Total pour la generalité de Lion Lv^m vc lt.

Generalité de Bourgogne

[Bailliage de Dijon]

Les manans et habitans de Dijon	xm lt.
Beaune	iiijm lt.
d'Auxonne	vijc lt.
St Jehan de Laune [Losne]	vc lt.
Calleul	L lt.
Mirebeau [-sur-Bèze]	ijc lt.
Isutille [Is-sur-Tille]	ijclt.
Selonge [Selongey]	ijc lt.
Gemeaux	ijc lt.
Dem. xvjm lt.	

Bailliage de Chaalon sur la Sone

Les manans et habitans dud. Chaalon	viij m lt.
Seney [Sennecey]	m lt.
Verdun [-sur-le-Doubs]	ijc lt.
Louan [Louhans]	ijc lt.
Cuseau [Cuisery?]	ijc lt.
Cuyoy [Givrry?]	iijc lt.
Cagny [Chagny]	ijc lt.
Guyort	ijc lt.
Dem. x^m iiij^c lt.	

Bailliage d'Ostun [Autun]

Les manans et habitans d'Ostun	vm lt.
Bourbon [-Lancy]	iij lt.
Montenis [Montcenis]	vijxx x lt.
Seineur en Virenois [?St.Leger-sous-Beuvray]	ijc lt.
Couchas [Couches]	ijc lt.

Bailliage de Pons [Auxois]

Les manans et habitans d'Eseaune [?de Semur] en Auxois	xvc lt.
Avalon [Avallon]	xvclt.
Arnay le duc	iiijc lt.
Saulieu	vijc lt.
Flavigny [-sur-Ozerain]	ijc lt.
Noiers [Noyers]	ijc lt.
Montreul [Montréal]	ijc lt.
Viteaux	ijc lt.

Bailliage de la Montagne

Les manans et habitans de Chastillon sur Seyne	ijm lt.
Callonniere [?Coulmier]	C lt.

Bailliage de Charrolois

Les manans et habitans de Carrolin [Charolles]	iiijc lt.
Parroy [Paray-le-Monial]	iiijc lt.
Mont St Vincent	ijc lt.
Dem. m lt.	

Bailliage de Mascon

Les manans et habitans de Macon	iiijm lt.
Clugny [Cluny]	vjc lt.
Tournuze [Tournus]	xijc lt.
St Jehan Voix [? StJean de Vaux/St.Julien-sur-Veyle]	ijc lt.
Le bois St Marie [Bois-Sainte-Marie]	ijc lt.
Dem. vj^m ij^c lt.	

Bailliage de Bar sur Seyne

Les manans et habitans de Bar sur Seyne	viijc lt.
Pothesy [Polisy/Polisot?]	ijc lt.
Dem.	

Total pour la generalité de Bourgogne, xLvij^m v^c L lt.

Generalité de Dauphiné

Bailliage de Grisivodan [Grésivaudan]

Les manans et habitans de la ville de Grenoble	viijm lt.

Bailliage de Vienne

Les manans et habitans de Vienne	iiijm lt.

Bailliage de St Marillon [Marcellin]

Les manans et habitans de Romans	iijm lt.

Seneschaussee de Montelimar

Les manans et habitans de Montelimar	iijm lt.
Vallance	iiijm lt.

Bailliage de Gap

Les manans et habitans de Gap	xvc lt.

Bailliage de Brianson

Les manans et habitans de Brianson	iijm lt.

Bailliage d'Ambrun [Embrun]

Les manans et habitans de Ambrun   ijm lt.

Total pour la generalité de Daulphiné, xxviij^m v^c lt.

Generalité de Provence

Seneschaussee d'Aix

Les manans et habitans de la ville et faulxbourgs d'Aix	viijm lt.
Perthuis	xijc lt.
St Maxin [Maximin] et bourg d'icelle	iijc lt.
Brigolles [Brignolles]	xvc lt.
Bajotz [Barjols] et son bourg	ijc lt.
Crest [Trets?]	iiijc lt.
Tournes	ijc lt.
Lambesse [Lambesc] et son bourg	ijc lt.
Marignant	ijc lt.
Le Contat [Ciotat]	ijc lt.
Aubargne [Aubagne]	ijc lt.
Signe [Signes]	ijc lt.
Rians	ijc lt.
Pems [La Penne?]	ijc lt.
Guedanne [Gardanne?]	ijc lt.
Cuiram	C lt.
Auriol	C lt.
Bougnes	ijc lt.
Roquilmaire [Roquevaire]	ijclt.
Malemors	C lt.

        Dem. xiiij^m lt.

Seneschaussee d'Arles

La ville et faulxbourgs d'Arles	vm lt.
Tarascon	m lt.
Saict Remy	vc lt.
Les habitans des Vaulx [Baux de Prov.]	ijc lt.
Les manans de Bere [Berre-l'Etang]	iijc lt.
L'Isle de Martegnis [Martigues]	iijc lt.
Sallon de Creux [de Provence]	xijc lt.

Tranchon	C lt.
Barbantant [Barbantane]	ijc lt.
Bourbon [Boulbon]	ijc lt.
Chasteau Regnard	ijc lt.
Orgon	iijc lt.
Le lieu d'Istres	C lt.
Noves	ijc lt.
St Chamas	ijc lt.
Mireaus [Miremas?]	C lt.

Dem. x m lt.

Seneschaussee de Darguignan [Draguignan]

La ville et faulxbourgs de Darguignan	xvcc lt.
Grace [Grasse]	vc lt.
Fresiue [Fréjus]	vc lt.
Venee [Vence]	ijc lt.
Castellane	ijc lt.
Faiance	iijc lt.
Antilbout [Antibes]	iijc lt.
St Paul de Ven.	ijc lt.
Faiance	iijc lt. [bis]
Antilbout	iijc lt. [bis]
Sainct Trapes [Tropez]	vc lt.
Bar	C lt.
Seullans [Seillans]	ij cl lt.
Muy [Le Muy]	ijc lt.

Dem. iiij^m vj^c lt.

Seneschaussee de d'Yeres [Hyères]

La ville et faulxbourgs dud. Yeres	iijc lt.
Toullon	iijc lt.
Ollieville	iijc lt.
Luc	C lt.
Bonne [Bormes]	C lt.
Soliers [Solliès]	ijc lt.

Dem. xiijc lt.

Seneschaussee de Digne

La ville et faulxbourgs de Digne	vjc lt.
Ries [Riez]	iijc lt.

Montures [Monstiers-Ste-Marie]	iijc lt.
Seyne	iijc lt.
Guilsealmes	C lt.
Colmans [Colmars]	C lt.
La ville et faulxbourgs d'Angot [Annot]	
Dem.	

Seneschaussee de Forquaulquier

La ville et faulxbourgs de Forquauquier	vjc lt.
Citeron [Sisteron]	iijc lt.
Apt	iijc lt.
Manasque [Manosque]	iijc lt.
Saielt [?Sault]	iijc lt.
Vallen	C lt.
Belhane [Reillanne]	C lt.
Dem. ijm iijc lt.	
Les manans et habitans de la ville de Marsalle	vjm lt.

Total pour Provence, xL^m c lt.

Generalité de Bretaigne

Diocesse de Nantes

Les manans et habitans de la ville et faulxbourgs de Nantes	xxxm lt.
Chasteaubriant	m lt.
Reddon [Redon]	ijm lt.
Guerrande	iiijm lt.
Le Croisil [Le Croisic]	m lt.
Louroux	C lt.
Cande	C lt.

Diocesse de Vannes

La ville et faulxbourgs de Vannes	vjm lt.
Henneboult [Hennebont]	xvjc lt.
Josselin	xvc lt.
Auray	vm lt.
Dem. xiiij^m c lt.	

Diocesse de Renes

Les manans et habitans de la ville et faulxbourgs de Renes	xvm lt.
Vittry [Vitré]	viijm lt.
La Guinbeche [La Guerche]	viijm lt.
St Aulbon [St-Aubin-du-Cormier]	iiijc lt.
Chasteau Giron	ijc lt.
Becherel	C lt.
Marcelle	ijc lt.
Martignes [Martingé?]	C lt.
Montfort	viijc lt.
Herle	m lt.
Fougeres	vc lt.
Aultraige	ijc lt.
Le Teil	C lt.
Bazouge la Perouze	iiijc lt.

Dem. xxviij^m v^c lt.

Diocesse de St Malo

Les manans et habitans de St Malo	viijm lt.
Dineng [Dinan]	vm lt.
Loheat [Loheac]	ijc lt.
Sainct Main	ijc lt.
Plancourt [Plancoet]	C lt.
Jugon	vc lt.
Ploermel	ijm vc lt.

Dem. xvj^m v^c lt.

Diocesse de Cornaille

La ville et faulxbourgs de Quinpercorentin	vjm lt.
Lousiol	vc lt.
Gueuene Guingnan	ijc lt.
Chasteau Lim en Atiomcialle [Châteaulin]	xvc lt.
Charthes	vjc lt.
Favoel	C lt.
Lestianam	iiijc lt.
Chasteau du Fou [Châteauneuf du Faon]	ij clt.
Concq Fouenaim [Concarneau/Fouesnant]	ij clt.
Caste Landoan	ijc lt.
Quimperlé	iiijc lt.

Penemarche [Penmarch]   ijc lt.
Lhel Gonnol   C lt.
Les paroisses de Vouteval   C lt.
Les paroisses de Liez   C lt.
     dem. xv^m ij^c lt.

Diocesse de Morlaix

Les manans et habitans de [. . .] la somme de   ijm lt.
Lauzon [Lannion?]   xvc lt.
Morlaix   vjm lt.
Lavaur   ijc lt.
Callac   iiijc lt.
Lamballe   iiijc lt.
Rochedrin [La Roche-Derrien]   ijc lt.
Guimguam [Guingamp]   m lt.
     Dem. xvj^m vij^c lt.

Diocesse de Leon

Les habitans [de St Pol de Léon]   iijm lt.
Brest de St Renain [Renan]   xvc lt.
Landerneau   iijc lt.
Ladunain   C lt.
Conques   iijc lt.
     Dem. v^m iij^c lt.

2 DISCRIPTION DE LA COURTE DE FRANCE [FRENCH TEXT][25]

[*Folger V.a. 146, fos 38–62*]

---

[25] This was the original text from which Cook translated his own copy for presentation to Cobham. The latter was printed in *French History*, 2 (1988). See ref. in the Introduction.

3 PROTESTATION ET PROMESSE DU ROY DE FRANCE DE NE FAIRE IAMAIS GUERRE CONTRE CEUX DE LA RELIGION REFORMÉ[26]

[*Folger V.a. 146, between fos 62 and 63*]

4 LES PREROGATIVES DU ROY ET DE LA COURONNE DE FRANCE

[*Folger, V.a. 146, fos 63–65*]

Les Roy seul a prerogative par tout son royaulme de donner remission, graces et pardons, rappel de ban et de gallere et nul autre que luy ne le peut donner.

Le Roy seul a prerogative de faire et creer chevalliers en tout son royaulme et nul autre que luy ne les peut faire.

A luy seul appartient le tresor d'or trouvé dans la terre, s'il n'y a coustume ou usage au contraire.

Au roy et à nul autre appartient la dixiesme des mines, minieres, metaux et toutes substances terrestres qui se tirent et se pourront tirer par toutes les terres de son obeissance.

Le roy a prerogative d'user en son royaulme de cire iaulne en ces seaulx et autres que luy n'en peut user.

A luy appartient l'institution et reformation des universités de son royaulme.

Au roy seul appartient de donner et creer foires en et par tout son royaulme.

Sa Majesté peut bailler et octroier lettres de marque et represailles.

Le Roy seul peut annoblir roturiers et legittimer bastardes et naturaliser aubaines et estrangiers par tout son royaulme indifferement.

A luy seul appartient la succession des aubaines et estrangiers, si ce n'est qu'aucun est fondé en droit et possession.

Le Roy peut creer et instituer corps et communaultés et eriger nouveaux offices par tout son royaulme et nul autres ne le peut faire sans congé.

---

[26] This is a *proces-verbal* of the Assemblée des Notables of November 1583. It differs only on order of speeches from the text of the copy sent by Stafford (PRO SP78/10, no. 76) in his letter of 17 November 1583 (SP78/10, no. 78) and which was printed by A. Karcher, 'L'assemblée des notables de 1583', *Bibliothèque de l'Ecole des Chartes*, 104 (1956), who thought it the only surviving copy.

Au roy appartient de bailler saufconduictz et passeports et nul autre sinon ceux qui ont pouvoir expres de sa Majeste à cause de leurs charges et estatz.

Sa Majeste seul a droit de nomination aux prelatures, abbayes, prieurés et dignités electives de son royaulme; et luy doivent les prelats nouvellement pourveuz serment et fidelité.

Lesquelz droictz son inseparablement uniz et annexez à la couronne et coherens à la propre personne du roy et ne sont convenables aux autres.

Au roy appartient la garde des esglises, cathedralles et des esglises qui sont de fondation royalle en son royaulme.

Et on dict qu'il a esté nouvellement accordee que le roy a droit regal sur les archevesques et evesques de son royaulme.

Et que le roy ne peut estre excomunié par aucun, ny les officiers du roy par raison de leurs offices et qu'il peut prohiber et deffendre qu'aucun suspencion ou interdiction soit publiee ou executee contre les prelatz et officiers de son royaulme.

Et pareillement que les legats du Pape ne peuvent entrer en France et user de leurs facultés sans congé et permission expresse du roy, verefiee en la Court de Parlement.

5 LES PREROGATIVES, EXEMPTIONS ET PRESEANCES DES PRINCES DU SANG ET PAIRS DU ROYAULME

[*Folger, V.a. 146, fos 65v–75*]

Pour la conservation de la maison de France, les princes du sang sont exemptz du combat et doivent expressement estre exemptz apres la personne du roy es cartelz des subiectz.

Exemple

Au temps de Phillippes le long, le sr de Scalli boutellier de France, respondit au sr. de Marqueil tout en presence du Roy au bois de Vincennes par telles parolles, que si led. de Marqueil ou autre disoit qu'il ne fut preudhomme et loyal, il s'en defendeiroit contre tous, fors que le roy et Messieurs de son sang et lignage sont exempts ut supra.

Princes et princesses du sang par arrest donné l'an mil trois cens quatre vingts et sept sont declarés exempts de tous peages du royaulme et du seeel du roy.

Le Roy Charles 7 l'an mil quatre cens soixante trois envoia un de ses Maistres des Requestes de son hostel enquester de son parlement de Paris si les princes de son sang qui n'estoient pairs de France doivent iouir de telle prerogative que lesd. pairs mesmement en jugement de leur personnes et estat. Responce: que la court ne pouvoit deliberer.

Il y avoit aussi un autre differend indecis, c'est à scavoir sur la preseance en la court entre les princes du sang et les pairs de France.

Semblablement il a esté accordé par led. parlement qu'il n'y a apparance aucune de denier que lesd. princes du sang non pairs doivent iouir de telle prerogative que lesd. pairs es jugements de leur personnes et estatz, veu qu'ilz sont nais Conseilliers du roy, en son parlement sans serment, et les pairs faictes par creation et serment.

Il fut aussi dict que celuy desd. princes qui est le plus proche de la Couronne, sans estre filz du roy regnant, pour estre reputé le second personne de France, a faculté du roy de creer mestiers es villes du royaulme, esquelz y a mestiers iurés et plusieurs autres prerogatives de second personne de France. Et tel fut au temps de Lois 12 Francois duc de Vallois et Bretaigne.

Pairie

Note que la pairie seule est de moindre qualité que le principauté de sang.

Note comment on doit entendre ce mot de Prince.

Note que ce mot et nom de prince signifie chef et premier et est à entendre de ceux du sang qui sont issus et capables de la Couronne; aultrement ilz ne doibvent porter le nom de prince. Car les autres sortis des maisons souveraines estrangiers sont appellés princes estrangiers sont appellés princes avec un adiection de leur maison, comme le prince de Gennevois, le prince de Janville etc.

Si les princes du sang pour raison de leur sang doivent preceder les ducs, contes et pairs de France qui ne sont pas du sang mesmes en la court desd pairs

Il fut accordé lors par la court des pairs que les princes du sang, c'est à scavoir telz qui sont chefs de leur maisons precederont les pairs de France qui ne sont du sang. Mais les autres qui ne sont chefs de leurs maisons, contre. Car en la court des pairs on n'a point esgard au sang mais à la pairie et ordre d'icelle.

Si les princes du sang precederont les pairs de l'esglise

L'an mil cinq cens et six, l'evesque de Laon seant au plaidoire survint Louis de Bourbon prince du sang. L'evesque pair ne volust ceder mais le parlement ordonna qu'ilz se retireroient tous deux pour ce temps là.

Si un pair lay qui n'est du sang precedera un pair d'esglise qui est du sang

L'an mil cinq cens dix sept s'offrit un doubte au conseil, ascavoir: si le duc de Nevers pair de France lay precederoit au conseil le cardinal Louis de Vandosme. Le duc soustenoit pource que les pairs lais sont assis à la dextre du roy au conseil et les pairs de l'esglise à la senestre. Mais il fut advisé que le duc se retireroit et le cardinal pour sa double qualité, c'st a scavoir pour estre pair aussi du sang assistoit aud. lieu.

S'il y trouve un qui est pair et prince du sang avec un qui est seullement pair mais plus long temps et plus ancien pair que l'autre qui precedera

L'an mil cinq cens quarante un fut iugé que le duc de Mompensier aiant les susd. qualités pourroit bailler les roses au parlement premier que le duc de Nevers, combien qu'il fut plus antien pair et pour cela etc.

Quelques exceptions où les pairs precederont aux princes du sang comme

Au sacree du Roy Henry 2 les ducs de Nevers et de Guise les plus antien pairs precederent le duc de Mompensier prince du sang et pair. Mais note que ce ne fut avec expres permission et commandement du roy et avec un proviso que cela ne faisoit preiudice au duc de Mompensier. Aussi note qu'en lad. Sacree et ceremonie le duc de Guise precedoit le duc de Nevers plus antien pair que luy. Mais de cela l'occasion fut tel. Il a deux sortes des rangs:

| des rangs | des representees |
| aucuns sont | et des representans |

Le duc de Guise tenoit lors le rang d'un representé, car il representoit le duc d'Acquitain et le duc de Nevers le duc de Tholouze, le duc de Mompensier, le Conte de Flandres et ainsi le rang des representés fut gardés et non des representans.

L'an mil cinq cens vingt sept seullement pour l'act du iugement du duc Charles de Bourbon le roy Francois crea le conte de St Paul estant prince du sang pair de France; mais c'estoit durant ce temps seulement. Et note que sur cela on faict un guere. Si sans lad. creation il y eust eu voix pour estre seulement prince du sang et nay pair de France sans estre crée pair. Mais pour resoudre ceste doute, l'an mil deux cens vingt quatre le Conte de Vandosme asista et opina au jugement du duc Jehan d'Allencon sans estre crée pair et ce par arrest du parlement donné led. an regnant Louis 8 pere de Saint Loys.

Ou les princes du sang asisteront et opineront et ou non sans estre pairs

Fut proposé au roy Henry 2 que puis que le connestable grand eschanson et Chambrier de France fut privilegé d'assister et opiner avec les pairs de France au jugement des pairs, a plus forte raison les princes du sang qui autrefois soulloient estre nais Conseillers du roy et avoir entree et opinion es parlemens sans estre pairs et sans y faire aucun serment, surquoy luy sans avoir ouy les princes par sa declaration signee de sa main l'an mil cinq cens cinquante un, ordonna qu'ilz auroient voix et audience à huis ouverts des causes qui se vuideroient en leur presence et sur le champ et que au Conseil à huis clos ilz n'eussent asistance ny voix deliberative; pource qu'ilz font et prestent aucun serment au parlement comme font les pairs et par ceste ordonnance ilz sont excludz des jugements criminelz et civilz. Mais les pairs de France pource qu'ilz sont crées par erection ou par lettres d'office et en leur creation font serment ilz assisteront et opineront par tout.

Si un prince du sang plus esloigné de la couronne estant chef de sa maison precedera le prince plus proche n'estant chef de sa maison

Au sacre du Louis onziesme le Duc de Bourbon plus esloigné de la couronne et chef de sa maison preceda les contes d'Angolesme et de Nevers puisné 2. des branches d'Orleans et de Bourgogne et plus proches de lad. couronne.

Si l'ordre du rang des princes du sang est selon la proximité de la couronne ou si un duc prince du sang plus esloigné de la couronne precedera un conte prince du sang plus proche

L'an mil quatre cens treize le different se meut entre le duc de Bourbon et le Conte d'Allanzon. Le Conseil privé de Charles 6. ordonna que le duc seeroit, donnant le Conte d'Allanzon en duché et pairie.

Note que l'an mil quatre cens sept Charles 6. fist publier un ordonnance ou les princes du sang plus proches sont ordonnés du Conseil pour le gouvernement et administration du royaulme durant la minorité des roys.

Si un archevesque non pair precedera un evesque pair

L'an mil quatre cens et dixhuict au temps du roy Charles 8. [*sic*], Pierre de Villiers evesque de Beauvais pour estre pair voulust preceder les autres archevesques non pairs consacrés devant luy, ce que ne luy fut souffert. Et non obstant qu'il feit ses protestations au parlement pour la conservation de sa prerogative, fut respondu que sa pairie avoit bien lieu es processions qui faict le parlement et non en ce lieu là, et toutesfois

Note qu'il fut jugé l'an mil cinq cens vingt six que l'evesque de Langres pair precederoit l'archevesque de Lion et tous autres prelatz non pairs.

Si la profession ecclesiastique diminuera le degré et rang d'un prince du sang

Tout ainsi que les princesses du sang peuvent tenir leur rang si ceux de leur maris sont moindres, aussi les princes du sang qui sont de l'esglise peuvent tenir leur rang du sang et non à l'ecclesiastique, lequel ne leur diminue en rien leurs degré naturel, leur ordre et preheminence.

Note que tous archevesques et evesques ont encore le tiltre de Conseiller du roy.

Note qu'anciennement tous prelatz, c'est à scavoir, archevesques et evesques tant pairs que non pairs avoient entree pour assister et opiner et furent nommez devant les Seigneurs temporelz laquelle reuereme n'est plus à cest heure cy contynué.

Depuis quant cest elerent les pairs de France ecclesiastiques sont parvenus à estre ducs et Contes

Les dignités des duchés et Contés furent baillez aux evesques pairs pour plus honnorer les pairriez et pour cela

Le Roy Louis d'outremer filz de Charles le simple donna à l'archevesque de l'esglise de Reims la conté de Reymes et droit de forger monnoie, lequel Conté fut puis apres erigé en duché par l'erection de l'empire.

L'an mil cent vingt neuf au temps du roy Louis le jeune Hugues 3. du nom duc de Vermandois donna à son oncle evesque de Langres le conté de Langres que led. duc avoit recouvree par exchange de Guy de Saux, laquelle fut apres erigee en duché.

La Conté de Laon fut baillee à l'evesque et à l'esglise de Laon par etc. [...] apres erigee en duché laquelle est de si petite estendue qu'il n'a en cela que dix sept villages.

Ordonnance pour l'esglise contre les sainctes escriptures

Encore que les sainctes escriptures defendent les armes à tout clergé; encore les prelats pairs de France, c'est à scavoir Archevesques et evesques sont par raison de leur pairrerie qui est chose temporelle obligez à service et suivre le roy accompagniés de leurs chevalliers et soldatz quant ilz vont à la guerre en personne.

La datte de l'erection de toute les pairs de France qui sont à present

1 Celle de la Comté d'Eu pour Charles d'Artois faicte par le roy Charles 7.
2 Celle de la Compté de Nevers fut faicte par led. roy pour Jehan de Bourgogne l'an 1464 et un autre erection pour Engilbert de Cleves par Loys 12. l'an 1503.
3 Celle du duché de Vandosme par Francois premier pour Charles de Bourbon l'an 1514.
4 Celle de Guise par led. roy pour Claude de Lorrain l'an mil cinq cens vingt sept.
5 Celle de la duché de Mompensier par led. roy pour Louis de Bourbon l'an 1538.
6 Celle de la duché d'Aumaille par Henry 2. pour Francois de Lorrain l'an 1547.
7 Celle de la duché de Montmorency par led. roy l'an 1551.
8 Celle de la duché de Joyeuse par le roy Henry 3. pour Charles d'Arques [*sic*] l'an mil cinq cens quatre vingts et deux.

Le serment qui font les pairs au parlement

De s'acquitter en leurs consciences es jugemens des proces esquelz ilz assisteront au parlement et de ne discouvrir les secretz dud. parlement et sans exception de personne se comporter loyalement envers tous et de porter honneur à celuy qui est leur juge pour leur honneur vie et estat.

Le vray Ordre comment les princes du sang et pairs de France doivent preceder chacun en son rang suivant leur erections

LE ROY

La main dextre	La main senestre
Conte d'Eu	1. l'archevesque duc de Reims
Duc de Nevers 1503	
Duc de Vandosme 1514	2. L'evesque de Laon
Duc de Guise 1527	3. L'evesque det duc de Langres
Duc de Mompensier 1538	4. L'evesque conte de Beauvais
Duc d'Aumaille 1547	5. L'evesque conte de Chaalons
Duc de Montmorency 1551	6. L'evesque et conte de Noion
Duc de Joyeuse 1582	

Note que le nombre des pairs lais n'est certain comme c'est cestuy là de l'esglise qui est tousiours 6. et non plus, mais des pairs lais le roy faict tousiours tant qu'il luy plaist. Le Cardinal de Bourbon est pair nay et non par creation et premier pair de France de l'esglise.

6 DOCUMENTS FROM THE ROYAL CHANCELLERY

(i) Quelques privileges des Secrettaires d'Estat

[*Folger V.a. 146, fos 76–77v*]

Les Secrettaires sont et demeurent perpetuellement ordinés domestiques et commensaulx de la maison et couronne de France et comme telz seront exemptz de toutes taillez, empruntz, fouages, gabellez, aides et autres subventions quelconques mises et à mettre sur au Royaulme; aussi de toutes peages, travers, quatreismes, huictiesmes, guetz, reparacions de ville et de toutes autres tributs tant de leurs personnes que de leur biens, heritages et les fruictz croissans en iceux, sans que l'on leur puisse riens demander non à leurs serviteurs faisant apparence du Certificat signé de leur mains comme lesd. fruictz leur appartiennent.

Seront exempts de paier l'esmolument de tous arrests, sentences, appointemens et autres expedicions qui seront faictes es Courts souveraines, Chambre des comptes, des requestes du pallais, de l'hostel et du tresor, prevosté de Paris et toutes iurisdiccions royalles. Et seront toutes les expedicions seelleez, sans que lesd. Secrettaires puissent estre contrainctz paier l'esmolument du seau de la Chancellerie et autres seaulx ares qu'ilz fussent bailliez à ferme.

Que les Secrettaires tenants fiefs nobles par droict successif ou autrement à cause d'eux ou de leurs femmes, ou si pendant le temps de leurs offices il les eschet aucuns, ou s'ilz en acquierent, ne pourront estre contraincts de vider leurs mains ne pource paier fynance ou indempnité des francs fiefs et nouveaux acquestz, lotz, ventes et autres droictz, lesquelz leur sont remis et quittes et sont cassés et adnullés toutes contraintes qui seront baillez au contraire.

Seront exempts de paier et contribuer aux octrois et subsides des villes qui pourroit permettre ausd. villes estre leveez sur les habitans d'icelles pour leurs affaires fortificacions ou autrement.

Seront francs de tous osts, chevauchees, ban et arriere ban et ne seront tenuz de comparoir aux monstres dud. ban et arriere ban ny y envoyer. Et ne leur pourra estre faict empeschement par les commissaires et si empeschement y a de sa [. . .] present, la main levee leur estre baillié, combien qu'il fut mandé exemptz et non exempts, previlegés et non previlegés.

Seront francs de tous logis et garnisons et est defendu à tous mareschaux de logis de ne marquer en leurs maisons posé que le roy fust sur le lieu. Seront francs de tous logis de gens de guerre, avitaillements d'ostz, d'armes, places, navires, chariotz, d'artillerie et de tout ce que l'on pourra pretendre touchant l'ost et armee et est defendu aux capitaines de faire le contraire.

(ii) Articles concernans l'estat des secrettaires du roy, c'est à scavoir de la Chancellerie et privileges octroiez à eux par les rois de France

[*Ibid., fos 78r–82r*]

Les Roys de France ont esleu, ordonné et crée cinquante neuf personnes notables et de grande science, vertu et experience pour loyaulment rediger par escrit et approuver par signature et attestation en forme deuez toutes les choses sollennelles qui perpetuellement pour le temps advenir seront faictes, commandeez et ordonnees par les rois de France; fussent livres, registres, conclusions, deliberations, loix, constitutions, pragmatiques sanctions, edicts, ordonnances, chartres, dons, concessions, privileges, mandements, commandements, provisions de justice et de grace et autres expedicions faictes tant devant les chancelliers de France qu'aillieurs, quelque part que les chancelliers seroient perpetuellement leuez pareillement pour enregistrer les deliberacions, conclusions, arrests desd. rois ou de leur Conseil, des cours de parlement, d'aides usans soubs lesd. rois d'autorité et iurisdiccion souveraine et generallement toutes les lettres closes, soit patentes et autres choses quelconques touchant les faictz des roys de France et de leur royaulme, pais et seigneurie.

Et iceux ainsi choisis et esluz, lesd. rois les nommerent leurs Secretaires comme ceux qui valloient estre presens et appelles ou les aucuns d'eux pour enregistrer leurs plus grands affaires, assister es chancelleriz en leur grande conseil, courts de parlement et chambres des comptes, des requestes de l'hostel et du tresor, s'ilz n'estoient nombre desd. Secrettaires, desquelz les rois ont erigé un College nommé et institué le College des Secretaires du roy et de la couronne et de la maison de France. Lequel College par chacun an s'assemble à Paris au jour de Monsr St Jehan L'Evangeliste qui fut pris et esleu pour leur singulier patron, comme celuy qui fut principal et plus hault des Secrettaires et evangelistes de nostre Seigneur Jesus Christ.

Lesd. Secrettaires et tous leurs successeurs esd. estats ont esté retenuz par les rois de leur hostel et famile et pour leurs officiers domestiques ordinaires et commensaux et ont voulu qu'eux et les rois de France qu'apres viendroient chacun an en son temps fut du nombre et chef dud. College faisant le soixantiesme.

Ont ordonné que lesd. officiers fussent à bourse et à gages de leurs offices non muables ne impetrables non subiect à quelques changement par le trespas et mutacion des roys sans qu'il fust besoing avoir nouvel don, confirmation ou lettres.

Aussi ne peuvent lesd. Secrettaires estre privez de leurs offices fors seullement par mort ou resignation voluntaire ou par confiscation ou forfaiture declaré par proces faict par les Chancelliers appellés avec eux les Maitres des requestes ou par la Court de parlement.

Que led. nombre des Secretaires ne pourront estre crée ny augmenté bien leur a esté promis pour plus les favoriser qu'ilz pourroient aucunesfois separer l'un des nombres desd. offices, c'est à scavoir les bourses ou les gaiges pour les bailler à l'un de leurs enfans ou au mary de l'un de leurs filles ou autres soubs le bon plaisir du roy.

Quant aucun seroit pourveu d'office de Secrettaire avant qu'il puisse signer ou expedier aucunes lettres ou prendre gages seroit tenu apporter les lettres par provision aux Audiencier et Contrerolleur et illec en leur presence et de 3 ou 4 Secretaires faire la serment d'entretenir led. confrarie et College fondé en l'honneur des 4 glorieux evangelistes et de faire loyaulté à ses compagnons en faisant leurs bourses ordinaires et paier le demy marc et enregistrer de sa main au livre desd. Audienciers et Contrerolleurs le doubles des lettres du don de son office et de sa reception et au dessous apposer son seing manuel.

Fut aussi ordonné que led. college puisse acquerir deux cens livres tournois de terre ou revenu pour l'entretenement desd. services et affaires dud. College, sans qu'ilz puissent estre contrainctz en vuider leur mains.

Et est mandé aux Chevalliers [*Chancelliers*] de France juger de toute antienneté desd. Secrettaires, et lequel et les successeurs aud. estat, led. sr constitue principaux gardiateurs des privileges à eux donné, faire garder et entretenir ce que dessous et pareillement aux courts de Parlement, Chambre des comptes et speciallement aux gens tenans les Requestes du Pallais à Paris, lesquelz led. Seigneur depute pour juges et Commissaires auxd. Secrettaires.

L'an mil quatre cens quarante cinq le ixe May le roy Charles 5 [7] au conseil tenu en la maison de St Pauî à Paris augmenta led. nombre iusques à six vingts et en faisant un Colege nommé le College des Secrettaires, le premier desquelz est le roy mesmes qui prend la premiere bourse ordinaire, le second se prend par les Maistres des Requestes à deviser entre eux tous esgalement et les Celestins de Paris l'autre en la suite de la Court que Chancellarie de Paris une autre petite bourse.

Dud. nombre y en a soixante boursiers, desquelz vingt grands, vingt moiens, vingt petitz de tous n'ont aucuns gages mais ont quelque droit sur l'esmolument de seel des lettres civilles et de collacion qui est à dire criminelles comme si ont les Secrettaires gaigés, sur lesquelz le roy ne prend aucune chose ains seullement sur les civiles.

Et y a soixante gaigez, lesquelz ont six soubz parisis par chacun jour et dix lt. par an pour droict de marteau et prennent leurs gages sur les premiers des comptables du royaulme pource qu'il n'y a aucun assignation particuliere pour eux.

Sont officiers domestiques tenuz et reputez de la maison et couronne de France, ne sont subiects à confirmation, sont exemptz de toutes impositions par chartres et privileges.

Peuvent signer toutes lettres qui leur sont commandez par le Roy, Chancellier et Maistres des requestes sans qu'il soit besoing qu'elles soient signeez d'un rapporteur; signent aussi toutes autres lettres estant en prothecolle de la Chancellarie fors releif d'appel, comme abus, relieufement d'ilico et autres gisans en difficulté.

Signent toutes lettres de committimus en faisant apparoir par les officiers domestiques de la maison du roy du certificat du Tresor comme ilz sont richez en l'estat, apres en avoir toutefois parlé aux Maistres des Requestes tenant le Seau.

(iii) L'adresse des suscritions et soubscriptions aux rois, princes, potentats et gouverneurs des provinces tant estrangers que princes

[*Ibid., fos 82v–85r*]

Au Pape	A nostre tressainct pere le pape au commencement, et sur la fin, vostre devot filz le roy de France.
A l'empereur	Au treshault et trespuissant nostre trescher et tresaimé bonne frere et cousin la sacree Maiesté.
Au roy d'Espaigne	Au treshault et trespuissant prince notre trescher et tresaimé bonne frere et cousin le roy Catholique.
A la royne d'Angleterre	A la treshaut et trespuissante princesse nostre trescher et tresaimé bonne soeur et cousine et perpetuelle aliée le royne d'Angleterre.
Au roy d'Escosse	A nostre trescher et tresaimé bon frere et cousin le Roy d'Escosse.
	A noz treschers et grands amis les gens du conseil de nostre trescher et tresaimé bon frere et cousin le roy d'Escosse.
A ceux de la seigneurie de Venize	A noz treschers et grands amis et confederés les Confallonier et Conseil du duc de la reip: de la Seigneurie de Venize.
Ferrare	A nostre trescher et tresaimé cousin, amy et confederé le duc de Ferrare.
Florence	A nos treschers et grands amis et confederez les Confallonier et Conseil du duc de la reip: de la Seigneurie de Florence. alias
	A nos treschers et les confallonier, conseil et communalté de Florence.
Savoye	A nostre trescher et tresaimé cousin et perpetuel amy le duc de Savoye.
Gennes	A nos treschers et grands amis les antiens, conseil et communalté de Gennes.
Luques	A nos treschers et bons amis les antiens et Confallonier de justice du peuple et communalté de Luques.

Au prince de Transilvania	Au tres excellent prince le veufvade de Transilvania.
Au treize Cantons des Suisses en general	A noz treschers et grands amis aliez et confederez et bons comperes les advoiers, bourgmaistres, amans, Conseillers et Communaltez des Cantons des antiennes ligues des haultes Allemaignes.
Aux Suisses des haults cantons de haulte Allemaigne	A noz treschers et grands amis aliez et confederes les Conseillers et officiers du Canton de la ligue de Goyse.
A Cambray	A noz trschers et grands amis les evesques de Cambray ou à ses vicaires, prevostz, eschevins et doyen et Chapitre de la ville.
Au gouverneur de Lisle de France	A mon cousin le sieur de Villequier gouverneur et mon lieutenant general de Lisle de France ou à son lieutenant aud. Gouvernement [apres le feu duc de Montmorency].
Normandie	A mon bon frere et cousin le duc de Joyeuse gouverneur et mon lieutenant general en Normandie ou à son etc. [Apres le duc de Bouillon].
Guienne et Gascoigne	A mon cousin le sr de Biron Mareschal de France, gouverneur et mon lieutenant general en Gascoigne et Guienne ou à son etc. [Apres le sr de Monluc].
Languedoc	A mon cousin le sieur de Montmorency Mareschal de France, gouverneur etc. ou à son etc.
Metz	A mon cousin le duc d'Espernon gouverneur et mon lieutenant general du pais Messin [apres le sr de Pienne].
Champaigne	A mon cousin le duc de Guise gouverneur et mon lieutenant general en Champaigne et Brie ou à son lieutenant aud. Gouvernement [Apres le feu duc de Guise son pere].
Pais d'Orleans, Touraine et Aniou le Mayne etc.	A mon cousin le sr de Cheverny, chancellier de France, gouverneur et mon lieutenant general es pais d'Orleans, Touraine, Aniou, la Mayne etc. [Apres le sr de Cossé Mareschal de France].

Bretaigne	A mon bon frere et cousin le duc de Mercury gouverneur etc. [Apres le feu duc de Montpensier].
Bourgogne	A mon cousin le duc du Mayne gouverneur etc. ou au Conte de Charny son lieutenant [Apres le duc d'Aumaille].
Lionnois, Beauioulois et Forestz	A mon cousin le sieur de Mandelot gouverneur et mon lieutenant general en Lionnois, Beauioulois et Forest ou à son etc. [Apres le feu duc de Nivernois].
Provence	A mon cousin le sieur de Retz, Mareschal de France, gouverneur et mon lieutenant general en Provence [Apres le conte de Tende].
Poictou	A mon cousin le conte de Leude gouverneur et mon lieutenant general en Poictou.
Picardie	A mon cousin le prince de Condé gouverneur et mon lieutenant general en Picardie ou à son lieutenant Monsieur Crevecoeur [Apres le feu prince son pere].

INDEX

Names in bold type indicate key members of the Council of State listed in Part I

Abbeville, gov. of 99n, 101, 148n, 156, 714, 184
Acigné, Jean VIII, sr d' 88, 89, 161
Acigné, Judith, dame d' 94
Adrets, François de Beaumont, baron des 107, 109
Agde (Languedoc) 80, 81
Agenais
  nobility 69
  sénéchal of 73
Aiguesmortes (Languedoc) 80, 81
Ailly, Philibert-Emmanuel, sr, vidame d'Amiens (d. 1619) 98–99, 100, 151, 155
Aix, towns in sénéchaussé of 226
Albret
  duchy of 67
  family of 190
  (see also Navarre)
Alègre, family (Auvergne) 61, 99n, 125, 157, 191
  (see also Meilhaud, Saint-Just)
Alençon, towns in bailliage of 208–209
Alepins (see Leysseins)
Allard, Guy, genealogist 15
Alleins, srs d' (Provence) 177
alliances, French noble 13, 18
  marriage 19
ambassadors, Venetian 1, 16
Amboise
  bailliage of 214
  family (see Aubijoux, Clermont d'Amboise)
  gov. of 175
Amiens
  govs of 99n
  towns in bailliage of 207
  vidame de (see Ailly)
Amyot, Jacques, Bishop of Auxerre, grand aumônier 41n, 43, 168, 173
Andelot (see Laval)
Angennes
  alliances 61

family 59, 194
  (see also Rambouillet, Maintenon)
Angers, gov. of 93
Angoulême, gov. of 72
Angoulême, Henri de Valois, chevalier de, grand prieur, gov. of Provence (d. 1586) 41, 119, 167, 175
Angoumois
  gov. of 84, 175
  titled fiefs in 178
Anjou, François de Valois, duc de (1576) and duc d'Alençon, Monsieur (d. 1584) 8, 19, 25–26, 38–39, 54, 83, 96, 112, 144n, 166, 167, 190, 194
  followers of in Low Countries 189, 190, 192
Anjou, house of 184
  (see also Mézières)
Anjou, Renée d', duchesse de Montpensier 183
Anjou
  duchy of 96
  gov. of 96, 139
  nobility of 93
  towns in sénéchaussée of 213–214
Annebault, estates (Normandy) 148n
Antibes, gov. of 120
Apchon
  comptours d' (Haute-Auvergne) 111, 113
  family of 113–114, 113n
Arles, towns in sénéchaussée of 226–227
Armagnac
  comté of 67
  nobility of 70
  towns in sénéchaussée of 220
Arpajon (Rouergue) family 68
Arques, sr de (see Joyeuse)
Astarac, comté of 70
Aubigny, Esmé Stuart, sr de, Duke of Lennox 194

Aubijoux, Louis d'Amboise, sr d' 79, 82, 104n
Aumale, Charles de Lorraine, duc d' (d. 1631) 54, 83, 136, 173, 185
alliances 85, 104, 135, 136, 185
revenues 185
Aumont, Jean VI d', comte de Châteauroux, marshal 47, 64, 92n, 94, 187, 191
Aunis, *pays de* 73, 74
Autun, towns in *bailliage* of 224
Auvergne
commodities 116
généralité of (*see* Riom)
gov. of 93n, 94n, 111n, 114, 175
grands seigneurs 111–112
nobility of 14n
titled fiefs in 179
towns in *Bays pays* 217–218
towns in *Haut pays* 219
Auvergne, prince dauphin de (*see* Montpensier)
Auxerre
bishops of (*see* Amyot, Lenoncourt)
towns in *bailliage* of 204
Auxois (Burgundy)
gov. of 66, 175
towns in *bailliage* of 224
Auxonne (Burgundy), gov. of 66, 175
Avoye, sr de 101

Bacon, Anthony 7
Bacon, Sir Francis 7
Bailly, *président des comptes* 168
Bajamont, François de Durfort, sr de, sen. of Agenais 69
Balagny, Jean de Monluc, sr de, marshal 91
Balsac, family 194
(*see also* Clermont d'Entragues)
Bar-sur-Seine, towns in *bailliage* of 225
Barbançon, family 125
(*see also* Cany)
Barbezieux, Charles de La Rochefoucault, sr de (d. 1583) 75, 103, 105
Basqueville, Nicolas Martel, sr de (Normandy) 148
Bassompierre (Bessenstein), Christophe, colonel of lansquenets (d. 1596) 149
Batarnay, family 118, 96
(*see also* Bouchage)
Bayonne 12
gov. of 72
Bazadois, towns in *sénéchaussée* of 221

Beale, Robert 6
Beaucaire (Languedoc), gov. of 81
Beauce
commodities of 97
nobility of 18
Beaudiné, Galiot de Crussol, sr de (k. 1572) 46
Beaujolais, towns in *bailliage* of 223
Beaune, Jacques I de, baron de Semblançay (ex. 1527) 38–39
Beaune, Jacques II, baron de Semblançay 39n
Beaune, Jean de, vicomte de Tours 39, 39n
Beaune, Martin de Beaune, Bishop of Le Puy, chancellor to queen mother 38, 79
Beaune, Rénaud de, Bishop of Mende, chancellor to Monsieur 38
Belleforest, François de 15
Bellegarde, Pierre de Saint-Lary, sr de (d. 1570) 31n
Bellegarde, Roger Ier de Saint-Lary, sr de, marshal de (d. 1579) 4n, 29, 31, 33, 52, 54, 70, 108, 119, 186
Bellegarde, Roger II, duc de (1619), *mignon* 31n
Belle-Isle, Charles de Gondi, marquis de (d. 1596) 31, 31n, 133
Bellièvre, Pomponne de 43, 45, 165, 168
Berry,
bailliage of 209–210
commodities of 97
duchy of 96
gov. of 94, 96, 175, 194
titled fiefs in 178
Béziers, towns in diocese of 222
Birague, Charles de 110, 115
Birague, Galeas de, Marquis of Malaspina 115n
Birague, René de, chancellor (d. 1583) 33, 43, 110, 115, 165, 167
Biron, Armand de Gontaut, baron de, marshal 20, 32, 39, 43, 45, 48, 68, 73, 76, 82, 187
Biron, Jean de Gontaut, sr de (d. 1558) 32n, 48
Blaye (Saintonge), gov. of 73, 175, 194
Blésois (*pays de* Blois), titled fiefs in 175
Blois, gov. of 175
Bodin, Jean 2, 16
Bodley, Thomas 6
Boisy (*see* Rouannois)

Bonnivet, François Gouffier, sr de (d. 1594) 35n, 151, 189
Bonnivet, Guillaume Gouffier, sr de, admiral 35n
Bordeaux 7
  towns in *sénéchaussée* of 220
Bosc, family (Normandy) 144–145
  (*see also* Radepont)
Bossy, John, historian 7
Bouchages, Henri de Joyeuse-Batarnay, comte de (d. 1608) 80n, 96, 132, 138
Bouchages, René comte de 185, 187
Boucher, Jacqueline, historian 18
Boudeville, François de Pardieu, sr de (Normandy) 146
Bouillon, duchesse de 113
Bouillon, ducs de 13, 16n, 85, 136
  (*see also* Turenne)
Bouillon, Guillaume-Robert de la Marck, duc de (d. 1587) 143, 173, 187
Bouillon, Henri-Robert de la Marck, duc de, sr de Sedan (d. 1574) 60, 85n, 128, 143, 152, 186
Bouillon, Robert IV de La Marck, duc de 85n, 108
Boulogne
  gov. of 99n, 101, 156, 174
  towns in *sénéchaussée* of 207
Bourbon, Antoinette de, duchesse de Guise 104
Bourbon, Charles, cardinal de ('Charles X') 27, 113, 133, 167
Bourbon, Charles de, cardinal de Vendôme 133, 173, 183
Bourbon, Charles, duc de, constable (d. 1527) 27n, 237
Bourbon, family 25, 29, 53, 54
  affinity 50
  alliances 132
  enemies of 33
  (*see also* Navarre, Montpensier, Condé, Conty, Dombes, Soissons, Vendôme)
Bourbon-Rubempré, André de 101n, 148
Bourbon-Rubempré, Charles/Claude de, sr de Ligny (d. 1595) 99, 148, 150, 153, 175, 184
Bourbonnais
  gov. of 115, 175, 194
  nobility of 112–113
  towns in *sénéchaussée* of 211
Bourdeilles, André de (d. 1582), *sénéchal* of Périgord 74
Bourdeilles, family 68

Bourges, *généralité* of 209–211
Bournazel, family (Rouergue) 68
Bourquin, Laurent, historian 18
Brametot, Antoine, sr de (Normandy) 146
Brézé, Artus de Maillé, sr de, *mignon* 37, 47, 93
Briançon
  bailliage of 225
  gov. of 120
Bricqueville (Normandy), family (*see* Colombières, La Luzerne)
Brie, *pays* de (*see* Champagne)
  titled fiefs in 177
Brienne, Charles II de Luxembourg, comte de (d. 1605) 103, 188n
  alliances 132, 135, 188
Brion, Philippe Chabot de, admiral (d. 1543) 41n, 191
Brissac, Charles de Cossé, comte de (d. 1563), marshal 30, 52
Brissac, Charles II de Cossé, comte de, duc de (1611) 89, 93, 94, 152, 161
Brittany 13, 88–92, 156–161
  commodities 91–92
  généralité of 228–230
  gov. of 52n, 69n, 90, 135, 175
  grands seigneurs 88–89, 157–161
  nobility of 18
  titled fiefs in 178
Broons, Antoine d'Espinay, sr de 88n, 89n, 161
Brouage (Aunis), gov. of 73, 175
Brulart, family 129
  alliances 129
Brulart, Pierre, sr de Crosnes, *secrétaire d'état* 34, 129, 166
Bruno, Giordano 7
Burghley (*see* Cecil)
Burgundy 62–63
  bailliages 63
  commodities 66–67
  généralité of 223–225
  gov. of 41, 54, 66, 175, 191
  grand seigneur 64
  titled fiefs in 177
Bussy, Louis de Clermont d'Amboise, baron de, called 'Bussy d'Amboise' (k. 1579) 93n, 96, 103, 104

Caen
  généralité of 209
  gov. of 86, 150
  towns in *bailliage* of 209

Calais, gov. of 101, 156, 174

Camboust, François du, sr de Coislin 91

Candale (see Foix-Candale)

Canillac, Jean-Timoléon de Beaufort-Montboisier, marquis de (k. 1589) 111, 113n, 114, 115

Cany, François de Barbançon sr de (Picardy) 98, 100, 125, 154

captains of royal guards 174

Caraman
comte de, 70
family of (see Négrepelisse)

Carcassonne, towns in sénéchaussée of 222

Carcès, Jean de Pontevès, comte de (d. 1582) 80, 117, 118, 119, 175

Carmagnola, gov. of 110

Carmaing, Odet de Foix, comte de 71

Carnavalet 37n

Carrouges, Taneguy Le Veneur, sr de, comte de Tillières (d. 1592) 35, 84, 86, 131, 136–137, 139, 150, 174, 194
(see also Tillières)

Castelnau (see Clermont-Lodève, Mauvissière)

Catherine de Medici, queen mother and regent 25, 30, 30n, 33, 35, 37, 40, 40n, 44, 48, 49, 51, 52, 59n, 61n, 93, 111n, 112, 114, 165, 166, 167

Caumont, family 73, 73n
(see also La Force)

Caux, pays de
gov. of 87, 137, 149, 153, 196
towns in bailliage of 208

Caylus, Antoine de Lévis, comte de (d. 1599) 68, 68n, 175

Caylus, Jacques de Lévis de, mignon (k. 1578) 68n, 189, 194

Cecil, Robert 1, 4, 5, 8, 8n, 9, 11, 13, 20

Cecil, William, Lord Burghley 1, 5, 7, 8n

Chabannes, family (see Curton)

Chabot, family 15n
alliances 65, 74, 136n, 137n, 140, 191
(see also Brion, Charny, Jarnac, Mirebeau)

Châlon-sur-Marne (Champagne), gov. of 105

Challons-sur-Saône (Burgundy)
gov. of 66
towns in bailliage of 223

Champagne 18, 102–106
commodities 105–106
généralité of 204–206
gov. of 54, 75, 105
grand seigneurs 103

titled fiefs in 177

Chancelier de France 172

Chancellery, French 14
usages of 242–244

Charles IX, King of France 29, 30n, 40, 191, 194

Charny, Léonor Chabot, comte de, gov. of Burgundy 20, 64, 65, 66, 173, 187, 191, 192

Charolais
comté of 63
towns in bailliage of 224

Chartres
gov. of 175
towns in bailliage of 212

Chartres, François de Vendôme, vidame de (d. 1560) 191

Chartres, Jean de Ferrières, vidame de 190–191

Chastenay, Joachim de, baron de Saint-Vincent (Burgundy) 64

Châteauneuf, Charles/Claude de Pierre-Buffière, baron/vicomte de (Limousin) 20, 32n, 73, 73n, 75, 76

Châteauneuf, Guy de Rieux, sr de (Brittany) 88, 89, 160, 161

Châteauneuf, Philiberte de Gontaut, dame de 32n, 73n

Châteauroux (Berry), Jean de La Tour Landry, comte de 92, 93, 160
(see also Aumont)

Châteauvieux, Joachim de, capt. of guard, mignon 4n, 38

Châtillon, Odet de Coligny, cardinal de 197
(see also Coligny)

Chattes, Aymar de Clermont-, sr de Geyssans 150

Chaumont (Champagne), towns in bailliage of 206

Chaumont, family (see La Guiche)

Chavigny, François Le Roy, sr de Chavigny (d. 1606), comte de Clinchamps, capt. of guard 46, 75, 93, 94, 138–139, 168, 174
alliances 139

Chemerault, Méry de Barbezières, sr de 174

Cherbourg, gov. of 73

Cheverny, Philippe Hurault, comte de (d. 1599), chancellor 4n, 20, 33, 43, 96n, 130–131, 165, 167, 175, 193

Choisy, Jacques de L'Hospital, marquis de 94, 128

Civille, François de, sr de Saint-Mards (Normandy) (d. 1614) 16, 16n
(*see also* Villerests)

Clausse, family 56
(*see also* Marchaumont)

Clères, family 13

clergy, appointment of 232

Clermont d'Amboise, family 93, 96, 191–192
(*see also* Bussy d'Amboise, Gallerande)

Clermont-Dampierre, family 186

Clermont d'Entragues family 113, 148n

Clermont d'Entragues, Charles de Balsac, capt. of guard 38, 59, 113n, 168, 174, 175, 194

Clermont d'Entragues, Charles de, baron de Dunes, 'Entraguet', *mignon* 38n, 194

Clermont d'Entragues, François de Balsac, comte de 96, 194

Clermont-en-Beauvaisis, towns in *bailliage* of 201

Clermont-Lodève, Guy II de Castlenau, sr de 79

Clermont-Tallard (Dauphiné), family 80, 85, 107, 208

Clermont-Tallard, Henri, comte de (d. 1573) 85n, 107, 108

Clèves, Catherine de, comtesse d'Eu, duchesse de Guise 83, 135, 184

Clèves (Nevers), Marie de, princesse de Condé 26, 113, 183

Cobham, Sir Henry, 11th Baron, ambassador to France (d. 1619) 7, 9, 10

Cobham, William, 10th Baron (d. 1597) 9

Coetmur, Jacques de Tournemine, marquis de (Brittany) 89, 94

Coligny, family 60, 75, 90, 99n, 128, 152, 196
(*see also* Laval)

Coligny, François de, sr de Chàtillon, comte de Coligny 155, 157, 196

Coligny, Gaspard de, sr de Châtillon, admiral (k. 1572) 53, 60

Colombières, François de Bricqueville, baron de (Normandy) (k. 1574) 142, 145

Colombières, Paul de Bricqueville, baron de 142, 144, 160–161

colonel-général de la cavalerie légière 172

colonel-général de l'infanterie 172, 186

colonel des Suisses 172

colonel-général du ban et arrière-ban 172

Combault, Robert de, premier maître d'hôtel 50, 168

Combour, Jean de Coetgen, comte de (d. 1602) 89, 90, 94, 159, 190

Combrailles and Franc Alleu (Auvergne), towns in *pays de* 219

Comminges, towns in *comté* of 221

Commynes, Philippe de 15

Condé, Henri de Bourbon, prince de (d. 1588) 26, 74, 90, 100, 101n, 104, 113, 133, 134, 159n, 174, 183, 185

Condé, Louis de Bourbon, prince de (d. 1569) 25, 41, 53, 74

Condomois, nobility of 69

confesseur du roi 173

connétable de France 172

Constant, Jean-Marie, historian 15, 18

Conty, François de Bourbon, prince de 151, 183

Cook, Anthony 11

Cook, Richard, of Essex 10

Cook, Richard, of Kent 8, 9, 10–14 *passim*, 20

Cook, Robert, Clarenceux herald 10

Cooke, Edmund 10

Corbie (Picardy), gov. of 101, 156

Cornouaille, towns in diocese of 229

Cossé (*see* Brissac)

Cossé, Artus, *bâtard de*, Bishop of Coutances 84

Cossé, Artus de, marshal, sr de Gonnor, comte de Secondigny (d. 1582) 30, 43, 60, 93, 127, 128, 189, 192
alliances 85, 94, 96, 192

Cotentin, towns in *bailliage* of 209

Cotgrave, Randall 2

councils, French royal 17, 18, 167–168

Courtenay, royal French house of 16, 196

Cousan, Claude de Lévis, baron de 112, 114

Créqui, Antoine de Blanchefort-Créqui, sr de, sr de Canaples 98, 118

Créqui, Charles de Blanchefort-Créqui, sr de 100n

Créqui, family 99n, 100

Crèvecoeur, François Gouffier, sr de, marshal, gov. of Picardy (d. 1594) 35, 98, 100, 151, 174, 189
alliances 99, 151

Crussol (*see* Uzès, Beaudiné)

Curton, François de Chabannes, marquis de (d. 1596) 111, 114, 125

Curton-Chabannes, family 61n

Dallington, Robert 1, 6n, 15, 18n

Damville, sr de (*see* Montmorency)

Dammartin, *comté* of (Ile-de-France) 53, 57–58, 126, 186
Dampierre (Ile-de-France) 59
Dauphiné 106–109
  commodities 109
  généralité of 225–226
  gov. of 36, 107n, 109, 157, 175
  grands seigneurs 107–108
Davison, William 6n
Dax, capt. of 71
Del Bène, Albisse, *général des finances* 118
Derby, Henry Stanley, Earl of 8, 10
Des Baux (Provence), barons de 117, 118
Des Cars, François de Perusse, comte, gov. of Limousin 48, 72, 168
  alliances 75, 76
  (*see also* La Vauguion, Givry, Merville)
Des Essars (*see* Sautour)
Diaceto, Ludovico, comte de Château-vilain, banker 193
Dieppe, gov. of 86, 149, 150
Digne, towns in *sénéchaussée* of 227–228
Dijon, towns in *bailliage* of 223
Dinan (Brittany), capt. of 91
Dinteville, Joachim de, sr de Vanlay 103
Dolu, family (Paris) 56, 125
Dombes (Bresse), *principauté de* 184
Dombes, Henri de Bourbon, prince de 157, 184
Draguignan, towns in *sénéchaussée* of 227
Du Bartas, Guillaume de Salluste, poet (d. 1590) 2
Dubourg, Anne (ex. 1559) 42
Du Chesne, André, genealogist 15
Du Haillan, B. 16
Du Lude, Guy de Daillon, comte 72, 93, 96, 114, 137, 175
Du Perron, Julien Davy, minister 145
Du Plessis (*see* Liancourt)
Du Pont, Charles de Quellenec, baron (Brittany) 88–89, 157
Duprat, Antoine, cardinal, 61, 125, 95
Duprat, family 59n, 61, 125, 195
  (*see also* Nantouillet, Thiers, Viteaux)
Du Tillet, Hélie 16
Du Tillet, Jean, Bishop of Meaux 16
Du Tillet, Jean, *greffier* of Parlement, historian 16, 196
Duras, Jean de Durfort, vicomte de 68
Durfort (*see* Bajamont)
Elbeuf, Charles de Lorraine, marquis d' 54, 65, 104, 135, 136, 157

revenues of 185
Eliot, John 1, 2, 18
Elizabeth I 1, 6, 10
embassy, English in Paris 1, 7, 10–11
Embrun, *bailliage* of 226
Entragues (*see* Clermont)
Entrevaux (Provence), capt. of 120
Epernon (Chartrain), *baronnie* of 186
Epernon, Jean-Louis de Nogaret de La Valette, duc d', gov. of Normandy, *mignon* 52, 71n, 101n, 117n, 120, 167, 172, 174, 175, 186, 195
  alliances 132, 138, 186
Esclebecq, Antoine de Hallewin, sr de 151n
Esguilly, M. d' 175
Espaulx, Adolphe de Lyons, sr de 59, 105
Espinac, Pierre d', Archbishop of Lyon 112
Espinay, Jean, marquis d' (d. 1591) 88, 89, 160, 161
Espinay, Valeran d' (d. 1557) 53
  (*see also* Saint-Luc, Broons, La Marche)
Estaing, vicomtes de, srs de Vernines 79
Estates-general, Blois (1576) 26
Este, Anne d', duchesse de Guise and Nemours 45, 93, 135, 185
Este, Ludovico, cardinal d' (d. 1586) 104
Estourmel, Michel d' 85, 85n, 98n, 99, 100, 101, 152, 156
Estouteville, duchy of 60–61
Estouteville, Marie de Bourbon, duchesse (*see* Longueville)
Estrées, Antoine IV, sr. d', gov. of Boulogne 49, 95, 99, 100, 101, 153, 156, 168, 174
Estrées, Jean d' (d. 1567) 49, 101n
Etampes, Anne de Pisseleu, duchesse d' 39
Etampes, towns in *bailliage* of 201
Eu, *comté* of (Normandy) 83, 134, 184
Evreux, towns in *bailliage* of 208

faction 4, 17–18, 19
Faunt, Nicholas 7
Ferrara, Alfonso II d'Este, Duke of 104, 135
Ferrières (*see* Chartres)
Fizes, Simon, baron de Sauve, *secrétaire d'état* 4n, 32, 39
Foix, *comté* of 78
Foix, family (*see* Carmaing)
Foix, François, 'Monsieur' de, Bishop of Aire 70, 70n
Foix, Paul de, ambassador 20, 42, 43, 48, 70, 168, 191

Foix-Candale, family 60, 67, 68n, 70, 71n
  alliances 70–71, 104, 127, 128, 186, 191
Fontaines, Honorat du Bueil, sr de (k. 1590) 90
Fontrailles, family 69
Forcalquier, towns in *sénéchaussée* 228
Forez
  commodities 116
  gov. of 115
  titled fiefs in 179
  towns in *bailliage* of 222–223
Fougères, fief of (Brittany) 158
Fourquevaux, François II de (d. 1611), *mignon* 79, 80, 82
Fourquevaux, Raymond de Beccarie de Pavie, baron de 79n
France
  influence on English culture 2
  (*see also* nobility, royal prerogatives, provinces)
François Ier, King of France 39, 40n, 41n, 125
François II, King of France 25, 32, 53, 58
French language in England 2, 4
Fumel, barons de 69, 69n, 71

Gallerande, Georges II de Clermont d'Amboise, marquis de 93n
Gamaches, Nicolas Rouault, sr de 99, 154
Gap, *bailliage* of 225
Garde des sceaux 172
Garnache, Françoise de Rohan, dame de, duchesse de Loudun 28, 146, 185, 190
genealogy, noble 15
Geneva 7
Genevois, prince de (Nemours) 135, 185
Genlis, srs de (Picardy) 98
Gévaudan, gov. of 175
Gien (Orléanais) 93
  towns in *bailliage* of 212
Gisors, towns in *bailliage* of 208
Givry, Antoine des Cars, cardinal de, abbé of Saint-Bénigne (Dijon) 64
Gobelins, family 57, 125
Gomméran, Louis de Moy, sr de (d. 1595) 147
Gondi, family 186
  (*see also* Retz)
Gondi, Pierre de, Bishop of Langres and Paris 42, 43, 168
  revenues of 186

Gontaut
  family, alliances 68n, 73
  (*see also* Biron, Châteauneuf, Caumont, Salignac)
Gordes, Bertrand III Raimbault de Simiane, baron des 107, 109
Gonzague, family 185
  (*see also* Nevers)
Gouffier, family 189
  (*see also* Bonnivet, Crèvecoeur, Rouannois)
Gourdan, Girault de Mauléon, sr de (d. 1593) 101, 148, 153, 174
governors, provincial, French 4
  (*see also* under various provinces)
Grainville, Jacques de Rouville, sr de (Normandy) 137, 139
Grammont, Philibert d'Aure, comte de (d. 1580) 70
grand aumônier 173
grand chambellan 173, 184
Grand Conseil 43
grand écuyer 173, 191
grand maître de l'artillerie 173, 187, 194
grand maître de l'hôtel 173
grand maréchal de logis 174
grand prévôt 174
grand prieur de Champagne 173
  (*see also* Seure)
grand prieur de France 172
  (*see also* Angoulême)
Grand Tour 6
grand veneur 174
Grenoble, gov. of 109
Grésivaudan, *bailliage* of 225
Grimestone, Edward 2
Guadagne, Guillaume, baron de Verdun (d. 1594) 112, 113
guards, royal 174
Guémené, Louis VI de Rohan, prince de 88n, 90, 92, 94, 157
  revenues of 190
Guémené, Louis VII de Rohan-, comte de Montbazon 157, 159, 190
Guiche, Philibert de Gramont, comte de Guiche, *mignon* 36
Guise
  affinity 18, 33, 36, 40, 42, 45, 46, 47, 49, 50, 51, 85n, 112n, 189, 194, 195
  alliances 61, 104, 132, 135, 136, 166, 184–185
  enemies of 49, 127, 157
  family 19, 25, 27, 29, 53, 59

lands 135, 184–185
(see also Joinville)
Guise, Claude de Lorraine, 1st duc de
 (d. 1550) 234, 237
Guise, duchesse de (see Este, Nevers,
 Nemours)
Guise, François de Lorraine, 2nd duc de
 (d. 1563) 8n, 58, 126, 135, 237
**Guise, Henri de Lorraine, 3rd duc de
 (d. 1588)** 29, 40, 53, 54, 58, 61, 83, 104,
 105, 113, 134–135, 173, 174, 184
Guise, Louis de Lorraine, cardinal de
 (d. 1588) 135, 185
Guitry, Jean de Chaumont, sr de
 (Normandy) 139–140
Guyenne 20, 67–78
 commodities 76–78
 généralité of 220–221
 gov. of 32, 69n, 72, 175, 186, 187
 grands seigneurs 67–70
 titled fiefs in 179
Guyot, family 56

Hallewin (see Piennes, Esclebecq)
Ham (Somme), gov. of 147n
Harcourt, family 13
Harfleur, gov. of 150
Harlay, Achille de, premier président 50
Harrison, William, antiquary 3
Haucourt, François Ier de Mailly, sr de 86
Hawkins, Richard 12
Heilly, Jean II de Pisseleu, sr de (d. 1584)
 101, 156
Hennequin, family 56
Henri II, King of France 25, 30, 53, 58, 83n,
 186, 234, 235
Henri III, King of France 14, 17, 19, 30n,
 31n, 33, 37n, 43, 44n, 50n, 51, 53, 90n,
 145n, 165, 237
Henri IV, King of France (see Navarre)
Hermeville, Charles Martel, sr de
 (Normandy) 149
Heuqueville, Pierre de Roncherolles,
 sr de, baron de Pont-Saint-Pierre
 (Normandy) 101, 141–142, 148n, 153,
 156, 174
Hoby, Edward 1–2
Holinshed, Raphael 3n
Honfleur, gov. of 150
Hotman, family 56, 125
household, French royal 17
Huguenot exiles in England 16
Humières, family (Picardy) 60n

Humières, Jacques, sr d' (d. 1579) 98
Hurault, family 56, 193
 (see also Cheverny)
Hyères, towns in sénéchaussée of 227

Ile-de-France 13, 55–62, 124–131
 commodities 61–62
 généralité of (see Paris)
 gov. of 126, 174, 193
 grands seigneurs 56–61, 126–31
 titled fiefs in 176
intelligence 5, 6
Issoire, siege of 53

Jarnac, Guy Chabot, sr de 41, 41n, 73, 74
Jarnac
 battle of 53
 seigneurie of (Angoumois) 69
Joinville, Charles de Lorraine, prince de, 4th
 duc de Guise (d. 1621) 184
**Joyeuse, Anne de, baron d'Arques,
 duc de Joyeuse, admiral, mignon**
 44n, 51–52, 86, 131–132, 138, 149, 150n,
 174, 185, 187, 195, 237
 alliances 132, 135
Joyeuse, Antoine-Scipion de, grand prieur
 de Malte 132, 155
Joyeuse, family (see Bouchage, Saint-Didier)
Joyeuse, François de, Archbishop of
 Narbonne (1582) 132, 173
**Joyeuse, Guillaume, vicomte de,
 marshal (d. 1592)** 4n, 36, 47n, 78,
 80, 81, 104, 113, 118, 175, 184, 185,
 187

La Bastie, sr de 113
La Bourdaisière, Jean II Babou, sr de, comte
 de Sagonne (of Touraine) 91, 93, 93n,
 94, 95, 100, 153, 172
La Brosse, sr de (Champagne) 105
La Chapelle aux Ursins, family of 135, 168,
 174, 195
La Charité, siege of 53
La Châtre, Claude II de, marshal 92, 94, 96,
 175, 194
La Croisette, René de Rochefort, sr de 96n,
 175
La Fayette, Louis de 114
La Fayette, srs de (Auvergne) 112
La Fère-sur-Oise 32
 gov. of 101
La Fontaine, M. de 175
La Force, Charlotte de Gontaut, duchesse
 de 32n

La Force, Jacques Nompar de Caumont, duc de 32n, 75
alliances 75
La Guerche, Georges de Villequier, vicomte de 93, 95, 193
La Guiche, Philibert de, sr de Chaumont, comte de La Palice, mignon 36, 76, 82n, 95n, 111, 113, 115, 173, 175, 194
La Hillière, sr de 72
La Hunaudaye, René de Tournemine, baron de 88, 89n, 91, 157, 161, 175
La Londe, Antoine de Bigars, sr de 140
La Luzerne, Gabriel de Bricqueville, sr de (Normandy) 142
La Marche, Louis d'Espinay, sr de, marquis de Vaucouleurs 143, 160
La Marck, family 188
(*see also* Bouillon, Maulevrier, Sedan)
La Meilleraye, Jacques de Moy, sr de (d. 1567) 84n
La Meilleraye, Jean de Moy, sr de (d. 1591) 84, 86, 137–138, 149, 153, 174, 196
company of 148, 153
La Mirandola, count of 95
La Mole, Antoine de Boniface, sr de 117, 120
La Mole, Joseph de Boniface, sr de (ex. 1574) 117n
La Mothe Fénelon, Armand de Salignac de 80n
La Mothe Fénelon, Bertrand de Salignac, sr de (d. 1589), French ambassador in England 20, 32, 39, 43, 49, 68, 73n, 80, 168
La Noue, François 15, 16, 104
La Palisse, Charles de Chabannes, sr de 93, 95, 95n, 113
La Place, Pierre de 16
La Popelinière 2
La Rivière, Pierre de Charpière, sr de (Normandy) 144
La Rochefoucault, François III, sr de, prince de Marcillac (d. 1572) 74, 75
La Rochefoucault (Angoumois), François IV, sr de, prince de Marcillac (d. 1590) 69, 95, 190
(*see also* Barbesieux, Randan)
La Rocheguyon, Louis de Silly, sr de 65, 84, 85, 140, 191
La Rochelle
gov. of 73
siege of 58

La Rochepot, Antoine de Silly, comte de 96, 140
La Suze (Maine), *comté* of 103n
La Suze, Louis de Champagne, comte de (Champagne) 103, 103n, 104
La Tour d'Auvergne, family 192
(*see also* Turenne, Limeuil, Saint-Vidal)
La Tour Landry, family of 94
(*see also* Châteauroux)
La Trémoille, Claude de, duc de Thouars, prince de Talmont (b. 1566) 159–160, 189
La Trémoille, Louis III de 26
La Trémouille, Catherine de, princesse de Condé 26n
La Trémouille, family 158–159, 186
(*see also* Noirmoustiers)
La Valette, family 70
La Valette, Bernard de Nogaret, sr de (bro. of Epernon) 109, 110, 175, 186
(*see also* Epernon)
La Valette, gov. of Guyenne (f. of Epernon) 52, 186
La Vauguion, Jean de Peyrusse des Cars, sr de, prince de Carency 46, 69, 75, 168
alliances 76
Languedoc 78–82
commodities 81–82
généralité of (*see* Toulouse)
gov of 54, 29, 32n, 81, 175
grands seigneurs 78–79
titled fiefs in 180
Lansac, Louis de Saint-Gelais, sr de (d. 1589), ambassador, *chev. d'honneur* to the queen mother 40, 49, 67, 167, 174, 175, 194
alliances 71, 95
'Lansac le jeune', Guy de Saint-Gelais 73, 194
Larchant, Nicolas de Gremonville, sr de, capt. of guard, *mignon* 38, 168, 174
L'Aubespine, Claude de, *secrétaire d'état* 34, 166
L'Aubespine, family, alliances 129, 130
L'Aubespine, Sébastien de, Bishop of Limoges 34
Laval, comtes de 88, 90, 99n, 128, 194
Laval, Paul de Coligny (Guy XIX), sr de 60, 88, 90, 125, 152, 157, 159, 160
revenues of 158, 177, 197

Lavardin, Jean de Beaumanoir, marquis de 49, 93, 96, 111n, 190, 196

Lavedan, Anne de Bourbon, vicomte de (d. 1585) 111

League, Catholic 8n, 16, 17, 90n, 93n, 101n, 117n

Le Feron, Jean 15

Le Guast, *mignon* 31n, 108

Le Havre, gov. of 86

Le Roux, Nicolas, historian 18

Le Veneur, family (Normandy) 192 (*see also*, Carrouges, Tillières)

Lenoncourt, Henri III, marquis de 58, 103, 126, 173, 196

Lenoncourt, Philippe, Bishop of Auxerre, cardinal 41, 168, 196

Léon, towns in diocese of 230

Lesdiguières, François IV de Bonne, sr de, duc (1611) (d. 1626) 108

Lestrange, René de Hautefort, sr (Vivarais) 79

Leucate (Languedoc), gov. of 81

Lévis, family 60, 189 (*see also* Caylus, Mirepoix, Ventadour, Cousan)

Leysseins, Anne de Maugiron, sr de (Dauphiné) 107, 108, 109, 175

L'Hospital, Michel de, chancellor 33, 44 (*see also* Choisy)

Liancourt, Charles du Plessis, sr de, *mignon* 99

Ligny (*see* Bourbon-Rubempré)

Limeuil, Galiot de La Tour, sr de Limeuil 74

Limoges, *généralité* of 215–217

Limousin 20, 77 gov. of 175, 189, 194 nobility of 69, 75 titled fiefs in 178 towns in *sénéchaussée* of 215–216 *vicomté* of 67

Longaunay, Hervé de, sr de Fresne (k. 1590) 86

Longueville, Henri d'Orléans, duc de (d. 1595) 58n, 133–134, 183, 188

Longueville, Léonor d'Orléans, duc de (d. 1573) 58, 133n

Longueville, Marie de Bourbon, duchesse de et d'Estouteville 83, 133, 138, 139, 145, 147 revenues of 188

Lorraine, Charles, cardinal de 27, 31, 41 enemies of 31, 42

Lorraine, Charles, cardinal de, Bishop of Metz (d. 1607) 184

Lorraine, Charles III, Duke of (d. 1608) 54, 184

Lorraine, family 183–185 (*see also* Aumale, Guise, Mayenne, Elbeuf, Mercoeur, Pont, Vaudemont)

Losses, Jean, marquis de 70, 168, 174

Loudun, Henri de Savoie-Nemours, duc de ('prince de Genevois' q.v.) 28, 146, 190

Loudunois, towns in *bailliage* of 214

Lucé, M. de (Maine) 183

Lucinge, René de 1, 37

Lupé, Antoine de Gaste, sr de 114n

Lusignan, family (Poitou) 194 (*see also* Lansac)

Luxembourg, family 103, 188 alliances 135, 188 (*see also* Brienne, Martigues, Roussy)

Lyonnais gov. of 36, 111n. 112, 114, 115 nobility of 112

Lyonnais-Forez-Beaujolais-Auvergne 111–116 commodities 115–116 gov. of 28n, 154, 175

Lyons *généralité* 222–223 towns in *sénéchaussée* of 222

Lyons, family (*see* Espaulx)

Mâcon (Burgundy) gov. of 66 towns in *bailliage* of 224

Mailly, Gilles VII, baron de (d. 1592) 99, 101, 152, 156, 174

Mailly, René I, baron de (d. 1572) 101n

Maine gov. of 96n, 175 titled fiefs in 177

Maineville, François de Roncherolles, sr de 142

Maintenon, Louis d'Angennes, marquis de 37n, 48, 61, 85, 168

maître de camp 173

maître de la chapelle 173, 190

maître de la garde-robe 174

Malassise (*see* Roissy)

Malicorne, Jean de Chaourses, sr de, gov. of Poitou 49, 93, 96, 168

Mandelot, François de, gov. of Lyonnais 36, 113n, 114, 115, 151, 154, 175

Mantes, towns in *bailliage* of 201

Marcel, Claude, *prévôt des marchands*, Paris 56–57

Marcel family 125

Marchaumont, Cosme Clausse, sr de, *secrétaire d'état* (1547–1558) 56n

Marchaumont, Henri Clausse, sr de 8, 56n

Marche, gov. of 155, 193
   towns in *bas pays* of, 219
   towns in *haut pays* of 220

Marmoutier, M. de 173

marshals of France 29–32, 167, 172

Martel, family (Normandy) (*see* Basqueville, Rames, Hermeville)

Martigues, Sébastien de Luxembourg, marquis de (d. 1569) 103n, 184

Massacre, Saint Bartholomew's Day 18, 19, 30, 32, 33, 36, 38, 40, 41, 42, 45–46, 47, 80, 166,190, 196, 197

Mathieu, P. 16

Matignon, Jacques de Goyon, sr de, marshal, gov. of Normandy and Guyenne 32, 72, 84, 86, 101n, 131, 137, 175, 187
   alliances 75, 84

Matignon, Odet de, comte de Toligny (d. 1595) 137

Maugiron, Guy de, 36n

Maugiron, Laurent de, sr d'Ampuis, comte de Montléans, gov. of Dauphiné 36, 107, 108, 109, 175

Maugiron, Louis de, *mignon* 36n, 194
   (*see also* Leysseins)

Maulevrier, Charles-Robert de La Marck, comte de 153

Mauvissière, Michel de Castelnau, sr de, ambassador in England 48, 105, 175

Mayenne, Charles de Lorraine, duc de, admiral 17, 31, 40, 53, 66, 135, 173, 175, 184
   alliances 71, 76, 104, 135

Meaux, towns in *bailliage* of 199–200

Meilhaud, Yves III d'Alègre, baron de 119, 191, 195

Melun, towns in *bailliage* of 199

Mercoeur, Philippe-Emmanuel de Lorraine, duc de, marquis de Nomédy, comte de Vaudemont (d. 1602) 54, 90, 167, 175, 184
   alliances 103, 136

Méru, Charles de Montmorency, sr de (d. 1612), duc de Damville 60, 94, 127, 128, 172, 186, 192

Merville, Jacques des Cars, sr de 72

Mesme, family 56
   (*see also* Malassise)

Metz
   gov. of 30, 35, 120
   pays de 106, 175, 194

Mézières, Nicolas d'Anjou, marquis de (d. 1567) 183

mignons 19, 20, 51–53

Miolans, Jacques Mitte, comte de, sr de Chevrières and St Chamond 114

Mirebeau, François Chabot, marquis de, sr de Brion 41n, 64, 65, 69
   alliances 71, 84

Mirepoix, Jean VI de Lévis, sr de 78, 80, 114

Miron, Marc, *médecin du roi* 173

Monastruc, Jean de Saint-Lary, sr de (d. 1586) 11

Monchy, family (Picardy) 151, 154
   (*see also* Sénarpont)

money, French 13–14

Monluc, family 69, 70, 70n

Monluc, Jean de, Bishop of Valence (d. 1579) 43

'Monsieur' (*see* Anjou)

Montaffier, comtesse de (Maine) 151, 183
   (*see also* Lucé)

Montagne (Burgundy), towns in *bailliage* of 224

Montaigne, Michel de 2, 44n

Montaret, Jacques de Montmorin, sr de 111

Montargis (Orléanais) 93
   towns in *bailliage* of 212

Montbazon (*see* Guémené)

Montélimar, *sénéchaussée* of 225

Montesqiou, murderer of Condé 53

Montferrand, Guy de, *dit* Langoiran (d. 1591) 68, 71

Montfort-l'Amaury, towns in *bailliage* of 201

Montgommery, comtes de 13, 142, 192

Montgommery, Gabriel I de Lorges, comte de (ex. 1574) 32, 84, 85

Montgommery, Jacques II de, comte de (d. 1590) 104, 194

Montgommery, Jacques de, sr de Corbouzon 84n, 85n, 103n

Montlor, barons de (Vivarais) 79

Montmorency, Anne, 1st duc de, constable (d. 1567) 25, 29n, 40, 49, 57, 60, 183, 235, 237

Montmorency, Antoinette de La Marck, duchesse de 60n, 188

Montmorency, François, 2nd duc de (d. 1579) 186

Montmorency, Henri de, sr de Damville, 3rd duc de Montmorency (d. 1613), gov. of Languedoc 29–30, 46, 54, 60, 81, 85, 108, 127, 167, 175, 186, 192

Montmorency, house of 12, 25, 29, 40, 43, 54, 57–58, 126–127
  affinity of 18, 26, 30, 32, 35, 36, 40, 41, 47–48, 49, 51, 98n, 112, 166
  alliances 60, 70, 75, 80, 82, 90, 104, 127–128, 132, 136, 157, 186, 189, 192, 197
  enemies of 33, 127, 166
  (*see also* Méru, Thoré)

Montmorency, Madeleine de Savoie, duchesse de 80n

Montpellier, gov. of 196

Montpensier, François de Bourbon, duc de, prince dauphin d'Auvergne (d. 1592) 27, 109, 127, 157, 167, 184

Montpensier, Louis I de Bourbon, duc de 234, 237

Montpensier, Louis II de Bourbon, duc de (d. 1583) 27, 60, 90, 93, 175, 183, 185
  alliances 85, 183, 188
  company 75, 94, 139
  lands 93

Montpezat, Melchior de, sr des Prez 69, 71, 76, 104, 112n, 114n, 135, 184

Montreuil (Picardy), gov. of 101, 152, 156, 174

Morlaix (Brittany)
  capt. of 91
  towns in diocese of 230

Mortemart, René, baron de 71, 74n, 95

Morvilliers, Jean de, Bishop of Orléans, *garde des sceaux* 34

Morvilliers, Jean de Lannoy, sr de 99, 101n

Moulins, capt. of 111n

Moy, Antoine, baron de 141n

Moy (-Bellencombre), family of 137–138, 141, 142, 153, 155

Moy/Mouy, Charles, marquis de (d. 1604) 101, 132
  (*see also* La Meilleraye, Pierrecourt, Riberpré, Gomméran, Richebourg)

Nantes
  gov. of 91, 175
  towns in diocese of 228

Nanteuil, *comté* of (Ile-de-France) 58, 59, 126, 194, 195

Nantouillet, Antoine Duprat, sr de, *prévôt de Paris* 59, 61, 100, 114, 125, 154, 191, 195

Narbonne (Languedoc)
  gov. of 81, 175
  urban taxes in diocese of 222

Nassiet, Michel, historian 18

Navarre, Antoine de Bourbon, King of (d. 1562) 25, 28, 48–49, 53

Navarre, Henri d'Albret, King of 183

Navarre, Henri de Bourbon, King of (later Henri IV), governor of Guyenne 8n, 26, 52, 54, 67, 78, 79, 89, 93, 101, 104, 113, 139n, 142n, 157, 166, 167, 175, 185, 196

Navarre, Jeanne d'Albret, Queen of 32, 53

Navarre, kingdom of 190

Navarrist party 7

Négrepelisse, Louis de Caraman, sr de 69

Nemours, Jacques de Savoie, duc de (d. 1585) 28, 104, 113, 175, 185

Nemours, duchesse de (*see* Este)

Neufville (*see* Villeroy)

Nevers (*see also* Clèves)

Nevers, François de Clèves, duc de (d. 1563) 135

Nevers, Louis de Gonzague, duc de (d. 1595) 14, 104, 110, 111, 112, 114, 166, 185
  alliances, 113, 135, 185

Noailles, family 20

nobility, French 4–5, 15, 18
  creation 231
  income of 17
  titles of 169–171

Nogaret (*see* Epernon, La Valette)

Noirmoustiers, François de La Trémoille, marquis de 160

Normandy 13, 83–87, 131–149
  commodities 87
  généralité of (*see* Rouen, Caen)
  gov. of 32, 51, 51n, 84n, 86, 132, 137, 138, 143, 149, 174, 192, 195
  grands seigneurs 83–84
  nobility of 32n
  titled fiefs in 176

O, family (Normandy), alliances 61

O, François d', sr de Fresne and Maillebois (d. 1594), gov. of Lower Normandy, *mignon* 51, 84, 86, 137, 138, 150, 167, 174

alliances 85, 126, 183
revenues of 195
O, Jean d' 37n
offices, creation of 231
officers of state, French 4
Ognies, family 99n, 100n
Orange, William of Nassau, Prince of 107, 180, 197
Orléanais 92–97
  commodities 97
  généralité of 211–212
  gov. of 54, 96, 175, 193
  grands seigneurs 92–93
Orléans
  city, gov. of 175, 194
  duchy of 93
  towns in *bailliage* of 211–212
Orléans, family 60, 60n, 188
  (*see also*, Longueville, Saint-Pol, Rothelin)
Ossat, cardinal d' 17
Ouarty (*see* Warty)

Pairs de France 233–238
Palaiseau, sr de 59, 61, 195
Palsgrave, John 2
papal nuncios 16
Paris 1, 4, 7, 55–56, 124
  généralité of 198–204
  principal families 125
  towns in *prévôté* of 198–199
Parlement of Paris 44–45, 50, 56, 232, 235, 237
Parry, Dr William 8, 8n
Paulet, Sir Amyas 6, 7, 9, 19
Paulins, Bertrand and Philippe de Rabastens, vicomtes de (Languedoc) 79
Pellevé, family 13, 147n
Peloux, family (Vivarais) 79
Penthièvre, duchy of (Brittany) 184
Périgord 77
  comté of 67
  gov. of 73n, 194
  nobility of 68–69
Péronne, Montdidier and Roye
  gov. of 98n, 101, 152, 156
  towns in *gouvernement* of 207
Peyre, François de Cardaillac, sr de 80
Philip II, King of Spain 33, 166
Pibrac, Guy du Four, sr de, chancellor to Queen Margot 19, 20, 33, 39, 43, 48, 165, 168
Picardy 13, 97–102, 150–156

  commodities 102
  généralité of 207
  gov. of 35, 54, 58, 100, 155–156, 174
  grands seigneurs 98–9, 151–155
  titled fiefs in 176
Picquigny (Picardy) (*see* Ailly)
Piennes, Antoine de Hallewin, sr de 35n
Piennes, Charles de Hallewin, sr de, duc de Hallewin, gov. of Metz (d. 1592) 35, 98, 155
  alliances 99, 114, 151, 155
Pierre-Buffière, Bertrand de 69n,
  (*see also* Châteauneuf)
Pierrecourt, Jacques de Moy, sr de (d. 1590) 138, 150
Pinart, Claude, sr de Cramailles, secrétaire d'état 13, 34, 130, 166
Poitiers, Diane de, duchesse de Valentinois 83, 85, 136
Poitiers, *généralité* of 214–215
Poitou
  gov. of 49n, 72, 96, 175
  titled fiefs in 178
  towns in *sénéchaussée* of 214–215
Polignac, vicomte de 114n
politiques 25
Poltrot de Méré 41, 53
Pompadour, Geoffroy de 69, 75, 76, 113
Pompadour, Jean III de 69n, 194
Pompadour, Louis, vicomte de 76
Pons, Antoine de, comte de Marennes (d. 1580) 50, 69, 74, 168
Pont, Henri de Lorraine, marquis de, later Henri 2nd Duke of Lorraine (d. 1624) 174, 182, 184
Pont Bellanger, capt. of 86
Ponthieu, towns in *sénéchaussée* of 207
Pont-Saint-Pierre (Normandy) (*see* Heuqueville)
Portien, Antoine de Croy, prince de (d. 1567) 135, 184
Pothon de Raffin, François 73
premier gentilhomme de la chambre 174
Prévost, Antoine, Archbishop of Bordeaux 72n
  (*see also* Sansac)
princes of the blood 232–233
princes étrangers 233
Provence 116–120
  commodities 118–119
  généralité of 226–228
  gov. of 41n, 107n, 117n, 119, 175
  grand seigneurs 117–118

titled fiefs in 179
provinces 18
Puygaillard, Jean de Léaumont, sr de, maître de camp, gov. of Angers 47

Quercy
gov. of 79, 175
nobility of 69, 72
titled fiefs in 179
towns in *sénéchaussée* of 220

Radepont, Louis II de Bosc, sr de 145
Radepont, Louis III de Bosc, sr de 145
Ragny 112
Rambouillet, Nicolas d'Angennes, sr de, gov. of Metz and Maine 4n, 37, 59, 168, 175, 194
Rames, François Martel, sr de (Normandy) 149
Randan, Jean-Louis de La Rochefoucault, comte de (k. 1590) 93, 95, 111n, 190
Reims, gov. of 105
religious allegiances 13, 17, 18
Rennes
gov. of 91
towns in diocese of 229
Retz, Albert de Gondi, duc de, marshal (d. 1602) 20, 30–31, 91, 134, 166, 194
revenues of 186
Retz, Claude-Catherine de Clermont, duchesse de 31
Rhinegrave, Jean-Philippe, capt. of *lansquenets* 45n, 86n
Riberpré, Nicolas de Moy, sr de (Normandy) (d. 1589) 147
Richebourg, François de Moy, sr de (d. 1589) (Normandy) 147
Richelieu, François du Plessis, sr de 91n, 174
Rieux, François de Coligny-Laval, sr de 97
Rieux, François du Puy du Val, baron de (d. 1592) 79, 80, 80n, 81, 82, 175
Riom, *généralité* of 217–220
Rivière and Verdun (Guyenne), *jugeries* of 221
Robertet, family 34, 91n, 93n, 114n, 151n, 155n
Rochebaron, M. de (Auvergne) 187
Rochebonne, Pierre de Châteauneuf, baron de (Velay) 79
Rochefort (*see* La Croisette)
Rochepozay, sr de (Poitou) 130

Rocroi, gov. of 156
Rohan, house of 88
alliances 89, 95, 159, 190
(*see also* Guémené, Gié)
Rohan, Françoise de *see* Garnache
Rohan, Henri I, vicomte de (d. 1573) 89
Rohan, René I, vicomte de (k. 1552) 28n, 89n
Rohan, René II, vicomte de, prince de Leon 88n, 157, 190
Roissy, Henri de Mesme, sr de, sr de Roissy, comte de Malassise (d. 1596) 3n, 4n, 44, 56n, 168
Roncherolles, family 148n
Roncherolles, Robert de 142
(*see also* Heuqueville)
Rostaing, sr de 167
Rothelin, François d'Orléans-Longuevillem, marquis de (d. 1600) 138, 140
Rouannois, Gilbert Gouffier, marquis de Boisy, duc de (d. 1582) 93, 94, 96, 128, 160, 189
Rouannois, gov. of 115
Rouault, family 15n
(*see also* Gamaches)
Rouen
généralité of 207–209
gov. of 150
towns in *bailliage* of 207–208
Rouergue
gov. of 175
towns in *bas pays* and *haut pays* of 221
Roussy, François de Luxembourg, comte de, duc de Piney 188
Rouville, Jean, sr de (Normandy) 139
(*see also* Grainville)
royal prerogatives 231–232
Roye, family of (Picardy) 74n, 75, 183, 190
Roye
gov. of 101
nobility of *gouvernement* of 14n
Rubempré (*see* Bourbon)
Ruchellai, M. de, banker 167
Ruffec, Philippe de Volvire, baron de 69, 72, 75, 84, 137, 175
Rumigny, sr de 103
Rutland, Edward Manners, 3rd Earl of (d. 1587) 5
Ruzé, Guillaume, Bishop of Angers 173

Sagonne (Maine), Diane de La Marck, comtesse de 188
(*see also* La Bourdaisière)

Sainliens (Holyband), Claude de 2
Saint-Aignan (Touraine), Charles II de
    Beauvilliers, comte de (k. 1583) 92, 94,
    95, 96
Saint-André, Jacques d'Albon, marshal de
    113, 113n, 118, 166
Saint Bartholomew (see Massacre)
Saint-Blancard, sr de 73, 82
Saint-Chamond, Christophe de 112
    (see also Miolans)
Saint-Didier, Georges de Joyeuse, vicomte
    de (d. 1584) 132
Saint-Dizier, capt. of 105, 175
Saint-Esteven, Jean sr de 72
Saint-Forgeux, Bertrand d'Albon, sr de 112
Saint-Gelais, Charles de 74n
    (see also Lansac)
Saint-Géran, Georges de La Guiche, sr de
    66
Saint-Hérem, Gaspard de Montmorin, sr de
    (Auvergne) (d. 1582) 111, 114, 115, 175
Saint-Jean-de-Lus, gov. of 72
Saint-Just, sr de (Alègre) 125, 195
Saint-Lary, César de (k. 1587) 110
Saint-Lary, Gabriel de 69
    (see also Bellegarde, Montastruc)
Saint-Lô (Cotentin), gov. of 147n
**Saint-Luc, François d'Espinay, sr
    de (d. 1597), gov. of Brittany,
    mignon** 52, 73, 84, 167, 175
    alliances 85, 94, 100, 128, 152
Saint-Malo
    capt. of 86, 91
    towns in diocese of 229
Saint-Marcellin, towns in bailliage of 225
Saint-Mégrin, Paul Estuer de Causade, sr
    de, mignon 46n, 69, 113, 114n
Saint-Nectaire (Seneterre), Antoine de
    (Velay) 79
Saint-Paul-de-Vence, gov. of 120
Saint-Phalle, Anne de Vaudrey, sr de
    (Champagne) (d. 1579) 85, 103n, 104,
    142
Saint-Phalle, Georges de Vaudrey, sr de 85n,
    103, 105
Saint-Pierre-le-Moûtier, towns in bailliage of
    210
Saint-Pol, François d'Orléans, comte de,
    duc de Fronsac (d. 1631) 58n, 133–134,
    146, 187
Saint-Pol, comté-pairie 234
Saint-Quentin, gov. of 101
Saint-Sulpice, Henri Ebrard de, mignon 39

**Saint-Sulpice, Jean Hébrard de,
    amb. in Spain, gov. of Quercy** 20,
    32n, 39n, 43, 48, 49, 69, 73, 187, 189
Saint-Vallier, Jean de La Croix, comte de
    107, 108
Saint-Vidal, Antoine de La Tour, sr de
    (Velay) 79, 112n, 175
Sainte-Marie-aux-Agneaux, sr de
    (Normandy) 144
Sainte-Marie-du-Mont, sr de (Normandy)
    144
Saintonge (Xaintonge)
    gov. of 50n, 110n
    sénéchal of 72n
    towns in sénéchaussée of 216
Salcedo, Nicolas de (ex. 1582) 144, 149
Salignac, Armand de Gontaut, baron de 73
Salignac, family, alliances 68
    (see also La Mothe Fénelon)
Saluzzo
    gov of 30n, 54, 109, 110, 119n, 175, 186
    marquisate of 110
Sancthon (see Sautour)
Sansac, Jean Prévost, sr de (k. 1595) 72
Sanzay, René, comte de 91n, 172, 175
Sarlabous, Corbeyran de Cardaillac, baron
    de 86, 150
Sassenage, family 107, 107n
Sault, François-Louis de Montauban, comte
    de (Provence) 100, 117, 118
Saulx, family (Burgundy) (see Tavannes)
Saulx, Jean de, sr de Leigny 66n
Sautour, François des Essars, sr de
    (Champagne) 61, 125
Sauve (see Fizes)
Savoie, family in France 71n, 118
    alliances 135
    (see also Nemours, Villars)
Savoie, Henri de, duc de Loudun, prince de
    Genevois 28n
Savoy, Duke of 19, 60, 104, 127
Schomberg, Gaspard de (d. 1599) 58, 58n,
    59, 130, 160n, 194
secrétaires d'état 238–239
secrétaires du roi 239–241
Sedan, sr de 60, 188
    (see also Bouillon)
Séguier, Antoine, sr de Villiers, ambassador
    50n
**Séguier, Pierre I, sr de Saint-Brisson,
    président** 50
Semilly, Georges de Mathan, sr de
    (Normandy) 147

Sénarpont, Jean de Monchy, sr de 98, 152, 154

Sennecey, Nicolas de Beaufremont, sr de, 64

sénéchaussées 55

Senlis, towns in *bailliage* of 200–204

Sens
gov. of 105
towns in *bailliage* of 201–202

Serres, Jean de 2

Seurre, Michel de, baron de Lumigny, *grand prieur de Champagne* 47, 168, 173

Sigogne, René de Beauxoncles, sr de (Normandy), (d. 1585) 86, 149

Silly (*see* La Rochepot, La Rocheguyon)

Simier 8

Smith, Sir John 2, 7

Soissons
comté of 183
gov. of 174

Soissons, Charles de Bourbon, comte de (d. 1612) 60, 129, 183

Soubize, *baronnie* of 93

Soubize, Catherine de Parthenay, dame de 89, 90n, 93n, 95, 190

Souvray, Gilles de, *mignon* 167

Stafford, Sir Edward 7, 8, 8n, 9, 10, 34n

Suze, François de Baume, comte de (Provence) 107, 108, 119, 192

Sydney, Sir Philip 6

Tallon (Burgundy), capt. of 66

Tarascon, gov. of 119

Tavannes, Gaspard de Saulx, sr de (d. 1573) 64n

Tavannes, Guillaume de Saulx, sr de (d. 1633) 64, 66, 95, 191

Teligny, family 104, 197

Tende and Sommerive, comtes de 117 (*see also* Villars)

Termes, Paul de 31, 31n, 108

Terrides, Antoine de Lomagne, baron de 80

textual problems 3–4, 12, 20–21

Thiers, Pierre Duprat, baron de 125

Thoré, Guillaume de Montmorency, sr de (d. 1593) 60, 127, 186

Thou, Christophe de (d. 1582), *premier président* 39, 50, 130, 193

Throckmorton, Nicholas 5, 47n

Tiercelin, family 13

Tillières, Jacques Le Veneur, sr de 137, 191, 192

Torcy, Jean Blosset, baron de, lieut.-gen. of Ile-de-France 143, 174, 195

Toulon, capt. of 119

Toulouse
généralité of 221–222
towns in *sénéchaussée* of 221–222

Touraine
commodities of 97
duchy of 96
gov. of 96
nobility of 93
titled fiefs in 177
towns in *bailliage* of 212–213

Tournemine family (*see* Coetmur, La Hunaudaye)

Tournon, Just III, sr de (d. 1568) 75, 95

Tournon, Just, IV, sr de 75, 107, 108

Tours, *généralité* of 212–214

Trans, Germain-Gaston de Foix, marquis de (d. 1591) 68, 71

Troyes
gov. of 85, 105, 142
towns in *bailliage* of 206

Turenne, Henri de la Tour, vicomte de, duc de Bouillon 20, 26, 60, 69, 74, 75, 111, 189, 192
alliances 75, 76, 94, 104, 108, 127, 128, 186, 192

Turenne, *vicomté* 75

Tyllney, Edmond 1, 5n, 15, 17, 18

universities, French 231

Uzès, Antoine de Crussol. 1st duc d' (d. 1573) 45, 45n

Uzès, Jacques de Crussol, 2nd duc d' (d. 1586) 19, 78, 80, 108, 168, 189

Valentinois, gov. of 109

Vannes, towns in diocese of 228

Vatan, Jean du Puy, sr de 92, 94

Vaudemont (*see* Mercoeur)

Vaudrey, family of (Champagne) 141n (*see also* Saint-Phalle)

Velay, nobility of 79

Vendôme, dukes of 27n, 93

Ventadour, Gilbert III de Lévis, sr de 60, 69, 75, 82, 104, 108, 127, 128, 175, 186, 189
company 79n

Vermandois, towns in *bailliage* of 204–205

Vers, Jacques des Boches, sr de Vers (Provence) 117, 118

vidames 179, 190–191, 194

Vieilleville, François de Scépeaux, sr de, marshal 89, 107, 160n

Vienne
bailli of 109
bailliage of 225

Vienne, Bishop of (*see* Villars)

Villars, Honorat de Savoie, marquis de, comte de Tende (d. 1580), admiral, gov. of Languedoc 40, 60, 68, 76, 80, 104, 117n, 127, 132, 135, 167, 184, 188

Villars, Pierre de, Archbishop of Vienne 45, 168

Villequier (*see* La Guerche)

Villequier, Claude, baron de, gov. of La Marche 37, 115, 194

Villequier, René de, gov. of Ile-de-France 30n, 31, 37, 85, 126, 138, 167, 174, 194, 195

Villerests, Alonce de Civille, sr de, sr d'Anglequesville 143–144

Villeroy, Charles de Neufville, sr de (d. 1642) 128–129, 133

Villeroy, Nicholas III de Neufville, sr de, *secrétaire d'état* 34, 57, 128–129
alliances 129, 133, 134, 166
revenues 129

Vins, Hubert de Garde, sr de (Provence) 117, 118

Viteaux, Guillaume Duprat, baron de (k. 1583) 59, 59n, 125, 191, 195

Vitry, towns in *bailliage* of 206

Vivarais
gov. of 112n
nobility of 79

Walsingham, Francis 6, 7, 8n, 9, 10, 16n

Warty, srs de 99n, 151, 154

Wotton, Nicholas, diplomat, Dean of Canterbury 15

Xaintonge (*see* Saintonge)